バーリンとロマン主義

濱 真一郎

新基礎法学叢書
13

成文堂

はしがき

　本書の目的は、英国の思想史家アイザィア・バーリン（Isaiah Berlin, 1909-1997）の自由論の基本的特徴を、彼の思想史研究——とくに初期のロマン主義研究——との関連を踏まえて描き出すことである。

　バーリンの自由論というと、彼の著名な教授就任講演「二つの自由概念」（1958年）という表題ゆえに、自由にかんする哲学的・概念的な見解として理解されることがある。もちろん、彼の自由論にはそうした側面もある。しかし、彼の自由論は、むしろ思想史の観点から自由について論じたものである。

　バーリンの思想史研究のなかでとくに重要なのは、ロマン主義にかんする研究である。彼は1952年に、そのテーマについて二つの講演を行っていたが、書物の形では出版していなかった。それが、彼の没後に、編集者のヘンリー・ハーディの手によって刊行される運びとなった。すなわち、『ロマン主義時代の政治思想』（1952年、刊行は2006年）および『自由とその裏切り』（1952年、刊行は2002年）である。この二冊の刊行は、バーリンのロマン主義研究を包括的に理解することを可能とした。さらに、とくに前者は、バーリンの教授就任講演「二つの自由概念」（1958年）およびオーギュスト・コント記念講義「歴史の必然性」（1953年）を先取りする内容を含んでおり、バーリンの政治思想の「習作（torso）」——これはハーディの表現である——となっている。

　本書では、以上の二冊を軸としつつ、バーリンのその他の著作にも目を配りながら、彼のロマン主義研究の概要を整理した上で、バーリンの自由論の基本的特徴を描き出す。その作業を通じて、彼の自由論は、哲学的・概念的な理論としての側面も有するけれども、思想史の観点から自由について論じたものであることを明らかにしたい。

　なお、バーリンのロマン主義研究というと、『ロマン主義の起源』（1965

ii　　はしがき

年、出版は 1999 年）という重要文献もあるが、本書で取り扱う『ロマン主義時代の政治思想』および『自由とその裏切り』と内容が重複する部分がある。さらに、バーリンの『ロマン主義の起源』については、すでに筆者の旧著[1]で取り上げたことがあり、優れた邦訳書[2]も出ていることから、本書では部分的にしか取り上げていない。

　それから、本書は、「ロマン主義とは何か」という難問の検討を目指していない。むしろ本書は、バーリンがロマン主義研究を通じて自身の自由論をどのように育んでいったか、について検討するものである。このことを、ここで確認しておきたい。

　ところで、バーリンの思想史研究は、一方でそれぞれの思想家への内在的な理解を重視しつつも、他方では歴史のなかで発揮されてきた思想の力（the power of ideas）についての考察でもあった。思想の力について、彼は「二つの自由概念」（1958 年）で以下のように述べている。「百年もまえに、ドイツの詩人ハイネはフランス人に向かって観念〔思想〕の力を過小評価することのないようにと警告を発している——平静な大学教授の書斎のなかではぐくまれた哲学的概念が一文明を破壊してしまうこともあるのだ[3]」。バーリンによると、ハイネは、カントの『純粋理性批判』をドイツ理神論の首を切り落とす剣として語り、ルソーの著作を——ロベスピエールの手によって——旧体制を破壊した血染めの凶器と描写した。ハイネはさらに、フィヒテおよびシェリングのロマン主義的信念が、狂信的なドイツの後継者たちによって自由主義的な西欧文化への敵対物に変じ、恐ろしい結果を招来するであろうことを、予言したのである[4]。

　1　拙著『バーリンの自由論——多元論的リベラリズムの系譜』（勁草書房、2008 年）72-83 頁。

　2　田中治男訳『バーリン　ロマン主義講義』（岩波書店、2000 年、岩波モダンクラシックス、2010 年）。

　3　Isaiah Berlin, 'Two Concepts of Liberty', in Isaiah Berlin, *Liberty*, edited by Henry Hardy（Oxford: Oxford University Press, 2002）, p. 167. 生松敬三訳「二つの自由概念」アイザィア・バーリン著、小川晃一・小池銈・福田歓一・生松敬三共訳『自由論』（みすず書房、1971 年）299 頁。

　4　Ibid.

はしがき　iii

　バーリンはこの思想の力を、『ロマン主義時代の政治思想』および『自由とその裏切り』という二つの講演を準備する段階で、実感していたと思われる。すなわち、バーリンがこの講演を行った 1952 年は、フィヒテやシェリングの狂信的な後継者が主導したナチス体制が終焉してから間もない頃であるし、スターリン最晩年におけるソヴィエト体制の諸政策が進行中であった（スターリンが没するのは 1953 年）。こうした時代状況のなかで、バーリンは思想史家として、思想の力を過小評価することがないように読者に向けて警告していたのである。

　バーリンは以上を認識するがゆえに、例えばルソーやヘーゲルに対して批判的な考察を行っているが、それは思想家への内在的理解を超えて、歴史のなかで発揮されてきた思想の力についての考察だからであるということを、ここで確認しておきたい。

　次に、バーリンの思想史研究と自由論の関係についても、ここで若干の検討を行っておこう。自由について論じようとするならば、自由主義の擁護者たち、例えばコンスタンや J. S. ミルから学ぶのが一般的だろう。実際、バーリンもこの両者について論じているし、あくまでも彼らの側に立っている。しかし彼は、自由主義の敵から学ぶ必要性を説いている。すなわち、彼は『自由とその裏切り』において、「自由はその支持者だけでなく批判者も必要とするということを、肝に銘じておかねばならない[5]」と述べているのである。

　結局、バーリンに特徴的なのは、自由主義の敵であるロマン主義や反啓蒙主義の思想家たちから学ぶ姿勢にある。すなわち、それらの思想家たちの反自由主義的な側面を探ると同時に、それらの思想家たちの（おそらく本人たちは意図していなかった）自由主義的な側面を活かそうとする姿勢にある。

　バーリンは、20 世紀を代表する自由主義者の一人とみなされているが、彼の著書『自由論[6]』（1969 年、新版 2002 年）を通読しても、彼の自由論の全貌は分かりにくい。そこで、彼の教授就任講演「二つの自由概念[7]」の一部

5　Isaiah Berlin, *Freedom and Its Betrayal: Six Enemies of Human Liberty* (Princeton and Oxford: Princeton University Press, 2002), p. 154.

6　Isaiah Berlin, *Liberty, supra* note 3.

iv　　はしがき

だけを取り出して、バーリンは自己実現を意味する積極的自由ではなく、他の人間や集団から干渉を受けないという意味での消極的自由を擁護した、というバーリン理解が示されて、そこで終わるということが続いている。しかし、彼の自由論が思想史研究に依拠していて、彼の思想史研究には自由主義の敵から学ぶという姿勢が存することを知るならば、彼の思想史研究の意義や、彼の自由論における思想史研究の位置づけが、理解しやすくなるだろう。

　次に、本書の概要を確認しておこう。

　序章では、本書の目的を提示した上で、バーリンの経歴および彼の研究関心の変化を紹介し、バーリンの著作とバーリン研究の動向について整理を行う。

　第Ⅰ部（第1章および第2章）では、バーリンの思想史研究の基本構造および方法について検討する。第1章では、バーリンの思想史研究の基本構造について確認する。バーリンによると、古典的な西洋政治思想を支える三つの想定がある。第一は、真の解答が存在するという想定である。第二は、複数の価値は互いに衝突しないという想定である。第三は、人間は本性を有しているという想定である。彼は、これらの三つの想定が破壊された節目を、西洋政治思想史における三つの転換点と呼んでいる。第一の想定を破壊したのはドイツ・ロマン主義であり、第二の想定を破壊したのはイタリア・ルネサンスであり、第三の想定を破壊したのは「ギリシア個人主義」の誕生である。なお、第1章では、ドイツ・ロマン主義に先行する反啓蒙主義についても取り上げている。第2章では、バーリンの思想史研究の方法について確認

7　Isaiah Berlin, 'Two Concepts of Liberty', *supra* note 3. 生松敬三訳・前掲注（3）「二つの自由概念」。二つの自由概念とは、積極的自由（positive freedom）と消極的自由（negative freedom）のことである。積極的自由は、何らかの「真」の目的に従って、自己支配ないし自己実現を行う自由である。Ibid., pp. 179-180. 邦訳、320-323頁。消極的自由は、一定の境界線を越えて干渉を受けない自由である。Ibid., p. 174. 邦訳、311-312頁。バーリンによると、積極的自由は、「私は自分自身の主人である」という言明が含意する自己支配というメタファーに基づいて、人々の「真」の目的を実現するという名目で、人々を嚇し、抑圧し、拷問にかけることを可能とする。Ibid., pp. 179-180. 邦訳、320-322頁。

する。彼は、フランスのヴォルテール的な思想史の方法と、イタリアのヴィーコにはじまりやがてドイツのヘルダーに継承された文化史の方法を対比させた上で、後者の重要性を指摘している。

第Ⅱ部（第3章～第7章）では、バーリンの自由論の原型を探るために、彼の初期のロマン主義研究に注目する。第3章から第5章では、バーリンの講演『ロマン主義時代の政治思想』に注目する。まずは、ニュートンの自然科学の方法を道徳や政治の領域に応用したエルヴェシウスと、歴史において「なぜ」特定の出来事が起こったのかという問いに対して独創的な答えを提示したヘーゲルについて、バーリンの理解に即して整理する（第3章）。次に、ドイツ・ロマン主義に影響を与えたルソーおよびカントの自由の捉え方にかんするバーリンの理解について確認する（第4章）。さらに、バーリンが教授就任講演「二つの自由概念」（1958年）で提示した二つの自由概念の区別が、『ロマン主義時代の政治思想』所収の「二つの自由概念」（1952年）においてすでに萌芽的に提示されていることを明らかにする。なお、彼が「人間主義的」自由観と「非人間主義的」自由観を対比させていることにも触れる（第5章）。第6章では、バーリンの講演『自由とその裏切り』について検討する。彼は、自由を擁護するためにはその敵に学ぶことが重要だとし、ルソー、エルヴェシウス、フィヒテ、ヘーゲル、サン＝シモン、ド・メストルについて論じている。第7章では、ロシアにおけるドイツ・ロマン主義の影響について検討する。ロシアの大学にもドイツ・ロマン主義の影響が及んでいた。ゲーテやシラーが読まれたし、哲学ではフィヒテ、シェリング、ヘーゲルが影響を有した。バーリンがロシアの思想家のなかでとくに注目するのは政治的作家ゲルツェンである。

第Ⅲ部（第8章～第10章）では、第Ⅱ部で確認したバーリンの初期のロマン主義研究――それはバーリンの自由論の原型をなしている――に照らして、彼の主著『自由論』（1969年、新版2002年）で提示されたバーリンの自由論の再検討を試みる。第8章では、『自由論』所収の論文のなかから、とくに重要な「二つの自由概念」（1958年）および「歴史の必然性」（1953年）に注目し、それらの概要を整理する。この二つを再読してみると、それらはいずれも、彼が1952年に行った講演である『ロマン主義時代の政治思想』

および『自由とその裏切り』に源流を有することが、理解されるであろう。第9章では、二つの「二つの自由概念」（1952年と1958年）を比較しながら、バーリンの自由論は消極的自由の擁護論ではないこと、および彼が当初は人間主義的リベラリズムを擁護していたにもかかわらず、後に価値多元論を擁護するに至ったことを、明らかにする。さらに価値多元論の思想史的起源についても考察を加える。第10章では、「歴史の必然性」を念頭に置きつつ、決定論と自由にかんするバーリンの考え方について検討する。彼は、ヘーゲルの歴史哲学を念頭に置きながら、絶対精神の発展という一元論的な歴史観に対して、マルクス、ゲルツェン、トルストイがどのように対峙したかを論じている。

　終章では、本書の各章での検討を踏まえた上で、バーリンの自由論は哲学的・概念的な研究という側面を有するけれども、彼の思想史研究も大きな役割を果たしているということを示したい。すなわち、バーリンの自由論においては、哲学的研究と思想史研究が交錯しており、その両者が補完しあっているということを明らかにしたい。

　さて、本書は、すでに公表した論文を一冊にまとめたものである。書物としてまとめるに際して、タイトルや内容等に修正を加えた箇所がある。各章の初出は以下の通りである。

　　序章：　書き下ろし。
　　第1章：　「バーリンの思想史研究の基本枠組——西洋政治思想史における三つの転換点と反啓蒙主義」同志社法学68巻4号（2016年）。
　　第2章：　「バーリンの思想史研究の方法——文化史にかんする議論を素材として」同志社法学68巻5号（2016年）。
　　第3章：　「バーリン自由論の源流——「習作（torso）」としての『ロマン主義時代の政治思想』（1952年）」同志社法学68巻2号（2016年）。
　　第4章：　「バーリン自由論の形成——ルソーとカントの解釈をめぐって」角田猛之・市川靖久・亀本洋編『法理論をめぐる現代的諸問題——法・道徳・文化の重層性（竹下賢先生古稀記念論集）』（晃洋書房、2016年）。
　　第5章：　「バーリン『二つの自由概念』の原型」中村浩爾ほか編『社会変革と社会科学——時代と対峙する思想と実践』（昭和堂、2017年）。
　　第6章：　「バーリン『自由とその裏切り』（1952年）を読む」同志社法学68

巻 3 号（2016）。

第 7 章：「バーリン自由論とゲルツェン──ロシアにおけるドイツ・ロマン主義」同志社法学 68 巻 8 号（2017 年）。

第 8 章：　書き下ろし

第 9 章：　書き下ろし

第 10 章：「バーリンにおける自由と決定論について──「歴史の必然性」（1953 年）との関連を踏まえて」同志社法学 68 巻 6 号（2017 年）

終章：　書き下ろし。ただし、「バーリン自由論の基底──思想史に基礎をもつ哲学」同志社法学 64 巻 8 号（2013 年）の一部を利用。

　本書の刊行までには、多くの方々からご支援をいただいた。同志社大学名誉教授の深田三徳先生には、いつも温かいご指導をいただいていることに、心より感謝を申し上げたい。

　明治大学の亀本洋先生には、今回も新基礎法学叢書の一冊として本書を刊行する機会をいただいた。厚く御礼を申し上げる。

　日本法哲学会、イギリス哲学会、法理学研究会、政治思想読書会の先生方にも、日頃のご指導に謝意を表したい。

　成文堂の阿部耕一会長、阿部成一社長、および飯村晃弘氏をはじめとする同社編集部の皆さまには、温かいご支援をいただいた。記して御礼を申し上げたい。

2017 年 5 月

濱　真一郎

目　次

はしがき

序章　バーリンとロマン主義 ………………………………… *1*

　第1節　バーリンの自由論と本書の目的　　　　　　　*1*

　第2節　哲学から思想史へ　　　　　　　　　　　　　*3*

　第3節　バーリンの著作とバーリン研究の動向　　　　*5*

第I部　バーリン自由論と思想史研究

第1章　バーリンの思想史研究の基本構造 …………………… *11*
　　　　——西洋政治思想史における三つの転換点と反啓蒙主義——

　第1節　バーリンの思想史研究への注目　　　　　　　*11*

　第2節　西洋政治思想史における三つの転換点　　　　*14*

　　　1　「転換点」とは何か　　　　　　　　　　　　*14*

　　　2　古典的な西洋政治思想の三つの想定　　　　　*15*

　第3節　第一の転換点——「ギリシア個人主義」の誕生　　*17*

　第4節　第二の転換点——イタリア・ルネサンス　　　*23*

　　　1　第二の想定の再確認　　　　　　　　　　　　*23*

　　　2　複数の価値は両立しない　　　　　　　　　　*24*

　第5節　第三の転換点——ロマン主義革命　　　　　　*28*

　　　1　ロマン主義の予兆——カント　　　　　　　　*28*

　　　2　フィヒテ、シラー、シェリング　　　　　　　*30*

　　　3　ロマン主義の帰結　　　　　　　　　　　　　*31*

　第6節　ロマン主義と反啓蒙主義　　　　　　　　　　*34*

　　　1　反啓蒙主義とは何か　　　　　　　　　　　　*34*

　　　2　ヴィーコ、ハーマン、ヘルダー　　　　　　　*35*

x　目　次

　　　3　カント　38
　　　4　ド・メストル　39
　第7節　バーリンの自由論と思想史研究　41

第2章　バーリンの思想史研究の方法 …………………………… 43
　　　——文化史にかんする議論を素材として——

　第1節　文化史にかんするバーリンの議論　43
　第2節　文化史のフランス的伝統——ヴォルテール　45
　　　1　「文化」の意味　45
　　　2　文化史のフランス的伝統——ヴォルテール　46
　第3節　文化史のドイツ的伝統——ヘルダー　50
　　　1　ブルクハルト、ベック、サヴィニー　50
　　　2　文化史の二つの伝統——フランス的伝統とドイツ的伝統　50
　　　3　ヘルダーが生きた時代のドイツ　51
　　　4　ハーマン　54
　　　5　ヘルダー　54
　第4節　ヘルダーの先駆者としてのヴィーコ　57
　第5節　バーリンの思想史研究の方法　59

第Ⅱ部　バーリン自由論と初期のロマン主義研究

第3章　バーリン自由論の源流 ……………………………………… 67
　　　——「習作（torso）」としての
　　　　　『ロマン主義時代の政治思想』（1952 年）——

　第1節　バーリン自由論の源流　67
　第2節　フランス革命前後の思想家たちへの注目　69
　第3節　政治哲学の主要問題——エルヴェシウスの回答　70
　　　1　「なぜ従うべきなのか」　70
　　　2　道徳および政治への科学の適用——エルヴェシウスとドルバック　71

目 次 xi

　　3　残された問題と「自然」への注目　*73*

第4節　歴史の行軍——ヘーゲルにおける歴史法則と自由　*76*

　　1　自然と人間　*76*

　　2　ヴィーコ　*77*

　　3　ヘルダー　*79*

　　4　ヘーゲル　*80*

第5節　主観的倫理と客観的倫理——ヒュームにかんする覚書　*83*

第6節　「習作（torso）」としての『ロマン主義時代の政治思想』　*84*

第4章　バーリン自由論の形成 ……………………………………… *90*
　　　　——ルソーとカントの解釈をめぐって——

第1節　バーリンの自由の捉え方　*90*

第2節　バーリンのルソー解釈　*91*

第3節　バーリンのカント解釈　*94*

第4節　バーリン自由論の形成　*97*

第5章　バーリン「二つの自由概念」の原型 …………………… *100*

第1節　二つの「二つの自由概念」（1952年と1958年）　*100*

第2節　消極的自由——J. S. ミルとベンサム　*101*

　　1　消極的自由　*101*

　　2　自由主義的な消極的自由—— J. S. ミル　*102*

　　3　ベンサムの消極的自由　*103*

第3節　積極的自由——ストア派、カント、フィヒテ　*104*

　　1　積極的自由　*104*

　　2　ストア派——「内なる砦」への撤退　*104*

　　3　ロマン主義（1）——カントの影響　*105*

　　4　ロマン主義（2）——フィヒテによる「内なる砦」との同一化　*107*

　　5　「積極的自由」の観念は多くの人間の生を犠牲にする　*108*

第4節　自由の人間主義的および非人間主義的定義　*109*

xii　目　次

第5節　思想の力　110

第6章　バーリン『自由とその裏切り』（1952年）を読む …… 113

第1節　1952年の二つの講演　113

第2節　「序論」　114

第3節　エルヴェシウス　116

第4節　ルソー　118

第5節　フィヒテ　122

第6節　ヘーゲル　126

第7節　サン＝シモン　130

第8節　ド・メストル　134

第9節　『自由とその裏切り』の意義　138

第7章　バーリン自由論とゲルツェン ……………………………… 140
――ロシアにおけるドイツ・ロマン主義――

第1節　ゲルツェンへの注目　140

第2節　ロシア・インテリゲンツィヤの誕生　142

第3節　ロシアにおけるドイツ・ロマン主義　146

第4節　ゲルツェンの思想　151

第5節　バーリン自由論とゲルツェン　155

第Ⅲ部　バーリンの自由論

第8章　バーリン『自由論』の再読 ……………………………… 159

第1節　バーリンの『自由論』　159

第2節　「二つの自由概念」（1958年）　160

　　1 「自由」の二つの意味　160

目　次　xiii

　　　2　「消極的」自由の観念　　　　　　　　　　　　　　　161

　　　3　「積極的」自由の観念　　　　　　　　　　　　　　　162

　　　4　承認と民主政　　　　　　　　　　　　　　　　　　165

　　　5　一と多（The One and the Many）　　　　　　　　167

　第3節　「歴史の必然性」（1953年）　　　　　　　　　　　168

　第4節　本章のむすびに代えて　　　　　　　　　　　　　170

第9章　自由と価値多元論 ……………………………………… 171
　　　　──二つの「二つの自由概念」（1952年、1958年）──

　第1節　消極的自由の擁護論か　　　　　　　　　　　　　171

　第2節　人間主義的な姿勢から価値多元論へ　　　　　　　173

　第3節　価値多元論の思想史的起源　　　　　　　　　　　176

　第4節　本章のむすびに代えて　　　　　　　　　　　　　181

第10章　バーリンにおける自由と決定論について ………… 182
　　　　──「歴史の必然性」（1953年）との関連を踏まえて──

　第1節　バーリンの「歴史の必然性」　　　　　　　　　　182

　第2節　ヘーゲル　　　　　　　　　　　　　　　　　　　184

　第3節　ヘーゲルとマルクス　　　　　　　　　　　　　　187

　第4節　ヘーゲルとゲルツェン　　　　　　　　　　　　　190

　第5節　ヘーゲルとトルストイ　　　　　　　　　　　　　194

　第6節　バーリンにおける自由と決定論　　　　　　　　　198

終　章　バーリンの自由論 ……………………………………… 202
　　　　──思想史に基礎をもつ哲学──

　第1節　哲学的・概念的な理論なのか　　　　　　　　　　202

　第2節　バーリン自由論成立の知性史的背景　　　　　　　203

　第3節　バーリンの自由論──思想史に基礎をもつ哲学　　206

xiv　目　次

第4節　バーリンの自由論における哲学的研究　　　　　　　　*209*

第5節　哲学的研究と思想史研究の交錯　　　　　　　　　　*211*

参考文献一覧　　　　　　　　　　　　　　　　　　　　　　*216*

人名索引　　　　　　　　　　　　　　　　　　　　　　　　*220*

事項索引　　　　　　　　　　　　　　　　　　　　　　　　*224*

序章　バーリンとロマン主義

第1節　バーリンの自由論と本書の目的

　「はしがき」でも触れたように、本書の目的は、バーリンの自由論の基本的特徴を、彼の思想史研究——とくに初期のロマン主義研究——との関連を踏まえて描き出すことである。

　具体的には、バーリンの『ロマン主義時代の政治思想』（1952 年、刊行は2006 年）および『自由とその裏切り』（1952 年、刊行は 2002 年）を軸としつつ、彼のその他の著作にも目を配りながら、彼のロマン主義研究の概要を整理した上で、バーリン自由論の基本的特徴を描き出すことにしたい。

　さて、以上の作業を通じて、本書は以下を明らかにすることも目的としている。すなわち、バーリンの自由論は、哲学的・概念的な理論としての側面を有するけれども、思想史研究としての側面が強い、ということである。本書のこの目的について、以下で詳しく説明しておこう。

　バーリンの自由論は、教授就任講演「二つの自由概念[1]」（1958 年）で提示された、積極的自由（positive freedom）と消極的自由（negative freedom）の区別によって知られている。積極的自由は、何らかの「真」の目的に従って、自己支配ないし自己実現を行う自由である[2]。消極的自由は、一定の境界線を越えて干渉を受けない自由である[3]。バーリンによると、積極的自由

1　これは、オックスフォード大学チチェリ講座の社会・政治理論教授への就任講義である。講義そのものは 1958 年に行われ、同年に出版された。本章では以下を典拠とする。Isaiah Berlin, 'Two Concepts of Liberty', in Isaiah Berlin, *Liberty*, edited by Henry Hardy (Oxford: Oxford University Press, 2002). 生松敬三訳「二つの自由概念」小川晃一・小池銈・福田歓一・生松敬三共訳『自由論』（みすず書房、1971 年）。

2　Ibid., pp. 179-180. 邦訳、320-323 頁。

3　Ibid., p. 174. 邦訳、311-312 頁。

2 序章 バーリンとロマン主義

は、「私は自分自身の主人である」という言明が含意する自己支配というメタファーに基づいて、人々の「真」の目的を実現するという名目で、人々を嚇し、抑圧し、拷問にかけることを可能とする[4]。

さて、バーリンの批判者たちの通説的な理解によれば、バーリンの自由論は、消極的自由にかんする哲学的・概念的な理論である。こうした理解を提示する今日の代表的な論者としては法哲学者のロナルド・ドゥオーキンをあげることができる。

ドゥオーキンの理解では、バーリンは「自由」を、「自分がしたがるかもしれないことを他者からの制約ないし強制から自由な状態で行う能力」として、定義している——ドゥオーキンはここで、「自由」という表現を用いているが、それはバーリンのいう「消極的自由」のことであると思われる——。ドゥオーキンがいうには、自由についてのバーリンの説明（定義や分析）は、自らが規範的理論であると主張しない。その説明はむしろ、自らが、社会実践について記述的で、またそうした実践を作り上げる論争のあいだで中立的な、哲学的・概念的な理論であると、主張している[5]。

以上で確認したように、ドゥオーキンらの通説的な理解によれば、バーリンの自由論は哲学的・概念的な理論である。しかしながら、この通説的な理解は、バーリンの自由論の一面しか捉えていないように思われる。すなわち、この理解は、バーリンの自由論の基底に「思想史に基礎をもつ哲学[6]」（これはマイケル・イグナティエフの表現である）が存することを見落としているために、彼の自由論の理解としては一面的なものとなっている。そこで本書では、以上の通説的な理解に対して、バーリンの自由論においては哲学的研究と思想史研究が交錯し、その両者が互いを補完しあっている、という理解を提示することを目指したい。

4　Ibid., pp. 179-180. 邦訳、320-322 頁。

5　Ronald Dworkin, *Justice in Robes* (Cambridge, Mass. and London: Harvard University Press, 2006), pp. 143, 145-147. 宇佐美誠訳『裁判の正義』（木鐸社、2009 年）182、185-187 頁。

6　Michael Ignatieff, *Isaiah Berlin: A Life* (London: Chatto & Windus, 1998), p. 88. 石塚雅彦・藤田雄二訳『アイザイア・バーリン』（みすず書房、2004 年）97 頁。

第2節　哲学から思想史へ

　以上で、本書の目的について確認した。次に、バーリンの経歴についてご
く簡単に触れつつ[7]、彼が当初は哲学研究に従事していたにもかかわらず、
やがて思想史研究に向かったことを確認する。（本節は伝記的な内容なので、
書誌情報を注で示すことはしていない。）

　サー・アイザィア・バーリン（Sir Isaiah Berlin）は、1909年6月6日、旧
ロシア帝国領内のラトヴィアの首都リガに生まれた。両親はユダヤ人で、父
親は材木商を営んでいた。バーリンが幼少の頃、バーリン家は一時期ロシア
に居を移すが、幼いバーリンはそこでロシア革命を目撃することになる。警
官たちが民衆を弾圧し、逆に民衆が一人の警官に暴行を加えるのを見て、暴
力への嫌悪を生涯もちつづけた。革命後の1921年、バーリン家は不安定な
政情を逃れて英国へ移住する。

　移住後のバーリンは、セント・ポール校およびオックスフォード大学コー
パス・クリスティ・カレッジで教育を受けた。卒業後、同大学ニュー・カレ
ッジのフェローとなり、さらにはユダヤ人として初のオール・ソウルズ・カ
レッジのフェローとなる。研究をはじめた頃は哲学の研究に従事し、J. L.
オースティンや A. J. エアーらと研究会を行っていた。そこはオックスフォ
ード哲学の中心地であった。バーリンの当時の論文は、後に『概念と範疇』
（1978年）に収録されている。なお、彼はこの時期に依頼を受けて初の著書
『カール・マルクス』（1939年）を著している。

　さて、バーリンは次第にオックスフォード哲学の細かな議論に疑問を抱く
ようになり、やがて思想史研究へと向かうことになる。ただし、第二次世界
大戦の勃発によって、本格的な思想史研究は先延ばしとなる。

　バーリンは大戦中に、英国のために自分が何をできるかについて悩み、ア
メリカに渡って英国の情報省やワシントンの英国大使館のために働いた。彼
はアメリカの状況を報告書にまとめて本国に送ったが、チャーチルも一目置

　7　バーリンの生涯については注（6）にあげた伝記を参照した。

4 序章 バーリンとロマン主義

くほどの出来映えだったという。アメリカ滞在中に、シオニズムの指導者カイム・ワイツマンと知り合い、シオニズム運動に協力したこともある。

大戦後は、短期間であるが、ソ連の英国大使館で働く機会を得る。その際、ロシアの作家や詩人と密かに面会した。彼の近代ロシア思想史への関心は強く、後に『ロシアの思想家たち』（1978年）が出版されている。

ソ連での勤務を終えて、バーリンはオックスフォード大学に戻り、思想史研究に本格的に取り組むことになる。1950年代には、ロマン主義にかんする複数の講演を行っている。本書がとくに注目するのは、アメリカで行った講演『ロマン主義時代の政治思想』（1952年、出版は2006年）および、英国BBCでのラジオ講演『自由とその裏切り』（1952年、出版は2002年）である。なお、この時期の主要な論文の一つに「歴史の必然性」（1953年）がある。これは決定論と自由について論じたものである。

1957年に、バーリンはオックスフォード大学チチェリ講座の社会・政治理論教授へと就任する。その際に行った教授就任講演「二つの自由概念」（1958年）は、賛否両論を巻き起こし、自由をめぐるその後の議論では必ず言及される現代の古典となっている。この「二つの自由概念」は、哲学的・概念的な研究としての側面もあるけれども、思想史研究としての側面も強い。

バーリンは教授在任中に、主著である『自由論』（1969年）や『ヴィーコとヘルダー』（1976年）を出版する。これらの著作によって、バーリンは時代を代表する思想史家の一人となったのである。教授を退任後は、オックスフォード大学の新しいウォルフソン・カレッジの設立に尽力し、同カレッジの初代学寮長を務めた。英国学士院長や王立オペラ協会の理事など、大学外の公務にも手腕を発揮した。アリーン夫人と幸せな家庭を築いたことも付言しておく。

バーリンは、1997年の7月から咽を痛め、闘病生活を送っていた。死の直前に、ユダヤ人とパレスチナ人に妥協を求める声明「イスラエルとパレスチナ人」を発表したが、これは彼の政治的な遺言と言えるだろう。1997年11月4日の午後、容態が急変して緊急入院。翌五日の夕刻に発作に襲われ帰らぬ人となった。彼の亡骸は、オックスフォードのウォルヴァーコート墓

地のユダヤ人区画に眠っている。

第3節　バーリンの著作とバーリン研究の動向

　次に、バーリンの著作とバーリン研究の動向について確認しておこう。バーリンの著書は、彼自身が刊行したものが少なかったため、彼は著作が少ない研究者とみなされることもあった。ところが、優秀な編集者であるヘンリー・ハーディの尽力により、バーリン著、ハーディ編の著作集が刊行されることになる。バーリンの没後にも、彼の講演や遺稿が整理されて、新たな著書や書簡集として刊行されている[8]。

　本書がとくに注目するのは、上述した、1952年の二つの講演『ロマン主義時代の政治思想』（出版は2006年）および『自由とその裏切り』（出版は2002年）である[9]。これらは後の「二つの自由概念」（1958年）および「歴史の必然性」（1953年）を先取りする内容を有しており、バーリンの自由論の原型を描き出す上で貴重な文献である。なお、バーリンの旧著のなかには、新版が出版される際に、未公開の論文が掲載されることがある。とくに『自由論』の新版[10]（2002年）の出版は、バーリンの自由論の基本構造を理解することを可能としている。それから、インターネット上の『アイザィア・バーリン・バーチャル・ライブラリー』には、これまで未公刊だったバーリンの原稿[11]が掲載されており、大変貴重である。

　次に、バーリン研究の動向についてみていこう。英語圏では、先駆的な研

8　バーリンの英語の著作および書簡集は以下で確認することができる。'Books by Isaiah Berlin Currently in Print in English', in Nicholas Hall (ed.), *Isaiah Berlin Virtual Library* ⟨http://berlin.wolf.ox.ac.uk/lists/books/index.html⟩ accessed on 23 January 2017.

9　Isaiah Berlin, *Political Ideas in the Romantic Age: Their Rise and Influence on Modern Thought*, edited by Henry Hardy (London: Chatto & Windus, 2006); Isaiah Berlin, *Freedom and Its Betrayal: Six Enemies of Human Liberty*, edited by Henry Hardy (Princeton and Oxford: Princeton University Press, 2002).

10　Isaiah Berlin, *Liberty*, *supra* note 1.

11　'Unpublished Writings', in Nicholas Hall (ed.), *Isaiah Berlin Virtual Library*, ⟨http://berlin.wolf.ox.ac.uk/lists/nachlass/index.html⟩ accessed on 23 January 2017.

究[12] もあったが、学界に大きな影響を与えたのはジョン・グレイのバーリン研究——『アイザィア・バーリン[13]』(1995 年)——である。彼は、ソ連・東欧の崩壊後の世界情勢を踏まえて、バーリンによる二つの自由概念の区別に加えて、バーリンの価値多元論、ナショナリズム論、およびロマン主義研究の現代的意義を強調している。さらにグレイは、バーリンの自由論における価値多元論とリベラリズムの関係について、その両者は両立しないというテーゼを提示した(価値多元論を擁護するのであれば、消極的自由を他の諸価値に優先させるリベラリズムを擁護することはできないのではないか)。グレイの問題提起を受けて、ジョージ・クラウダーおよびベアタ・ポラノフスカ゠シグルスカの著書が出版されている[14]。なお、近年では、バーリンの初期の哲学・思想史研究を丁寧に跡づけるジョシュア・チェルニスの研究が登場した[15]。バーリンのユダヤ的アイデンティティに注目した著書や、彼のロシア的アイデンティティに注目した著書、さらにはバーリンと英国のマルクス主義歴史学者アイザック・ドイッチャーとの確執をめぐる著書も出ている[16]。バーリンにかんする論文集も複数ある[17]。

12　Robert Kocis, *A Critical Appraisal of Sir Isaiah Berlin's Political Philosophy* (Lewiston, Lampeter, Queenston: The Edwin Mellen Press, 1989); Claude J. Galipeau, *Isaiah Berlin's Liberalism* (Oxford: Clarendon Press, 1994).

13　John Gray, *Isaiah Berlin* (London: HarperCollins, 1995). 河合秀和訳『バーリンの政治哲学入門』(岩波書店、2009 年)。現在では原著書の第 2 版が出ている。John Gray, *Isaiah Berlin: An Interpretation of His Thought*, with a new introduction by the author (Princeton and Oxford: Princeton University Press, 2013).

14　George Crowder, *Isaiah Berlin: Liberty and Pluralism* (Cambridge: Polity Press, 2004); Beata Polanowska-Sygulska, 'Value-Pluralism and Liberalism: Connection or Exclusion?' in Isaiah Berlin and Beata Polanowska-Sygulska, *Unfinished Dialogue* (Amherst, New York: Prometheus Books, 2006).

15　Joshua L. Cherniss, *A Mind and Its Time: The Development of Isaiah Berlin's Political Thought* (Oxford: Oxford University Press, 2013).

16　Arie M. Dubnov, *Isaiah Berlin: The Journey of a Jewish Liberal* (New York: Palgrave Macmillan, 2012); Andrzej Walicki, *Encounters with Isaiah Berlin: Story of an Intellectual Friendship* (Frankfurt am Main, Berlin, Bern, Bruxelles, New York, Oxford and Wien: Peter Lang, 2011); David Caute, *Isaac and Isaiah: The Covert Punishment of a Cold War Heretic* (New Haven and London: Yale University Press, 2013).

第3節　バーリンの著作とバーリン研究の動向　　7

　日本にも、1980年代から1990年代初頭にかけて、優れたバーリン論が存在していた[18]。1990年代後半からは、グレイのバーリン研究（1995年）を念頭に置いた論文および著書が発表されている[19]。筆者もかつて、グレイの問題提起を受けて、価値多元論とリベラリズムの結びつきについて検討したことがある[20]。

　本書では、先述のように、バーリンの自由論の基本的特徴を、彼の思想史研究——とくに初期のロマン主義研究——との関連を踏まえて描き出すことを目指したい。さらに、バーリンの自由論は、哲学的・概念的な理論としての側面を有するけれども、思想史研究としての側面が強いということを、明らかにしたい[21]。

17　Ronald Dworkin, Mark Lilla, and Robert B. Silvers (eds.), *The Legacy of Isaiah Berlin* (New York: New York Review Books, 2001); Joseph Mali and Robert Wokler (eds.), *Isaiah Berlin's Counter-Enlightenment* [Transactions of the American Philosophical Society, vol. 93, part 5] (Philadelphia: American Philosophical Society, 2003); George Crowder and Henry Hardy (eds.), *The One and The Many: Reading Isaiah Berlin* (New York: Prometheus Books, 2007); Henry Hardy (ed.), *The Book of Isaiah: Personal Impressions of Isaiah Berlin* (Woodbridge: The Boydell Press, 2009); Bruce Baum and Robert Nichols (eds.), *Isaiah Berlin and the Politics of Freedom: "Two Concepts of Liberty" 50 Years Later* (New York and London: Routledge, 2013); Laurence Brockliss and Ritchie Robertson (eds.), *Isaiah Berlin and the Enlightenment* (Oxford: Oxford University Press, 2016). なお、以下も出版予定とのことである。Joshua L. Cherniss and Steven B. Smith (eds.), *The Cambridge Companion to Isaiah Berlin* (New York: Cambridge University Press, to appear in 2017). この情報はジョージタウン大学の教員紹介欄（ジョシュア・チェルニスの 'Publications'）に掲載されている。⟨http://explore.georgetown.edu/people/jlc306/?action=viewpublications⟩ accessed on 23 January 2017.

18　小川晃一「バーリンの自由論（1）（2・完）」北大法学論集36巻1・2合併号（1985年）、36巻4号（1986年）、関口正司「二つの自由概念（上）（下）」西南学院大学法学論集24巻1号（1991年）、24巻3号（1992年）。

19　森本哲夫「ジョン・グレイとバーリンの自由及び自由主義の理論（1）（2）（3）」亜細亜法学34巻1号（1999年）、34巻2号（2000年）、36巻1号（2001年）、森達也「アイザイア・バーリンの倫理的多元論——多元的状況における理解と判断」早稲田政治公法研究69号（2002年）、上森亮『アイザイア・バーリン——多元主義の政治哲学』（春秋社、2010年）、山下重一『J. S. ミルとI. バーリンの政治思想』泉谷周三郎編集（御茶の水書房、2016年）。

20　拙著『バーリンの自由論——多元論的リベラリズムの系譜』（勁草書房、2008年）。

8　序章　バーリンとロマン主義

21　なお、バーリンの自由論を、彼の思想史研究との関連ではなく、現実的・機能的分析を踏まえた秩序構想の観点から再検討する試みとして、井上達夫『自由の秩序——リベラリズムの法哲学講義』（岩波現代文庫、2017 年）がある。とくに同書の 41 頁を参照。

第Ⅰ部
バーリン自由論と思想史研究

第1章　バーリンの思想史研究の基本構造
——西洋政治思想史における三つの転換点と反啓蒙主義——

第1節　バーリンの思想史研究への注目

　第Ⅰ部では、バーリンの思想史研究の基本構造および方法について検討する。本章の目的は、彼の思想史研究の基本構造を明らかにすることである。

　バーリンの自由論[1]は、自由についての哲学的・概念的な研究として理解されている[2]が、思想史研究としての側面も強い[3]。ただ、彼が思想史の通史的な書物を書いていないことや、思想史研究の方法についてまとまった形で論じていないことから、彼の思想史研究の基本構造は捉えにくいものとなっている。

　そこで本章では、バーリンが提示する「西洋政治思想史における三つの転換点」（「ギリシア個人主義」の誕生、イタリア・ルネサンス、ドイツ・ロマン主義）および、第三の転換点である「ドイツ・ロマン主義」とバーリンの言う「反啓蒙主義」の関係について検討することを通じて、彼の思想史研究の基本構造を明らかにすることを目指したい。

　まずは、バーリンの『自由論』の新版[4]（2002年）に収録された論文「ギ

1　バーリンの自由論は以下の著書で提示されている。Isaiah Berlin, *Four Essays on Liberty* (London: Oxford University Press, 1969). 現在では以下の新版が出ている。Isaiah Berlin, *Liberty*, edited by Henry Hardy (Oxford: Oxford University Press, 2002). 初版の邦訳として、アイザイア・バーリン著、小川晃一・小池銈・福田歓一・生松敬三共訳『自由論』（みすず書房、1971年）。

2　Ronald Dworkin, *Justice in Robes* (Cambridge, Mass. and London: Harvard University Press, 2006), pp. 143, 145-147. 宇佐美誠訳『裁判の正義』（木鐸社、2009年）182,185-187頁。

3　Michael Ignatieff, *Isaiah Berlin: A Life* (London: Chatto & Windus, 1998), p. 88. 石塚雅彦・藤田雄二訳『アイザイア・バーリン』（みすず書房、2004年）97頁。

4　Isaiah Berlin, *Liberty, supra* note 1.

12　第1章　バーリンの思想史研究の基本構造

リシア個人主義の誕生——政治思想史における転換点」に依拠して、彼の言う「西洋政治思想史の三つの転換点」の概要を確認しておこう。

> ＊ 以下では、バーリンの「ギリシア個人主義の誕生（The Birth of Greek Individualism）[5]」を BGI と略記し、参照する際に本文中に頁数と共に記す。

　バーリンによると、古典的な西洋政治思想を支える三つの想定がある。第一は、真の問題が存在するのであれば、それに対する真の解答がある、という想定である。第二は、複数の価値や、複数の問題に対する複数の解答は互いに衝突しない、という想定である。第三は、人間は本性を有しており、人間の本性は——偶然的にではなく——本質的に社会的なものである、という想定である。バーリンは、これらの三つの想定が破壊された節目を、西洋政治思想史における三つの転換点（ないし「三つの危機」）と呼んでいる。第一の想定を破壊したのはドイツ・ロマン主義であり、第二の想定を破壊したのはイタリア・ルネサンス（マキアヴェッリ）であり、第三の想定を破壊したのは「ギリシア個人主義」の誕生である（BGI, pp. 287-294）[6]。

　バーリンは、これらの三つの転換点のなかで、ドイツ・ロマン主義（彼は「ロマン主義革命」という表現も用いる）の衝撃が最も大きかったと考えている[7]。そこで彼は、ロマン主義に主たる関心を向けていくことになる[8]——なお、彼はロシアの思想家や作家について研究する際にも、ロシアにおけるドイツ・ロマン主義の影響を念頭に置きつつ、検討を行っている[9]。

5　Isaiah Berlin, 'The Birth of Greek Individualism', in Isaiah Berlin, *Liberty, supra* note 1.

6　同様の理解は以下でも示されている。Isaiah Berlin, 'The Romantic Revolution: A Crisis in the History of Modern Thought', in Isaiah Berlin, *The Sense of Reality: Studies in Ideas and Their History*, edited by Henry Hardy (London: Pimlico, 1997).

7　Ibid., p. 169.

8　Isaiah Berlin, *The Roots of Romanticism*, edited by Henry Hardy (London: Chatto & Windus, 1999). 田中治男訳『バーリン　ロマン主義講義』（岩波書店、2000 年）; Isaiah Berlin, *Political Ideas in the Romantic Age: Their Rise and Influence on Modern Thought*, edited by Henry Hardy (London: Chatto & Windus, 2006); Isaiah Berlin, *Freedom and Its Betrayal: Six Enemies of Human Liberty*, edited by Henry Hardy (Princeton and Oxford: Princeton University Press, 2002).

9　Isaiah Berlin, 'German Romanticism in Petersburg and Moscow', in Isaiah Berlin,

第1節　バーリンの思想史研究への注目　　13

さて、いわゆる「ロマン主義」の思想家（例えばフィヒテ、シェリング、シラー）だけを研究対象とすると、バーリンが関心を抱く思想家の一部がその枠から外れてしまう。それは、西洋の啓蒙主義や合理主義に反駁した、彼の言う「反啓蒙主義」の思想家（例えばヴィーコ、ハーマン、ヘルダー）のことである。筆者の理解では、バーリンは、西洋政治思想史の第三の転換点について論じるために、「反啓蒙主義」にも関心を広げることによって、「ロマン主義」の枠から外れる思想家たちについて論じることを可能にしているのである。

　それでは、バーリンの言う反啓蒙主義について確認していこう。

　　＊　以下では、バーリンの「反啓蒙主義（The Counter-Enlightenment）[10]」をCE
　　　と略記し、参照する際には本文中に原書および邦訳の頁数を記す。

　フランス啓蒙主義の進歩的思想家たちの中心的教義としては以下がある。人間本性はいつでもどこでも同一である。種としての人間に共通する中心的な核心部分が存在しており、それに比べると、地理的・歴史的な変化は取るに足りないものである。普遍的な人間の目的が存在する。論理的に結びついた法則の体系や、証明・確証可能な一般化を、打ち出すことができる（CE, p. 1. 邦訳、44頁）。以上の教義に反駁したのが反啓蒙主義の思想家たち、すなわちヴィーコ、ハーマン、ヘルダーらである（CE, pp. 4-13. 邦訳、48-64頁）。なお、バーリンによると、カントは啓蒙主義者であったが、意図せずして反啓蒙主義を準備した側面もある（CE, p. 15. 邦訳、66-68頁）。あるいは、反啓蒙主義の思想家のなかには、ド・メストルのような、啓蒙主義に対して敵意に満ちた反動的批判をなした者もいる（CE, pp. 20-24. 邦訳、76-82頁）。

　　Russian Thinkers, second edition, edited by Henry Hardy and Aileen Kelly (London: Penguin Books, 2008). 河合秀和訳「ペテルブルクとモスクワにおけるドイツ・ロマン主義」、アイザイア・バーリン著、福田歓一・河合秀和編訳『ロマン主義と政治（バーリン選集3）』（岩波書店、1984年）。

10　Isaiah Berlin, 'The Counter-Enlightenment', in Isaiah Berlin, *Against the Current: Essays in the History of Ideas*, edited by Henry Hardy (London: Pimlico, 1997). 三辺博之訳「反啓蒙主義」、アイザイア・バーリン著・前掲注（9）『ロマン主義と政治』。

14　第1章　バーリンの思想史研究の基本構造

　以上で、バーリンの言う「西洋政治思想史における三つの転換点」および「反啓蒙主義」について、要約的な説明を行った。それらの詳しい検討は以下の各節で行うが、それらを理解することは、バーリンの思想史研究の基本構造を理解するための貴重な手がかりとなるだろう。

　ここで、本章の（次節以降の）概要を確認しておこう。第2節では、バーリンの言う、古典的な西洋政治思想を支える三つの想定について確認する。第3節から第5節では、それらの三つの想定がどのように破壊されたかについて、すなわち、西洋政治思想史における三つの転換点について検討する。具体的には、第一の想定を破壊した「ギリシア個人主義」の誕生（第3節）、第二の想定を破壊したイタリア・ルネサンス（第4節）、第三の想定を破壊したドイツ・ロマン主義（第5節）について検討する。第6節では、バーリンの言う反啓蒙主義について検討する。なお、第7節では、バーリンの思想史研究の基本構造について整理した上で、彼の思想史研究と自由論の関係について若干の検討を行うことにしたい。

第2節　西洋政治思想史における三つの転換点

1 「転換点」とは何か

　バーリンは、西洋政治思想史における三つの転換点について論じるために、まずは彼の言う「転換点」とは何かについて説明している。彼によると、自然科学の領域で大変革が起こるのは、中心的な仮説ないし仮説の体系が、新しい発見（それは新しい仮説をもたらす）によって土台を掘り崩される場合である。大変革が起こると、古い理論は完全に否定されて、新しい理論に取って代わられるのである（BGI, p. 287）。

　以上の自然科学の理解は、知（knowledge）の領域（歴史、哲学、文学、批評など）では、すなわち、芸術や人間の生にかんする思想の領域では、通用しない。プラトンの物理学や数学は今日では時代遅れになってしまったかもしれない。しかし、彼の道徳的・政治的な思想は今日でも論争の的である。さもなければ、カール・ポパーはプラトンの社会理論をあれほど激しく攻撃しなかっただろうとされる（BGI, p. 287）。

第2節　西洋政治思想史における三つの転換点　　15

　バーリンによると、自然科学に比べると、知の領域は不明確である。われ
われは、この不明確な領域において、いわゆる観念（ideologies）を用いてい
る。すなわち、われわれは観念を用いて、各時代について判定を下している
のである。なお、観念は、中心モデルと呼ばれるのが適切だとされる。思想
家は、明確で確立されている分野から中心モデルを引き出し、このモデルを
用いて、あまり明確でない分野について説明することができる。例えばプラ
トンは地理学の分野から、アリストテレスは生物学の分野から、中心モデル
を引き出して、それを社会的な生の領域に適用したのである（BGI, pp. 288-
289）。

　既存の中心モデルが存在していたところに、新しい中心モデルが現れて、
未開の領域を明らかにし、人々を古い枠組みから解放する。ところが、この
新しい中心モデルも、自らが生み出した問題に答えることができなくなる。
例えば、人間を原子と捉えるモデルは、それまでの神学的なモデルから人々
を解放したが、やがてそのモデル自体に曖昧な点が生じてくるのであった
（BGI, p. 289）。

　さて、バーリンによると、大きな節目は、一つの世界が滅亡し、別の世界
がその後を継ぐときに生じる。これは、中心モデルの変化によって特徴づけ
られる。例えば、ギリシアの循環的な歴史観は、一直線的な歴史観に、すな
わちユダヤ・キリスト教の歴史的目的論に取って代わられた。あるいは、こ
の歴史的目的論もやがて、17世紀の因果的・数学的モデルによって葬られ
たのである。なお、コンドルセやヘーゲル、バックルやマルクス、シュペン
グラーやトインビーのような人物は、人間は単一の発展パターンを見つけら
れると主張する。しかし、バーリンによると、彼が論じる「三つの転換点」
——彼は「三つの大きな危機」という表現も用いる——は、これらの思想家
たちの仮説によっては適切に説明できないのである（BGI, pp. 289-290）。

2　古典的な西洋政治思想の三つの想定

　バーリンによると、西洋政治思想史において三つの危機が生じた時代と
は、その（少なくとも）一つの中心的カテゴリーが救いがたいほどに転換さ
れて、その中心的カテゴリーに由来するすべての思考が変化させられた時代

のことであった。すなわち、①紀元前四世紀のギリシア、②ルネサンス期の
イタリア、および③18世紀末のドイツである（BGI, p. 290）。

　古典的な西洋政治思想は、三脚の台（a tripod）と結びついている。すな
わち、三つの主要な想定に依拠している。これらの想定は、西洋政治思想の
全容を示すものではないが、その最も強力な三つの支柱である。ゆえに、そ
れらのいずれかの崩壊ないし弱体化は、西洋政治思想の伝統に影響するに違
いないし、かなりの程度それを変化させるに違いないとされる（BGI, p.
290）。

　ここで、三つの想定を筆者なりにまとめていこう。第一は、真の問題
（genuine questions）が存在するのであれば、それに対する真の解答（true
answers）が存在する、という想定である（バーリンの言う「真の問題」とは、
それに対する真の解答が存在する問題のことである。ある問題に対して、真の解
答が存在しないとすれば、その問題は真の問題ではない）。第二は、複数の価値
や、複数の問題に対する複数の解答は互いに衝突しない、という想定であ
る。第三は、人間は本性を有しており、人間の本性は——偶然的にではなく
——本質的に社会的なものである、という想定である（BGI, pp. 290-293）。

　以下では、古典的な西洋政治思想が依拠する三つの想定について、バーリ
ン自身の詳しい説明をみていこう。

　第一の想定について。価値（value）、目的ないし値打ち（worth）、人間の
行為（政治的行為を含む）の正しさないし望ましさについての問題は、真の
問題である。真の問題に対しては真の解答が存在する（その解答が知られる
か否かを問わず）。解答は、客観的で、普遍的で、永遠に妥当であり、原理的
に知ることができる。すべての真の問題に対して、一つの解答のみが真であ
り、その他の解答は必然的に誤りである。真理に至る道については争いがあ
るけれども、解決策が存在するということについては合意が存在している
（BGI, pp. 290-291）。

　第二の想定について。政治理論において提起される様々な問題への複数の
解答は、それらの解答が真であるならば、互いに衝突しない。この想定は、
一つの真理は別の真理と両立不可能というわけではない、という単純な論理
法則に従っている。政治的な問題について検討する際には、価値にかんする

多くの問題が必ず生じる。それらの問題とは以下のようなものである。「正義とは何か、それは追求されるべきか」、「自由はそれ自体が探求されるべき目的か」、「権利とは何か、それはどのような状況で無視されるのか、あるいは逆に、それを功利、安全、真理、幸福に対抗して主張できるのか」。これらの問題への解答は、もしもそれらの解答が真であるなら、互いに衝突しえないのである（BGI, pp. 291-292）。

第三の想定について。人間は本性（nature）を有しており、それは発見可能であり、記述可能である。すなわち、人間は――単に偶然的にではなく――本質的（essentially）に社会的である。例えば、人間は思考ないしコミュニケーションの能力を有している。思考したりコミュニケートしたりできない動物は、人間とは呼べないであろう。コミュニケーションは、定義上、他者との関係であるから、他者との秩序だった関係は、人間にとって、単に偶然的な事実であるだけでなく、われわれが「人間」によって意味するものの一部であり、種としての人間の定義の一部である（BGI, pp. 292-293）。

バーリンによると、以上の三つの想定は（彼があげたのとは逆の順番で）攻撃された。すなわち、第三の想定は紀元前四世紀の終わり頃に攻撃された。第二の想定はマキアヴェッリによって疑問視された。第一の想定は一八世紀後半にドイツのロマン主義者たちによって攻撃されたのである（BGI, pp. 293-294）。

バーリンは、以上の三つの想定が攻撃されたことを、西洋政治思想史における三つの転換点（ないし危機）と呼んでいるが、それらの転換点について一つずつ論じている。彼はまず、「人間は本質的に社会的である」という第一の想定に対する、紀元前四世紀頃になされた攻撃から検討をはじめる（BGI, p. 294）。

第3節　第一の転換点――「ギリシア個人主義」の誕生

本節以降では、西洋政治思想の三つの想定がどのように破壊されたかをみていく。順番が逆になるが、まずは第三の想定からみていこう（バーリンもこの順番で論じている）。これは、人間は本性を有しており、人間の本性は

18　第1章　バーリンの思想史研究の基本構造

——偶然的にではなく——本質的に社会的なものである、という想定である。この想定を破壊したのは「ギリシア個人主義」の誕生である。

　なお、バーリンの言う「ギリシア個人主義」は、近代以降の「個人主義」とは異なるため、本章では括弧つきの「ギリシア個人主義」という表記を用いている。

　バーリンによると、古典期のギリシア、とくに紀元前五世紀のアテネやスパルタでは、人間は本質的に社会的なものとして理解されていた。ツキデテスは、人間の自然な生は、ポリス（都市国家）における制度化された生であると考えた。プラトンやアリストテレスも、社会の価値を強調している。例えばアリストテレスは、市民は自分自身ではなくポリスに帰属しているとか、個人はポリスの一部なのだと述べている。なお、プラトンは、社会や国家よりも個人の魂に関心を寄せているように見える。あるいはプラトンとアリストテレスは、観照的な生（実践するのではなく沈思する生）こそが、人間の送ることのできる最高の生である考えている。しかし、彼らはやはり、人間は、賢者（アリストテレス）が死刑にならないような社会を創らねばならないとする。すなわち彼らは、人間は国家の外では生きられないと考える点で、一致している（BGI, pp. 294-295）。結局、人間の性質（characters）は、社会的なものによって特徴づけられるのであり、このことは本性によって（by nature）定められているのである（BGI, p. 297）。

　さて、以上の立場に対する反論はなかったのだろうか。例えば、神話のアンティゴネーは、反逆者である兄を埋葬したが、これは国家の法を破ることであった。ただ、彼女はたしかに国王クレオンの法（国家の法）を破ったのであるが、彼女の個人的信念に基づいてそうしたのではなかった。ソフィストたちはどうか。彼らが著作を残さなかったこともあり、その主張はよく分かっていない（彼らの論敵であるプラトンらの著作からうかがい知るしかない）。ただ、バーリンによれば、彼らはいかなる種類の国家が最善かについて、プラトンやアリストテレスと意見を異にしただけであって、社会制度の至高性を否定したわけではない。すなわち、ソフィストたちは、個人主義者ではない。彼らは社会を変えたいと欲するだけであり、社会に代えて個人に注目するわけではないのである（BGI, pp. 298-299）。

第3節　第一の転換点——「ギリシア個人主義」の誕生　19

　では、古代アテネの政治家ペリクレスはどうか。たしかに彼は、アテネは
スパルタとは違う、なぜならアテネには市民の自由があるからだ、と述べ
た。しかし、彼が述べたのは、特定の国家は他の国家より自由であるという
ことであって、アテネの市民が権利を有する、すなわち特定の制限内で好き
なことを自由に発言する権利（自然権ないし国家に付与された権利）を有す
る、ということではないのである（BGI, p. 300）。

　以上で確認したように、古代ギリシアでは以下の考えが共有されていた。
すなわち、人間の性質（characters）は、社会的なものによって特徴づけら
れるのであり、このことは本性によって（by nature）定められているのであ
る（BGI, p. 297）。

　さて、バーリンによると、アリストテレスが紀元前 322 年に没してから、
事態は急変する。アリストテレスが亡くなり六十年ほど過ぎてから、エピク
ロスがアテネで唱道をはじめ、ゼノンもそれに続いた。数年の内に、彼らの
哲学が支配的となった。それはまるで、政治哲学が突然消え去ったかのよう
であった。彼らの哲学では、個人の倫理はもはや社会道徳からは演繹されな
いのであり、倫理は政治学の一部ではなくなり、社会的・公的なものの達成
という観念は跡形もなく消え去った。むしろ、人々は、個人の自己充足とい
う観念を獲得したのである（BGI, pp. 302–303）。

　エピクロスにとって重要なのは、苦痛を避けて幸福を得ることである。公
的な生は、快よりも苦痛を多くもたらす。公的な生がもたらす恩恵に価値は
なく、むしろ不安が増大させられる。政治に従事することによってもたらさ
れる苦痛の感情を抑えるためには、可能な限りひっそりとした生活を送る方
がよい。人間は本性上、市民的共同体での生活に適していないのである
（BGI, p. 304）。

　ストア派は、エピクロス派よりも影響力があった。ゼノンは、賢明さは内
なる自由（inner freedom）に存するとした。世界を正しく理解することは、
すべてが必然であると理解することである。ゼノンにとって、自然は普遍的
な理性法則の具体化である。理性こそが世界を支配しているのである。もし
も苦痛が、理性の設計図に書き込まれているのなら、それを受忍し、それに
順応せねばならない。さて、初期ストア派の政治的教説はどのようなもの

20　第1章　バーリンの思想史研究の基本構造

か。それは、賢者はどこでも生きていけるというものである。賢者は人間集団に帰属する必要がない。神殿も、神の像も、裁判所も、競技場も、軍艦も、金銭も必要ない。賢者はそれらなしで生きていくことができる。ゼノンに従えば、人間が適切に生きるためには、都市で生きてはならないのである（BGI, pp. 306-308）。

　なお、後のストア派の哲学は、アリストテレスの教義を取り入れ、ローマ帝国にとって有用なものへと自らを変化させていく（BGI, p. 309）。

　さて、バーリンによると、エピクロス派とストア派の違いはそれほど大きくない。その両者は、プラトン、アリストテレス、主要なソフィストたちの公的世界に対して敵対的であるという点では、一致しているのである。公的世界の理解をめぐる裂け目は大きく、その帰結は甚大であった。史上初めて、政治は卑しい職業であり、賢人が関わるものではない、という考えが登場した。倫理と政治の分離が決定的なものとなった。人間は個人的存在として捉えられるようになった。政治は、人間集団の倫理的原理の応用部門となった（それ以前は、倫理が政治の応用部門であると理解されていた）。公的秩序ではなく、個人の救済こそが重視されるようになった（BGI, p. 310）。

　バーリンによると、この成り行きはとても奇妙である。なぜ、そのような大きな裂け目がほんの二十年ほどのあいだに生じたのか。それ以降、アリストテレス派は植物を採集し、星や動物や地理を研究した。プラトン派は数学に没頭し、社会や政治については語らなくなってしまった。それはなぜなのか（BGI, p. 310）。

　歴史学において採用された定説には、マケドニアのフィリッポス二世やアレキサンダー大王によって都市国家が破壊されたからだ、というものがある。しかし、バーリンによれば、実際にはこの時期にも都市国家は存続していたし、むしろ新しい都市国家も創設されていた。アレキサンダー大王による征服が大きな要因であるというのは、もちろん正しい。しかし、それだけですべてを説明できるわけではない。それはまるで、ナポレオンのヨーロッパ征服が社会・政治思想を完全に転換したと、主張するようなものである（BGI, pp. 310-312）。

　なぜこの大きな裂け目が生じたのか。この問題に対して、学者のなかに

第3節　第一の転換点──「ギリシア個人主義」の誕生　21

は、ストア派がオリエント世界に由来しているからだ、と主張する者がいる。たしかに、ストア派の唱道者たちはギリシア出身ではない。バーリンによると、この理論は興味深い。しかし、ストア派と同様の結論に至ったエピクロスは、育ったのは（トルコ沿岸のギリシアの）サモス島であったけれども、アテネ人の家系であった。さらに、ゼノンは外国出身であったが、その教説には非ギリシア的なところはない。結局、大きな裂け目を生み出した動向は、徹頭徹尾ギリシア的だったのである（BGI, pp. 316-317）。

ともあれ、大変革は甚大なものであった。では、この大変革は何をもたらしたのであろうか。バーリンは、それを以下の五点（a～e）にまとめている（BGI, p. 317）。

（a）　政治と倫理が分離した。集団ではなく個人が、本性上の単位（natural unit）となった。大事なのは、個人の必要、目的、問題解決、運命ということになった。社会制度は、個人の必要を満たすための自然な方法ではあるだろう。しかし、社会制度は、それ自体が目的なのではなく、手段なのである。政治学は、物事の目的や性質について問う哲学的研究ではなくなり、自分に必要なものを得たりする方法を教える技術的教説となった（BGI, p. 317）。

（b）　唯一の真なる生は、内なる生である。その外側は失ってもよい。人間は、自分の行為を自分で統制していなければ、人間でない。自分を統制するのは内なる意識である。人間は、自分が統制できないものを無視・拒絶する意識を養成できたら、外の世界からの独立を獲得する。独立だけが自由であり、自由だけが自分の欲求を満たし、平和と幸福をもたらすことができる。そうした独立を得るためには、現実の性質を理解する必要がある。プラトンやアリストテレスにとって、現実は、公的な生（すなわち、国家）をその本質的要素として含んでいる。それに対して、ヘレニズムの哲学者たちにとって、現実はそうした要素を含んでいない。こうして、政治哲学は衰退することになる。それが復活するのは古代ローマの時代となる（BGI, p. 318）。

（c）　この時代に、倫理とは、個人の倫理のことを意味するようになった。しかし、それは、個人の権利やプライベートな生活の神聖さという観念とは同じではない。バンジャマン・コンスタンが熱烈に擁護した個人の権利とい

う観念が登場するのは、何世紀も後のことである。人間は、どんなに小さいとしても、自分の領域が必要である。そこでは、人間はどんなにばかげたことであっても、他者から認められないことであっても、自分が好きなように振る舞うことができる。国家の統制からの自由というこの観念は、近代のフンボルトやJ. S. ミルによって擁護された。その考えは、古代世界には完全に異質なものであった（BGI, p. 318）。

　（d）　とはいえ、この時代に起こったことはあまりにも劇的であった。西洋政治哲学が依拠していた三脚の一つは、折れはしなかったものの、ひびが入った。個人の救済、個人の幸福、個人の趣味、個人の個性こそが、中心的な目的となり、中心的な利益および価値となった。国家はもはや、アリストテレスにとってのそれ（善き生の本性的追求によって結びついている自己充足した集団）ではなくなった。国家はむしろ、法によって統治されている、一緒に住んでいる大衆の集合体となったのである。なお、この時期には、政治とは、真に才能のある人間にとっては価値がなく、真に善き人間にとっては苦痛をもたらすものであると、考えられるようになった。このような政治の捉え方は、それ以前には存在しないものであった。この新しい価値基準は、その後のヨーロッパの意識を支配している。さらに、公的価値と個人的価値が区別されるようになり、それらは時として激しく衝突するようになった。それらを再結合しようとする試みがなされてはいるが、一度引き裂かれた全体を、二度と元に戻すことはできなかった（BGI, p. 319）。

　（e）　新しい個人主義の時代は、通常、退廃の時代として非難されている。例えば、現代（20世紀）のコーンフォードやセイバインがそうした見解を提示している。コーンフォードは、アリストテレス以後には何も残っていないとする。セイバインも以下のように主張する。都市国家の没落は、敗北主義的な態度をもたらした。プラトンやアリストテレスにとって、市民としての身分によって付与される価値こそが、根源的に素晴らしいものである。プラトンやアリストテレスが間違っていると考える者は、プラトンやアリストテレスの同時代人や次の世代の人々のなかで、ごく少数であった、と。しかし、バーリンに言わせれば、セイバインはなぜ「ごく少数であった（a few）」と知っているのか。なぜギリシア文学は、当時の民主政を評価せず

に、逆にそれを批判しているのか。なぜギリシア文学は、当時流布していたと思われる個人的価値や私的救済を記録しているのか。なぜわれわれは、プラトンやアリストテレスの方が、プロディコスやアンティポンよりも、当時の考えのよりよい証人であると考えるべきなのか。ヘレニズム時代の個人主義は、コーンフォード、セイバイン、あるいはバーカーによって、新しい大衆社会における人間の孤独と捉えられている。しかし、当時の人々が感じたのは、孤独ではなく、ポリスにおける窒息感であったかもしれない。都市国家の崩壊は、悲しむべき凋落ではなく、拡張する地平を意味したかもしれない（BGI, pp. 320-321）。

　ともあれ、バーリンによれば、紀元前三世紀は、新しい価値や、生についての新しい見方のはじまりを示している。アリストテレスと現代の後継者たち（コーンフォードやセイバイン）の、それに対する非難は、控えめに言っても、自明に妥当するようには思われない想定に依拠しているのである（BGI, p. 321）。

　以上で、西洋政治思想史における第一の転換点（「ギリシア個人主義」の誕生）について検討を行った。この転換点は、西洋政治思想の第三の想定を破壊したのであった。第三の想定とは、人間は本性を有しており、人間の本性は——偶然的にではなく——本質的に社会的なものである、という想定である。さて、アリストテレスが没してからわずか二十年のあいだに、人間は社会的存在ではないという個人主義が登場したのはなぜか。この疑問は、謎として残されているけれども、バーリンの思想史研究においては、「ギリシア個人主義」の誕生こそが、西洋政治思想史における第一の転換点をもたらしたのである。

第4節　第二の転換点——イタリア・ルネサンス

1　第二の想定の再確認

　以上で、西洋政治思想史における第一の転換点について、すなわち「ギリシア個人主義」の誕生について検討した。続いて第二の転換点について、すなわちイタリア・ルネサンス期における転換点について検討する。

24　第1章　バーリンの思想史研究の基本構造

　ここで、西洋政治思想の第二の想定について再確認しておこう。それは、諸々の価値や、複数の問題への複数の解答は、それらが真であるならば互いに衝突しない、というものである。この想定を破壊したのは、第二の転換点、すなわちイタリア・ルネサンスであった（BGI, pp. 290, 291-292）。

　本節では、バーリンの「マキアヴェッリの独創性」という論文に注目して議論を進める。

　　　　＊　以下では、バーリンの「マキアヴェッリの独創性（The Originality of
　　　　　　Machiavelli）[11]」を OM と略記し、参照する際には本文中に原書および邦訳の
　　　　　　頁数を記す。

2　複数の価値は両立しない

　それでは、第二の転換点について検討をはじめよう。クローチェに従う人々が言うには、マキアヴェッリは政治を道徳から区別した。しかし、バーリンに言わせればこれは正しくない。マキアヴェッリは、道徳的価値と政治的価値とを区別したのではない。彼はむしろ、二つの両立不可能な生の理想を、すなわち二つの道徳を区別したのである。一方の道徳は異教世界のそれであり、もう一方はキリスト教の道徳である（OM, p. 45. 邦訳、26-28頁）。

　異教世界の道徳の価値は、勇敢さ、活力、不屈の精神、公的な業績、秩序、規律、幸福、強さ、正義、そして何より、適切な主張の表明と、その主張を実現するために必要な知と力であった。ペリクレス統治下のアテネや古代ローマ共和国は、マキアヴェッリには、人類にとって最良の時代に見えた。ルネサンス時代の人文主義者である彼は、それらを再生しようと欲したのである（OM, p. 45. 邦訳、27頁）。

　次に、キリスト教の道徳について確認しよう。キリスト教の理想は、慈善、慈悲、犠牲、神への愛、敵の赦し、現世の軽視、来世への信仰、個人の魂の救済である。マキアヴェッリによると、これらの理想を信じるならば、彼の言うローマ的な意味での人間共同体を建設することはできない。すなわ

　11　Isaiah Berlin, 'The Originality of Machiavelli', in Isaiah Berlin, *Against the Current*,
　　　supra note 10. 佐々木毅訳「マキアヴェッリの独創性」、アイザィア・バーリン著、福
　　　田歓一・河合秀和編『思想と思想家（バーリン選集1）』（岩波書店、1983年）。

ち、キリスト教の徳によっては、それがいかに価値があろうとも、彼の望む社会（人間の永続的な欲望と利益を満足させる共同体）を作ることはできない。なぜなら、キリスト教の徳は、人間の欲望を満たすことができないからである。もしも人間が、現実に存在している人間と異なるならば、理想のキリスト教社会を作ろうとすることができるかもしれない。現実には存在できない人間のために社会を作ることは、無駄である。なすべき事柄は、想像上の観点からではなく、実行可能な観点から、示されねばならないのである（OM, pp. 45-46. 邦訳、28-29 頁）。

　なお、バーリンによると、マキアヴェリは、キリスト教道徳を非難しているわけではない（OM, pp. 46, 48. 邦訳、29、33 頁）。マキアヴェッリが歴史を通じて知っている、あるいは彼自身の経験を通じて知っているキリスト教徒たちは、善い人々である。しかし、もしも彼らがキリスト教の原理で国家を統治するなら、国家を破滅させる。結局のところ、マキアヴェッリは、キリスト教道徳を明白に非難しているわけではない。彼が主張しているのは、キリスト教道徳は、彼が追求すべきだと考える社会的な目的とは両立不可能である、ということなのである。人間は、一方で、自分の魂を救うことができる。他方で、偉大な繁栄した国家を作り、それを維持することができる。しかし、その両者を一度になすことはできない（OM, p. 50. 邦訳、35-36 頁）。

　さて、本題に戻ろう。マキアヴェッリは、道徳に関心をもたなかったわけではないし、政治と倫理を分離させたわけでもない（OM, pp. 52, 53. 邦訳、40、41 頁）。なるほど、彼はキリスト教倫理を拒絶したが、それは彼が別の道徳的世界を、ペリクレスやスキピオの世界やヴァレンチーノ公の時代を、優れていると考えたからである。彼らは、目的（道徳）の領域に対して、手段（政治）の領域を選んだのではない。彼らはむしろ、キリスト教とは別の目的（ローマ的ないし古代の道徳）の領域を選んだのである。言い換えれば、衝突しているのは道徳と政治という二つの独立した領域なのではなく、二つの道徳、すなわちキリスト教的道徳と異教徒的道徳なのである。よって、マキアヴェッリが道徳に関心を払っていないというのは、誤った理解である（OM, pp. 54-55. 邦訳、43-45 頁）。

　マキアヴェッリの主張の要点はこうである。人は選択を強いられている。

26 第1章 バーリンの思想史研究の基本構造

一つの生活形態を選択したら、別の生活形態をあきらめねばならない。もしも彼が正しいなら、キリスト教的な意味で道徳的であると同時に、スパルタやペリクレスのアテネや共和国ローマやアントニウス帝のローマを建設することは、不可能なのである（OM, p. 66. 邦訳、63頁）。

バーリンは以上を確認した上で、西洋政治思想史的な観点から以下の分析を行う。西洋政治思想の最も重要な想定の一つは、太陽や星の動きを統制するだけでなく、すべての生物の適切な振る舞いを規律するような、単一の原理が存在するという教説である。動物や十分に理性的でない存在は、この原理に本能的に従う。意識をもつ存在は、その原理を放棄する自由があるが、それを放棄すれば破滅してしまう。この教説は、いろいろな種類があるけれども、プラトン以来の西洋思想を支配してきた。こうした、物事を統一化しようとする一元論的傾向は、伝統的な合理主義の核心に存在しており、それは西洋文明を特徴づけてきた。西洋の信念や生が基礎づけられているこの岩盤に、マキアヴェッリは効果的に裂け目を入れたのであった。もちろん、それは彼一人がなしたのではないが、導火線に火をつけたのは彼であった（OM, pp. 67-68. 邦訳、64-66頁）。

プラトンやストア派、古代ヘブライ人の預言者や中世のキリスト教思想家、モア以降のユートピア主義の著作者たちは、人々が達成できない見解を有していた。彼らは、現実と理想のあいだにどれくらいの裂け目があるかを、測定できるとする。しかし、もしもマキアヴェッリが正しいなら、この伝統（西洋思想の中心的流れ）は誤りである。もしも彼の立場が正しいなら、完全な社会を建設するのは不可能である。なぜなら、少なくとも二つの徳（キリスト教的徳と異教徒的徳）が存在し、それらは実践的にも原理的にも、両立不可能だからである。もしも人々が、キリスト教的な敬虔さを実践するなら、その人々が古代の人々の燃えるような野心に感化されるということはありえないのである（OM, pp. 68-69. 邦訳、67頁）。

さて、バーリンによると、マキアヴェッリの主要な貢献は、繰り返せば、解決不可能なディレンマを明らかにしたことである。このことは、事実にかんする彼の以下の認識に由来する。すなわち、複数の目的は等しく究極的であり、等しく真正であり、互いに衝突する。複数の価値体系は衝突するので

第 4 節　第二の転換点――イタリア・ルネサンス　　27

あり、調停することはできない。そうした衝突は、例外的に起こることではなく、人間の日常の一部なのである（OM, pp. 74-75. 邦訳、77 頁）。

　バーリンによると、彼はマキアヴェッリが、複数の価値のあいだでの意識的な選択がなされねばならないという、価値の多元論ないし二元論を明白に提示したのだと、主張するわけではない。しかし、この理解は、マキアヴェッリが称賛した行為と非難した行為の対比から、導き出されるという。すなわちマキアヴェッリは、古典古代の市民的徳を明らかに優越させ、キリスト教的価値を退けるのが、当然であると考えているように見えるものとされる（OM, p. 75. 邦訳、78 頁）。

　なお、バーリンによると、マキアヴェッリが信じていることが正しいなら、彼の考えは、西洋思想の主要な想定を破壊する。すなわち、どこかに――過去か未来か、現世か来世か、教会か実験室か、形而上学の思索のなかか社会科学の発見のなかか、善人の清らかな心のなかに――、「人間はいかに生きるべきか」という問題への最終的な解決策が発見されるに違いない、という想定である。もしもこの想定が間違っているとしたら、唯一正しくて普遍的な人間の理想があるという考えは、完全に破壊される。その理想の探求は、単に実践的にユートピア的であるだけでなく、概念的にも一貫性がなくなるのである（OM, p. 76. 邦訳、79 頁）。

　さて、マキアヴェッリは価値の多元論ないし二元論を明白に提示したのか、という問題に戻ろう。マキアヴェッリは二つの道徳（キリスト教の道徳と異教世界の道徳）を対比させているので、バーリンは価値の二元論を念頭に置いて以下のように論じている。

　すなわち、バーリンによると、マキアヴェッリ自身は二元論を擁護しない。彼はただ、古代ローマの徳が、キリスト教的な生に優越すると考えるだけなのである。とはいえ、マキアヴェッリ以降、すべての一元論的な説明が疑問視されるようになった。どこかに隠された財宝――人間の病を治癒する最終的な解決策――が存在するのだという、西洋政治思想の根源的信念は、深刻に揺り動かされている（OM, pp. 77-78. 邦訳、80-81 頁）。

　バーリンによると、以上はマキアヴェッリの消極的含意である。それに対して、積極的な含意もある。すなわち、もしも最終的な解決策が一つなら

ば、重要なのはそれをいかにして発見するか、それをいかにして実現するか、その解決策を理解していない人々を説得や力を使っていかにして翻意させるか、である。しかし、もしも解決策が一つでないならば、経験主義、多元論、寛容、妥協への道が開かれる。寛容が獲得されたのは、歴史的に言えば、複数の独善的信念は和解不可能であること、および、一方が他方を完全に打ち負かすことは不適切であることを、人間が認識したからであった。すなわち、生き残りたいと欲する人々は、自分たちは誤りに対して寛容であるべきだということを認識した。やがて、多様性の長所が理解され、人間の行為にかんする最終的な解決策への懐疑が生まれたのである（OM, p. 78. 邦訳、82-83頁）。

　最後に、本節の内容を確認しておこう。本節では、西洋政治思想の第二の想定を、イタリア・ルネサンスが、とくにマキアヴェッリの独創性がどのように破壊したかについて、検討した。第二の想定とは、複数の価値や、複数の問題に対する複数の解答は、互いに両立可能である、という想定である。マキアヴェッリは、古代の統治形態の復活を目指す際に、異教徒的な古代の道徳と、キリスト教道徳を対比させた。彼はそのことにより、問題を解決するための単一の尺度は存在しない、すなわち単一の最終解決策は存在しない、という見解を提示したのである。

第5節　第三の転換点——ロマン主義革命

1　ロマン主義の予兆——カント

　本節では、18世紀末のロマン主義革命によって、西洋政治思想の第一の想定がどのように覆されたのかについて検討する。なお、第一の想定について再確認しておくならば、それは、真の問題が存在するのであれば、それに対する真の解答（解決策）が存在する、という想定である。以下、詳しく見ていこう。

> ＊　以下では、バーリンの「ロマン主義革命（The Romantic Revolution）[12]」をRR
> と略記し、参照する際に本文中に頁数と共に記す。

第5節　第三の転換点──ロマン主義革命　29

　バーリンによると、ロマン主義がもたらした破壊は、その本震の前に、予兆的な微震があった。その微震はルソーとカントに見られる。この両者に従えば、なすべきことを発見するためには、内なる声を聞かねばならない。内なる声は命令をする。ルソーはその声を理性と呼んだ。カントはそれを合理的なるもの（rational）と呼んだ（RR, p. 176）。バーリンはカントについて詳しく論じている。

　カントによれば、内なる声は独特の性質を備えている。それは、個人の責任という性質である。「人間は何をなすべきか」という問いは、個人や集団が常に複数の仕方で行為できる、ということを含意している。言い換えれば、選択できる、ということを含意している。人間の選択は、自由になされねばならない。もしも、自分の制御できない力によって特定の仕方で行為するように決定されていたら、選択という観念は空虚である。すなわち、「べき」、「目的」、「義務」といった言葉が意味をなさなくなってしまう。カントにとって、真に自由であるためには、善と同じく、悪をなすこともできねばならない。さもなければ、善を選ぶことには長所がなくなってしまうからである。結局、自由であることは自分で自分を導くことである。もしも私が、制御できない何かによって決定されているなら、私は自由ではないのである（RR, p. 176）。

　さて、カントによると、ルールは理性の命令であるがゆえに、私だけでなく、すべての理性的存在を拘束する。よって、ルールは普遍的である。彼はこのような普遍的なルールを定言命法と呼ぶ。バーリンによると、おそらくカントは、「命法」ないし「命令」と、「事実言明」とを、完全に区別しようとはしていなかったけれども、以下のような議論をしている。すなわち、命法ないし命令は、事実言明ではない（何らかの事実を記述しているのではない）。むしろ、命法ないし命令は、何かを指令したり、指示したり、畏怖させたり、行為させたりするのである。さて、カントによると、命法ないし命令と同じく、目的や価値も、人間がたまたま発見するようなものではない。目的や価値は、人間がそれを目指すように自分自身で定めるもの、すなわち

─────────────
12　Isaiah Berlin, 'The Romantic Revolution', *supra* note 6. バーリンのロマン主義にかんする著書については、本稿の注（8）を参照のこと。

30　第1章　バーリンの思想史研究の基本構造

人間が創造するものなのである（RR, pp. 177-178）。

バーリンによると、カント自身ではなく、カントのロマン主義的な継承者たちは、価値にかんして以下の結論を提示するに至っている。すなわち、価値は命令である。価値は、発見されるのではなく、創造されるのである。ロマン主義的なこの結論は、芸術の分野で顕著に現れている。芸術家は何かを創造するのであり、自分自身を表現する。何かを真似するのではない。何かを発見するのではなく、行為し、作り、創造するのである。すべての創造は、無からの創造である。創造は、人間の自律的活動である。それは、因果法則からの自己解放である（RR, p. 178）。

人間の本質が自己支配（自分の生の目的の意識的な選択）であるなら、これは、宇宙における人間の位置についての観念を支配していた古いモデルの破壊をもたらす。世界についての伝統的な観念は転換される。芸術は、模倣ではなく再現でもなく、表出（expression）である。人間は、創造するときにこそ、真に自分自身なのである（RR, pp. 178-179）。

2　フィヒテ、シラー、シェリング

以上の考え方の、最も独自かつ最も鮮明な表現は、フィヒテの初期の著作にみられる。彼は、定言命法の観念を発展させ、カントのそれを批判的に乗り越えていく。フィヒテは言う。人間は、自らの自我を、非我（the non-self）という障害との衝突を通じて、認識する。自我とは活動であり、試みであり、自己実現である。自我は意志し、変化し、世界を変化させる。カントにおいては、自我とは、意識以前の空想的な活動である。フィヒテにおいては、自我とは、意識的な創造的活動である。私は、そうせねばならないから何かを受け入れる、というわけではない。むしろ、私が意志するから、その何かを信じるのである。結局、人間は、二つの世界の成員である。すなわち人間は、因果法則に支配された物質的世界と、自分自身が完全に創造した精神的世界の、成員なのである（RR, pp. 179-180）。

フィヒテの考えは、ドイツ国民への演説で頂点に達する（バーリンは、ドイツ人は創造的で、フランス人は死んでいる、というフィヒテの主張は横に置いておく）。重要なのは、価値は発見されるのではなく、創造されるのである、

というフィヒテのテーゼである。彼は、初期の政治的に急進的な著作において、価値は合理的な個人によって創造される、あるいは、理性はすべての人間に備わっているから、理性的な生を導く法則はすべての人間を拘束する、と考えたのである（なお、フィヒテの後期の著作では、自我は超越的な執政官——偉大な創造的精神——と同一化される。個人は完全に消滅し、集団のみが存在することになる）（RR, p. 181）。

　さて、シラーは、自由の領域を芸術（演劇）に求めようと試みた。物質的世界は、われわれの振る舞いが決定されている因果関係の領域である。それに対して、芸術においては、われわれ自身が世界とその法則を構築する。演劇においては、通常の法則は停止されている。演劇において、われわれは単調な生活から避難し、解放されている。結局、芸術は、無からの創造である。芸術の価値は、発見されるのではなく、創造されるのである。なお、シェリングは、世界を、絶対精神の継続的な創造的活動とみなした。彼の考えは、不明瞭かつ難解であったが、すでに激しさを増していたロマン主義的な政治のうねりを、加速させたのである（RR, p. 184）。

3　ロマン主義の帰結

　以上の考えの政治的帰結はとても大きい。もしも人間だけが価値の創造者であるなら、重要なのは、われわれの内なる状態である。すなわち、帰結ではなく、われわれの動機である。われわれは帰結を保証できない。なぜなら帰結は、自然界の一部であり、因果関係の世界の一部であり、必然の世界の一部なのであって、自由の世界の一部ではないからである。われわれが責任を負うことができるのは、自分たちの力の及ぶ範囲内においてのみである（RR, p. 185）。

　以上のように、道徳的・政治的価値にかんする尺度は、転換されたのである。この尺度は、ヨーロッパの意識において全く新しいものであった。今や、重要なのは、動機、統合性、誠実さ、心の純粋さ、自発性である。それに対して、幸福や、力や、知や、成功や、自然的美や、自然的価値は、重要ではない。それらは道徳的自由の範囲外に存する。なぜなら、それらは、われわれの統制範囲を超えた外的事実に依存しているからである。聖人や専門

32 第1章 バーリンの思想史研究の基本構造

家（幸福、徳、知について知っていて、それらを実現する人物）は、悲劇的な英雄（帰結を気にせずに他のすべてを犠牲にして自己実現を目指す人物）に、取って代わられた。英雄が成功するか失敗するかは重要ではないのである（RR, p. 185）。

　この価値転換によって、古くからの考えの三つの根源的な前提は、すべて破壊された。その結果、第一に、人間は確固たる本性をもっていない、と考えられるようになった（なぜなら、人間は自分自身を創造するからである）。第二に、人間の価値は発見されるのではなく、創造される、と考えられるようになった。第三に、異なる文明、国家、個人の諸々の価値は必ずしも調和的ではない、と考えられるようになった（RR, pp. 185-186）。

　バーリンは、最後の点について詳しく論じている。すなわち、それらの諸々の価値は、時には衝突するであろう。知が幸福と両立できると言えるだろうか（世界を知ることは、人を不幸にするかもしれない）。正義は慈善を排除するかもしれない。平等は自由を排除するかもしれない。効率性は自発性を押し殺すかもしれない。徳は快楽、力、知を追放するかもしれない。さらに、知は道徳的価値をまったく有さないかもしれない。なぜなら、すべてを知った上で、考え抜いた結果として、悪を選び取ることができるからである。もしも悪を自由に選べないとしたら、人間は真には自由ではないであろう（RR, p. 186）。

　19世紀の英雄のイメージは、ベートーヴェンのそれであった。彼は、世慣れておらず、粗雑で、自己陶酔的で、粗野であり、社会や自分自身と格闘していたが、彼が自分の理想に仕えており、自分の内なる声に従っているのなら、彼は救われるのであり、自律しているのである。彼が自己否定したり、金銭や地位のために自分を売ったりしたら、彼は究極的な罪を犯していることになる。やはり、動機こそが重要なのである。私が一つの生の形態を信じており、あなたが別の形態を信じているなら、衝突が生じる。自分を裏切って妥協するよりは、闘って一方が死ぬ方がましである。自分が追求している目的が正しいかは、もはや問題ではない。なぜなら、すべての人間は、自分自身の独特かつ特殊な見解のために生きているからである（RR, pp. 186-187）。

第 5 節　第三の転換点——ロマン主義革命　　33

　これは新奇な見解であり、18 世紀中期以前では理解できないものであった。キリスト教徒が自分の信仰のために死ぬのは疑いなく正しかった。しかし、それは、その信仰が正しいからであった。ある宗教の信者が、別の宗教の信者を殺したとしよう。前者の信仰が間違っていて、後者の信仰の方が真正であるならば、前者は邪悪であり、称賛に値しないのである（RR, p. 187）。

　ロマン主義的な態度は、以上の考え方を完全に転換させた。19 世紀初頭には、自分の理想のために闘う人々への深い称賛が存在した。失敗するとしても、妥協や成功には背を向けて、自分の内面にあるもののために闘う人物（例えばバルザックの小説の熱狂的な画家）が、自らの魂を救済するのである。なお、こうしたことは、アリストテレスにとっては無意味であった。彼は達成されたことのみを称賛に値すると考えた。これは、16 世紀のキリスト教徒にとっても同じであった。当時のキリスト教徒にとって、信仰が普遍的に真であることが重要なのであった（RR, p. 187）。

　ロマン主義的な主観主義（自分の内面にあるもののために闘う人物を称賛する考え）は、価値の転換をもたらした。効率性や発見能力や知に代えて、誠実さや純粋性が称賛されるようになった。幸福ではなく、自由が称賛されるようになった。妥協や寛容でなく、衝突や戦争や自己犠牲が、称賛されるようになった（RR, p. 188）。

　なお、主観主義に対する反動もあった。ヘーゲルやマルクスは、自然法からではなく、国家ないし階級に歴史的転換をもたらす客観的な力から、客観的な価値を引き出して、その価値を再生しようとした。ただし、客観的基準を再生しようとするこの試みは、完全には成功しなかった。それは決定的な勝利を得られなかった。ロマン主義運動の主観主義的道徳は、西洋の意識にとても深く浸透したのである（RR, pp. 189-190）。

　結局、新しいロマン主義的な価値転換は、帰結の道徳を、動機の道徳に取って代えた。すなわち、外的世界の有効性の道徳を、内なる生の道徳に取って代えたのである。ただし、この効果はとても甚大であったが、決定的ではなかった。すなわち、バーリンによれば、古い道徳（アリストテレスや功利主義、あるいはすべての客観主義が用いた、人間の行為を判断するための道徳）

は、ロマン主義革命によって崩壊したわけではなかった（RR, pp. 191-192）。

バーリンによると、カントはかつて、人間性という曲がった材木からはまっすぐなものは生まれない、と述べた。われわれは、動機の道徳と帰結の道徳の両方を信じている。われわれは一方で、効率性、美、知性、自然的徳を称賛する。アリストテレス主義者、功利主義者、マルクス主義者たちと同じく、われわれは、人類に便益をもたらした人々を、その動機がどのようなものであろうとも、称賛するのである。他方で、われわれは、自由主義者たちや実存主義者たち（バーリンによれば、残念ながら、国家主義者たちやファシストたちもここに加わる）と同じく、動機の道徳も称賛する。われわれは、自分たちの行為の帰結がどのようなものであろうとも、その帰結は度外視して、自らの目的によって行為する人々を称賛するのである（RR, p. 192）。

以上は一貫していないけれども、それは事実なのである。バーリンによると、われわれは二つの伝統の継承者である。動機の道徳の伝統は、帰結の道徳の伝統にかなり取って代わった。しかし、人間は一方から他方へと容易には立場を変えられない。論理的には問題があるけれども、歴史的および心理学的には豊かな、人間や社会を理解する能力の発展がもたらされたことについて、われわれは、価値および基準についての最後の大革命に感謝せねばならない。この革命（ロマン主義革命）については、歴史家の研究がなおも待たれる。それが把握されない限り、現代の政治的動向を完全に理解することはできないのである（RR, p. 193）。

第6節　ロマン主義と反啓蒙主義

1　反啓蒙主義とは何か

以上で、バーリンの思想史研究の基本構造について理解するために、彼の言う「西洋政治思想史における三つの転換点」について検討してきた。三つの転換点はいずれも重要だが、バーリンはとくに第三のロマン主義革命の衝撃を重視している。さて、本章では、彼の言う「反啓蒙主義」について検討する。反啓蒙主義は、バーリンの重視するロマン主義革命と密接な関連を有しており、彼の思想史研究を理解する上で押さえておく必要がある。

第6節　ロマン主義と反啓蒙主義　35

　なお、本章の第1節で確認しているように、本章では、バーリンの論文
「反啓蒙主義（The Counter-Enlightenment）」をCEと略記し、参照する際に
は本文中に原書および邦訳の頁数を記す。

　バーリンによると、フランス啓蒙主義の中心的理念への反論は、前者（中
心的理念）と同じくらい長い伝統がある。ただし、そうした反論は、反論す
る側と啓蒙主義の側のあいだに共通理解がなかったために、それほど進展し
なかった。より手強い反論としては、古代にまでさかのぼる相対主義や懐疑
主義の伝統が存在していた（CE, p. 1. 邦訳、43頁）。

　フランス啓蒙主義に本格的な反論を行ったのは、反啓蒙主義の思想家た
ち、すなわちヴィーコ、ハーマン、ヘルダー[13]らである（CE, pp. 4–13. 邦訳、
48–64頁）。なお、バーリンによると、カントは啓蒙主義者であったが、意
図せずして反啓蒙主義を準備した側面もある（CE, p. 15. 邦訳、66–68頁）。あ
るいは、反啓蒙主義の思想家のなかには、ド・メストルのような、啓蒙主義
に対して敵意に満ちた反動的批判をなした者もいる（CE, pp. 20–24. 邦訳、76
–82頁）。以下、詳しくみていこう。

2　ヴィーコ、ハーマン、ヘルダー

　フランス啓蒙主義を擁護した急進的思想家の中心理念は以下の通りであ
る。すなわち、人間本性はいつでもどこでも同一である。種としての人間に
共通する中心的な核心部分に比べると、地理的および歴史的な変化は取るに
足りないものである。普遍的な人間の目的が存在する。論理的に結びついた
法則の体系や証明・確証可能な一般化を打ち出すことができる（CE, p. 1. 邦
訳、44頁）。さらに、ニュートン物理学が自然科学の領域で確立した方法を、

13　この三者にかんして、バーリンには以下の著書がある。Isaiah Berlin, *Three Critics
　of the Enlightenment: Vico, Hamann, Herder*, edited by Henry Hardy (London:
　Pimlico, 2000). なお、本書は二冊の書物を一冊にまとめたものである。すなわち、
　元々はヴィーコおよびヘルダーにかんする著書と、ハーマンにかんする著書が、別々
　に出版されていた。そのため、邦訳としては以下の二冊がある。アイザィア・バーリ
　ン著、小池銈訳『ヴィーコとヘルダー――理念の歴史：二つの試論』（みすず書房、
　1981年）、アイザィア・バーリン著、奥波一秀訳『北方の博士 J. G. ハーマン――近
　代合理主義批判の先駆』（みすず書房、1996年）。

36 第1章 バーリンの思想史研究の基本構造

倫理、政治、人間関係一般に適用できる、ということも信じられていた（CE, p. 1. 邦訳、44頁）。

啓蒙主義の思想家たちは、細かい点で違いはあるけれども、以下の存在については根源的に合意していた。すなわち、自然法（それに従うことによって人間が賢明で、幸福で、有徳で、自由になることのできる永久的原理）、世界を支配する普遍的で不変の原理、および自然を支配する法則である。啓蒙主義の思想家たちは、これらの法則や原理が何であり、それらをどのように発見すればよいかについては、意見を異にする。しかし、それらは現実に存在しており、それらを知ることができるということは、啓蒙主義の中心的教説として存続してきた（CE, pp. 3-4. 邦訳、47-48頁）。

バーリンによると、以上の啓蒙主義の教説に反対した人々が存在する。その動向のなかで決定的な役割を果たした一人としては、ナポリの哲学者ヴィーコをあげることができる（CE, p. 4. 邦訳、48頁）。彼の革命的な点は、時間を超える自然法が存在しており、その真理を誰もがいつでもどこでも知ることができる、という観念を否定した点である。彼はこの自然法の教説を否定したが、それは、アリストテレスから今日に至る西洋の伝統の核心をなしている。ヴィーコ自身は、文化の特殊性という観念を提唱した。彼は、比較文化人類学、比較歴史言語学、比較美学、比較法学の創始者となったのである（CE, p. 5. 邦訳、50頁）。

ヴィーコの著作の、啓蒙主義の歴史における重要性は、文化の多元性を主張した点にある。さらに、その主張の結果として、現実は一つの仕方でしかありえないという考えは間違いである、と主張した点にある。彼によると、人間は世界について様々な問題を提起するが、その解答は問題ごとに異なっている。あるいは、その解答は、文化の発展段階に応じて、さらに時代や文化ごとに、異なっている（CE, p. 6. 邦訳、51-52頁）。

ヴィーコが、同時代の啓蒙主義の支柱を揺さぶろうとしたとすれば、ケーニヒスベルグの神学者・哲学者であるハーマンは、その支柱を粉砕しようとした。ハーマンは啓蒙主義者として出発したが、精神的危機の後に、啓蒙主義の批判者に転じて、啓蒙主義を攻撃する一連の著作を出版した。彼のテーゼは、すべての真理は特殊主義的であって一般的ではない、という確信に依

拠している（CE, p. 7. 邦訳、52-53頁）。

　ハーマンにとって、現実的なものは個別的なものである。すなわち、現実的なものとは、特殊なものであり、他の事柄や出来事や思想との差異なのである（CE, p. 8. 邦訳、54-55頁）。

　ハーマンは、外的世界にかんする理論にはほとんど興味を示さなかった。彼は、個人の内なる個人的生活にのみ、関心を寄せた。よって、芸術、宗教的経験、感覚、個人的関係に関心を寄せた。それらを科学的推論によって分析することは、意味のない暗号への還元でしかない（CE, p. 8. 邦訳、55頁）。

　ハーマンは、合理主義と科学主義は、現実を破壊するような分析をしているとして、その両者を非難した。彼の後にはヘルダーらが続いた。多くの地域のロマン主義的著作者たちがハーマンから影響を受けたのである。ハーマン的な態度を最も雄弁に表明したのはシェリングであり、彼（シェリング）の思想は20世紀の初頭にはベルグソンによって再生された。ハーマンは反合理主義の思想家たちの父である。これらの思想家たちにとって、編み目のない現実の全体は、数学や自然科学の静態的・空間的な比喩によって、ねじ曲げて説明されているのである（CE, p. 9. 邦訳、56頁）。

　なお、ルソーはとくに初期の著作によって、いわゆる「疾風怒濤」の運動に影響を与えたが、十分には歩みを進めていなかった。なぜなら、彼はすべての人間が理解することのできる自然法の存在を信じていたからである。ハーマンやその後継者にとって、すべての規則や規範は死滅する。もちろんそれらは日々の生活では必要だが、それらに従うだけでは偉大なことは何も達成できないのである（CE, pp. 9-10. 邦訳、57頁）。

　ハーマンが不規則的で断片的な言葉を発したのに対して、彼の弟子であるヘルダーは、人間の本性や人間が歴史において経験することを説明するための一貫した体系を構築しようとした。彼は自然科学や、啓蒙思想が発見した生物学や心理学には関心を示した。しかし、フランス啓蒙主義の社会学的想定には反対した。彼によると、何かを理解することとは、その何かを個別的に理解することであり、その発展について理解することである。よって、例えば、特定の芸術の伝統や、文学、社会組織、国民、文化、時代について理解するためには、それらにおける物の見方や個別的性格に「感情移入

（Einfühlung）」（これはヘルダーの造語である）するための能力が必要となる。彼は、ヴィーコと同じく、ある宗教や芸術作品や国民の性格を理解するためには、それらの独特のあり方に「入り込む（enter into）」必要があると、信じたのである（CE, pp. 10-11. 邦訳、59頁）。

　ヘルダーは、後期の著作では、人間が共通の人間性（Humanität）に向かうという歴史叙述をなす。しかし、初期の著作では、それぞれの文化の個別の本質（essence）に情熱を向けた。彼の情熱は、西洋の想像力に最も深遠な影響を与えたのである。すなわち、ヴォルテール、ディドロ、エルヴェシウス、ドルバックにとって、唯一の普遍的な文明が存在するのであり、今日では一つの国民が、別の時代には別の国民が、その普遍的な文明を開花させるのである。それに対して、ヘルダーにとって、通約不可能（incommensurable）な複数の文化の多元性が存在する。ある共同体に帰属することは、人間の基本的なニーズである。それは食物、飲み物、安全、生殖と同じくらい自然なニーズなのである（CE, p. 12. 邦訳、61-62頁）。

　ヘルダーの影響は、直接ではないけれども、バークの著作や、後のロマン主義的、生気論的（vitalistic）、直観主義的、非合理主義的な思想家たちの著作のなかに、その論調を見出すことができる（CE, p. 13. 邦訳、64頁）。

　ヘルダーの以下の叫びほど、疾風怒濤（それはロマン主義の先駆けである）の運動全体をうまく言い表すものはない。すなわち、「私がここに存在するのは、考えるためではなく、存在し、感じ、生きるためである！　心！　ぬくもり！　血！　人間性！　生命！」。フランスの推論は青ざめていて幽霊のようである。この叫びは、ゲーテにドルバックを批判させた。あるいはロマン派の作家ハインゼに、暴力的で急進的な個人主義を生み出させた。ハインゼの著作は、あらゆる法則や規則から逃れようとする個人主義の、早い段階での表れであった（CE, pp. 14-15. 邦訳、65-66頁）。

3　カント

　さて、バーリンによると、奇妙な逆説であるが、とても合理主義的で、精密で、非ロマン主義的なカントは、部分的に、解放された個人主義を生み出した父の一人であった。カントの道徳原理は以下を強調した。すなわち、決

定論は道徳と両立しない。なぜなら自分の行為を自由に遂行できる人だけが、自分のしたことについて称賛ないし非難されうるからである。責任は選択の能力を伴っているのであり、自由に選択できない人々は道徳的には家畜や石と同じくらいの責任しかない。こうしてカントは、道徳的自律の熱狂的信者を生み出すことになる。彼の考えに従えば、道徳的な意志に従って行為する人々のみが、自由な道徳的行為者とみなされるのである。なお、カントは、自分はルソーに大いに影響を受けたと述べている。ルソーは、とくに『エミール』の第四巻で、受動的な自然物と対比される活動的存在としての人間について語っている（CE, p. 15. 邦訳、66-67頁）。

　ロマン主義という大河の源流には、人間活動を個人の自己表現とみなす考えもある。啓蒙主義の教説に従えば、人間が従っている規則は、あらかじめ存在しているのであり、自然によって指示される。芸術にかんしても、あらかじめ「偉大なスタイル」が存在していて、芸術家がそれに形を与えるのである。このフランスの古典主義に対して、ドイツの伝統からの反論が生じた。理想的なパターンの模倣や複製は、真の創造ではない。フランスの古典主義に対するドイツの批判者たちにとって、価値は、発見されるのではなく創造されるのである（CE, p. 18. 邦訳、71頁）。例えばノヴァーリスやティークは、ドイツ・ロマン派の最も過激な存在であり、世界について、それは適切な方法で研究・記述できるものではなく、精神の永久的活動なのであるとした（CE, p. 19. 邦訳、73頁）。

4　ド・メストル

　さて、バーリンによると、啓蒙主義の中心的原理（普遍性、客観性、合理性、すべての問題への最終解決の提示、等々）の拒絶は、さまざまな形で起こった。そのなかでド・メストルは、啓蒙主義に対して敵意に満ちた反動的批判を行った（CE, pp. 19-20. 邦訳、74-76頁）。

　啓蒙主義全体が共有しているものは、原罪という中心的なキリスト教の教説である。それに代えて、人間は無罪であり善い存在なのである、あるいは人間は道徳的に中立的に生まれる、という考えが提示された。この考えに根源的な批判をなしたのがド・メストルであった（CE, p. 20. 邦訳、75-76頁）。

40　第1章　バーリンの思想史研究の基本構造

　ド・メストルは、ヨーロッパの19世紀初頭に、反革命の先駆けをなした。
彼は、啓蒙主義は、社会についての最もばかげた思考形態であるとした。人
間は本性上、慈悲深くて、協調的で、平和的であるから、適切な教育や立法
があればそうした（慈悲深くて、協調的で、平和的な）存在になる——この考
えはド・メストルにとって、浅はかで誤っている。ヒューム、ドルバック、
エルヴェシウスの言う「慈悲深い自然の女神」というのは不条理な虚構であ
る。むしろ、歴史や動物学こそが、最も信頼できる自然の案内役である。そ
れらが示すには、自然は、絶え間なき虐殺の現場である。人間は、本性的
に、攻撃的で破壊的である。ロシアでグレゴリア暦への変更がなされたり、
ピョートル大帝がヒゲを切るように命じたりしたときは、反抗が生じた。し
かし、いったん戦場へ送られたら、人々は自発的に命を捨てるのであって、
反乱を企てることはほとんどなかった。人間は、啓蒙主義が教えるように
は、協調したり平和的な幸福を実現したりするために、団結することはな
い。ド・メストルによれば、人間は本性上、邪悪で自己破壊的な動物であ
り、衝突する意欲に満ちあふれていて、自分が何を欲しているのか、自分が
何を欲していないかを、理解していない。よって、権威的なエリート、例え
ば教会や国家などによって、常に制御され、厳格に規律されているときにだ
け、生き残ったり救済されたりする希望をもつことができるのである（CE,
p. 21. 邦訳、76-77頁）。

　ド・メストルの知的同盟者であるボナールも、以下のように主張した。子
が生まれるときには、常に父がいて、母がいて、家族があり、神がいる。こ
のことは、純粋かつ永続的なすべての存在の基盤である。家族の結びつき
は、商人たちの世界に生み出されるような、契約や功利や財物に基づく人間
の結びつきではない。自由主義的な個人主義は、反抗的な知識人の横柄なう
ぬぼれによって支持されているが、それは強者が勝って弱者が負けるとい
う、ブルジョワ社会の非人間的な競争へと通じている。教会だけが、最も能
力のある人々を抑制して社会全体を発展させて、最も弱い立場の人々も目的
に至ることのできるような社会を、組織することができるのである（CE, pp.
23-24. 邦訳、80-82頁）。

　ド・メストルおよびボナールの以上の悲観的な教説は、フランスの絶対君

主政を鼓舞し、ロマン主義的な英雄主義の観念とも手を携えて、ナショナリズムや帝国主義を、そしてその最も暴力的で病理的な 20 世紀のファシズム的・全体主義的な教説を、呼び起こすことになる（CE, p. 24. 邦訳、82 頁）。

第 7 節　バーリンの自由論と思想史研究

　本章の目的は、バーリンの思想史研究の基本構造を確認することであった。最後に、その基本構造について再確認した上で、彼の自由論と思想史研究の関係について若干の考察を行っておきたい。

　まずは、バーリンの思想史研究の基本構造について再確認しよう。彼によると、西洋政治思想には三つの想定がある。第一は、すべての問題には一つの解決策がある、という想定である。第二は、複数の価値や、複数の問題に対する複数の解答は、互いに両立可能である、という想定である。第三は、人間は本性を有しており、人間の本性は——偶然的にではなく——本質的に社会的なものである、という想定である。

　バーリンは、これらの三つの想定が破壊された三つの契機を、西洋政治思想史における三つの転換点と呼ぶ。第一は「ギリシア個人主義」の誕生、第二はイタリア・ルネサンス（マキアヴェッリの独創性）、第三はロマン主義革命である。なお、バーリンがとくに重視するのはロマン主義革命である。そこで彼は、思想史の通史的書物を著すのではなく、むしろロマン主義の研究や、それと密接に関連する反啓蒙主義の研究に、力を注いだように思われる。

　次に、バーリンの思想史研究と自由論の関係について、若干の検討を行っておこう。自由について論じようとするならば、自由主義の擁護者たち、例えばコンスタンや J. S. ミルから学ぶのが一般的だろう。実際、バーリンもこの両者について論じているし、あくまでも彼らの側に立っている。しかし彼は、自由主義の敵から学ぶ必要性を説いている。すなわち、彼は『自由とその裏切り』（1952 年に行った講演）において、「自由はその支持者だけでなく批判者も必要とするということを、肝に銘じておかねばならない[14]」と述べているのである。

42　第1章　バーリンの思想史研究の基本構造

　結局、バーリンに特徴的なのは、自由主義の敵であるロマン主義や反啓蒙主義の思想家たちから学ぶ姿勢にある。すなわち、それらの思想家たちの反自由主義的な側面を探ると同時に、それらの思想家たちの（おそらく本人たちは意図していなかった）自由主義的な側面を活かそうとする姿勢にある。

　バーリンは、20世紀を代表する自由主義者の一人とみなされているが、彼の著書『自由論[15]』を通読しても、彼の自由論の全貌は分かりにくい。そこで、彼の教授就任講演「二つの自由概念[16]」の一部だけを取り出して、バーリンは自己実現を意味する積極的自由ではなく、他の人間や集団から干渉を受けないという意味での消極的自由を擁護した、というバーリン理解が示されて、そこで終わるということが続いている。しかし、彼の自由論が思想史研究に依拠していて、彼の思想史研究には自由主義の敵から学ぶという姿勢が存することを知るならば、彼の思想史研究の意義や、彼の自由論における思想史研究の位置づけが、理解しやすくなるだろう。

　本章では、バーリンの思想史研究の基本構造について確認する作業を行った。次章では、彼の思想史研究の方法について検討し、さらに第Ⅱ部では、彼の思想史研究——とくにロマン主義時代の政治思想にかんする研究[17]——が彼の自由論とどのような関係を有しているのかについて、検討することにしたい。

14　Isaiah Berlin, *Freedom and Its Betrayal*, *supra* note 8, p. 154.

15　Isaiah Berlin, *Liberty*, *supra* note 1.

16　Isaiah Berlin, 'Two Concepts of Liberty', in Isaiah Berlin, *Liberty*, *supra* note 1. 生松敬三訳「二つの自由概念」、アイザイア・バーリン著、小川晃一ほか共訳・前掲注(1)『自由論』。二つの自由概念とは、積極的自由（positive freedom）と消極的自由（negative freedom）のことである。積極的自由は、何らかの「真」の目的に従って、自己支配ないし自己実現を行う自由である。Ibid., pp. 179-180. 邦訳、320-323頁。消極的自由は、一定の境界線を越えて干渉を受けない自由である。Ibid., p. 174. 邦訳、311—312頁。バーリンによると、積極的自由は、「私は自分自身の主人である」という言明が含意する自己支配というメタファーに基づいて、人々の「真」の目的を実現するという名目で、人々を嚇し、抑圧し、拷問にかけることを可能とする。Ibid., pp. 179-180. 邦訳、320-322頁。

17　Isaiah Berlin, *Political Ideas in the Romantic Age*, *supra* note 8; Isaiah Berlin, *Freedom and Its Betrayal*, *supra* note 8. この二冊の前者については本書の第3、4、5章を、後者については本書の第6章を参照。

43

第2章　バーリンの思想史研究の方法
——文化史にかんする議論を素材として——

第1節　文化史にかんするバーリンの議論

　本章の目的は、アイザイア・バーリンの文化史にかんする議論を素材とし
て、彼の思想史研究の方法を明らかにすることである。

　バーリンの自由論[1]は、自由についての哲学的・概念的な研究として理解
されることもある[2]が、思想史研究としての側面もある[3]。ただ、①彼が思
想史の通史的な書物を書いていないことや、②思想史研究の方法についてま
とまった形で論じていないことから、彼の思想史研究の全体像は捉えにく
い。

　筆者は、前者（①バーリンは思想史の通史的書物を書いていない）にかんし
ては以下のように論じた[4]。バーリンが思想史研究の通史的書物を書かない
ことには以下の理由がある。すなわち、彼によると、西洋政治思想には三つ
の転換点がある。それは、「ギリシア個人主義」の誕生、イタリア・ルネサ
ンス、およびロマン主義革命である。彼はそのなかで、とくに第三の転換点
（ロマン主義革命）に関心を寄せ、それにかんする研究に力を注いでいる。そ

1　バーリンの自由論は以下の著書で提示されている。Isaiah Berlin, *Four Essays on Liberty* (London and New York: Oxford University Press, 1969). 現在では以下の新版が出ている。Isaiah Berlin, *Liberty*, edited by Henry Hardy (Oxford: Oxford University Press, 2002). 初版の邦訳として、アイザイア・バーリン著、小川晃一・小池銈・福田歓一・生松敬三共訳『自由論』（みすず書房、1971 年）。

2　Ronald Dworkin, *Justice in Robes* (Cambridge, Mass. and London: Harvard University Press, 2006), pp. 143, 145-147. 宇佐美誠訳『裁判の正義』（木鐸社、2009 年）182,185-187 頁。

3　Michael Ignatieff, *Isaiah Berlin: A Life* (London: Chatto & Windus, 1998), p. 88. 石塚雅彦・藤田雄二訳『アイザイア・バーリン』（みすず書房、2004 年）97 頁。

4　本書の第一章を参照。

44　第2章　バーリンの思想史研究の方法

のため、彼の研究は、通史的書物を著す方向に向かわなかったように思われる。

　さて、後者（②バーリンは思想史研究の方法についてまとまった形で論じていない）にかんしては、バーリンは実は、いくつかの講演や論文で、思想史研究の方法について（まとまった形ではないが）若干の議論を行っている。本章では、これらの講演や論文に注目し、彼の思想史研究の方法について理解する手がかりを得ることにしたい。

　具体的には、本章の第2節および第3節では、バーリンの講演「文化史の起源」を取り上げる。この講演は三部構成だが、とくにその第一部「二つの文化史の観念――ドイツ的伝統対フランス的伝統[5]」に注目する。バーリンはこの講演で、文化史にかんするフランス的伝統（ヴォルテール）とドイツ的伝統（ヘルダー）の理解を対比させつつ、思想史の方法について論じている。

　本章の第4節では、バーリンの論文「ジャンバティスタ・ヴィーコと文化史[6]」に注目する。バーリンは、ヘルダーの先駆者としてイタリアのヴィーコをあげて、文化史にかんするヴィーコの観念について検討している。

　本章の第5節では、バーリンの論文「歴史哲学は可能か[7]」に注目する。彼はこの論文で、ヴォルテールとヴィーコおよびヘルダーの名をあげていな

5　Isaiah Berlin, 'The Origins of Cultural History 1; Two Notions of the History of Culture: The German versus the French Tradition', in *The Isaiah Berlin Virtual Library* 〈http://berlin.wolf.ox.ac.uk/lists/nachlass/origins1.pdf〉 accessed on 22 March 2016. この講義の存在については、以下の論文から書誌情報を得た。Ryan Patrick Hanley, 'Berlin and History', in George Crowder and Henry Hardy (eds.), *The One and the Many: Reading Isaiah Berlin* (New York: Prometheus Books, 2007).

6　Isaiah Berlin, 'Giambattista Vico and Cultural History', in Isaiah Berlin, *The Crooked Timber of Humanity: Chapters in the History of Ideas*, edited by Henry Hardy (London: Fontana Press, 1991). 田中治男訳「ジャンバティスタ・ヴィーコと文化史」、アイザィア・バーリン著、福田歓一・河合秀和・田中治男・松本礼二訳『理想の追求（バーリン選集4）』（岩波書店、1992年）。

7　Isaiah Berlin, 'Is a Philosophy of History Possible?' in Isaiah Berlin, *Concepts and Categories: Philosophical Essays*, second edition, edited by Henry Hardy (Princeton and Oxford: Princeton University Press, 2013).

いけれども、彼らの見解を踏まえた上で、経験的調査によって得られる事実を「知ること」を重視するアプローチ（ヴォルテール）と、ある社会の行為者の動機、目的、恐れ、希望、感情、理念等を「理解すること」（ディルタイの言う意味でのそれ）を目指すアプローチ（ヴィーコおよびヘルダー）を対比させている。バーリンは、われわれが特定の歴史家を「優れた歴史家」と呼ぶのは、その歴史家が後者の能力（理解する能力）を有しているからだ、という考えを示している。よって、バーリンの思想史研究の根底には、ヴィーコからヘルダーへと継承された文化史の考え方が存在していると言うことができるだろう。

　以上で、本章の各節で取り上げるバーリンの論文について確認した。それでは、以下で具体的な検討をはじめよう。

第 2 節　文化史のフランス的伝統──ヴォルテール

1　「文化」の意味

　本節では、バーリンが 1973 年に行った講演「文化史の起源」の第一部「二つの文化史の観念──ドイツ的伝統対フランス的伝統[8]」に注目する。彼はこの講演で、文化史という概念の起源について論じている。彼は、具体的な議論に入る前に、まずは文化という観念について説明を行っている。

　　＊　以下では、バーリンの「文化史の起源（The Origins of Cultural History）」の第
　　　一部を OCH と略記し、参照する際に本文中に頁数と共に記す。

　バーリンによると、「文化」という言葉は、今日ほどしばしば使われることはなかった。いかなる国でも、結社でも、集団でも、国民でも、それ自身の文化をもっている。それらの構成員たちは、自分たちの文化が広く普及していると感じている。国民文化だけでなく、民族文化、黒人文化や白人文化、若者文化や中年文化や老年文化、西側の文化や東側の文化（バーリンの講演は東西冷戦の時代になされた）もある。ドラッグ文化や反ドラッグ文化も

8　Isaiah Berlin, 'The Origins of Cultural History 1; Two Notions of the History of
　Culture', *supra* note 5.

46 第2章 バーリンの思想史研究の方法

ある。これらすべてはある種の登録商標になっている。文化を促進したり防御したりする結社があり、文化を攻撃する結社もある。結局、バーリンが言いたいのは、以上が新しい現象であるということである。それでは、「文化」という言葉が以上の意味で使われるようになったのはなぜか（OCH, p. 2）。

　以上の意味での「文化」とは、特定の人々が、自分たちが保有していると感じている生活様式や存在様式のことである。いかなる形態の生であれ、いかなる構造の生であれ、集団的ないし結合的な生は文化を保有しているのである（OCH, pp. 2-3）。

　バーリンの言う「文化」は、以下と対照的なものとして理解されている。すなわち、組織されていない生や、個別的な存在や、（すべての社会的活動を同じ性質のものへとまとめる）社会的パターンの不在と、対照的なものとして理解されているのである。この理解の仕方に対して、例えばマシュー・アーノルドやコールリッジは、「文化」を別の仕方で理解している。それは、文化を、野蛮や俗物主義と区別するという理解の仕方である（OCH, p. 3）。

　以上の二つの理解は、文化という言葉を同じ意味で捉えていないが、その二つを完全に区別することはできない。というのも、その二つの理解は、文化を「生の素材」から区別する点で、共通しているからである。バーリンによると、文化という言葉は cultura から来ている。これはラテン語であり、英語の「耕作、耕すこと（cultivation）」を意味している（OCH, p. 3）。

2　文化史のフランス的伝統──ヴォルテール

　さて、文化史には二つのアプローチがある。バーリンはその一つを「フランス的アプローチ」と呼ぶ。なぜなら彼は、それをヴォルテールと結びつけたいからである。文化史の正式の産みの親はヴォルテールである。文化史にかんする書物を読むと、ヴォルテールこそが文化史を生み出したのだということが理解されるのである（OCH, pp. 3-4）。

　バーリンは議論を開始する際に、以下の命題に言及する。それは、すべての深刻な問題に対しては、唯一の正しい解答が存在するのであり、それ以外の解答は誤りである、という命題である。西洋哲学の核心には、プラトン以降、すべての問題にはどこかに解決策があるという考えがある。解決策をど

のように見つけるかについては、思想家や学派によって意見は異なる。しかし、正しい解答があるという点については意見の一致がある。もしも正しい解答がないとすれば、問題自体に何か誤りがあるということになる。これはまさに、啓蒙主義一般が受け入れている命題である（OCH, p. 4）。

　以上の命題が正しいとすれば、それは以下の見解と軌を一にする。それは、適切に精査および調査して、適切な技術を採用するなら、あるいは（人間を誤りに導く愚か者や悪党を）適切に拷問するなら、自然が解答を提供してくれる、という見解である。啓蒙主義が解答を得るために最も適切だと考える技術は、自然科学のそれである。自然科学は、形而上学や神学が汚く散らかした部屋を、きれいに掃除したのであった。それと同じ技術が、道徳、美学、政治学、宗教の問題にも適用されねばならない（OCH, pp. 4-5）。

　自然科学的なアプローチを過去の出来事に適用する試みにおいて、ヴォルテールは、人間の誤りは不条理ないし邪悪さによって説明されるという結論に到達した。過去にかんする彼の理論は、愚か者たちや自分自身の目を曇らせる力を求める悪党がいる、というものであった（OCH, p. 5）。

　ただし、人間の歴史には、そうではない時期があった。それは、古代アテネ、ルネサンス期のフィレンツェ、ルイ14世の世紀であった。ヴォルテールが生まれた時代には、輝かしい時代が終わっていた。そこで彼は、以上の時代において輝いていたものは何かを明らかにし、それと対比させる形で、以上の時代が陥らずに済んだ恐ろしく無意味なこと、不条理さ、および犯罪を示そうとしたのである（OCH, p. 5）。

　さて、バーリンによると、「ヴォルテールは本当に歴史感覚を有していた」と述べることは、彼を過大評価することになる。それはなぜか。ヴォルテールにとって、歴史家がなすべきことは、人間にとって役立つことを書くことである。人間にとって役立つこととは何か。それは、人間を思慮深くさせるようなことや、人間に快を与えるようなことである。それ以外は重要ではない。よって、ヴォルテールは、中世の歴史については書かない。ある専制君主の後に、別の専制君主が王座に就いた、というようなことを長々と書くべきではない。誰がそんなことを知りたいというのか。読者にとって、ヴォルテールの書く内容は鮮やかであり、興味深い。しかし、歴史的には何かが抜

け落ちている。ともあれ、以上こそが、ヴォルテールが書いたことなのである（OCH, pp. 5-6）。

ヴォルテールはさらに言う。われわれは、何が正しくて何が間違っているかを完全に知っている。われわれは、人間がどのようなときに不条理なものを作り出すかを知っている。神話は、多くの愚か者が自分自身に信じ込ませるために作った、無意味なものである。まともな人間はそれを信じる必要がない（OCH, p. 6）。

なお、ヴォルテールは、歴史のこうした見方をした最初の人物でも、最後の人物でもなかった。彼以前にも以後にも、同様の見方をした人物はいたものとされる（OCH, p. 6）。

さて、バーリンによると、ヴォルテールの文化史を読んでみると、たいへん失望させられる。もちろん、ヴォルテールの著作はとても鮮やかで面白い。しかし、それはジャーナリストが書いたような内容である。もしも読者が、文化史と呼ばれるべきものを期待するなら、失望するだろう。ヴォルテールは言う。われわれは、王や宮廷の振る舞いを知りたくはない。誰が誰から王位を継承したかについて、われわれは知りたくない。それは歴史学の適切な課題ではない。誰がそんなことを知りたいというのか（OCH, pp. 7-8）。

ヴォルテールによると、われわれが知りたいのは、人間がどのように生きたか、どのように食べたか、どのように戦争をしたか、である。われわれは、衣服について知らねばならない。輸出入品について知らねばならない。運河について知らねばならない。経済生活について知らねばならない。民主政について知らねばならない。人口の増減について知らねばならない。しかし、彼の著作を読むと、これらのトピックについての情報の断片が与えられているだけであり、それらは体系的ではない。彼自身が明らかに退屈がっている（OCH, pp. 7-8）。

バーリンによると、ヴォルテールの文化の観念は以下のようなものである。すなわち、何が善くて悪いかを述べるための完全に明白な基準がある。その基準を知っていれば、あらゆる真の問題に対して、一つの正しい解答が存在する。何に価値があって何に価値がないのか、何が美しくて何が醜いのか、何が善くて何が悪いのか。ヴォルテールは解答を知っている。文化につ

いての彼の物語は、歴史上優れた時代（古代のアテネ、ローマ、ルネサンスの
フィレンツェ、太陽王の統治下のフランス）のことである。それは人類の歴史
における誇るべき時代である。それ以外の時代は、闇であり、無知であり、
無益であり、不名誉なものである（OCH, p. 8）。

　要するに、アテネやローマにとっての基準は、フィレンツェや17世紀フ
ランスにとってのそれと同じなのである。しかし、なぜそうなのかについて
の理由は示されていない。その基準は18世紀においても同じである。ヴォ
ルテールは何が善くて何が悪いかを知っている。彼は、ほとんど議論をする
ことなく、ダンテは奇想天外で、シェイクスピアとミルトンはまったくだめ
で、アディソンはまだましだと、知っている。彼は以下についても知ってい
る。ラシーヌとモリエールはとても優れた劇作家である。聖書は狂信的な信
徒についての不気味な物語の寄せ集めであり、その信徒の活動の帰結は、人
類の上に終わることなき悲惨さをもたらした。ヴォルテールにとって最も唾
棄すべき二つの集団は、ユダヤ人とイエズス会である。その二つの集団がな
したとされるほとんどすべての犯罪は、ヴォルテールによって、その二つの
集団のせいにされたのであった（OCH, pp. 8-9）。

　バーリンによると、以上のヴォルテールの戯画化は、ヴォルテールが他の
人々を戯画化しているほどはひどくない。彼の著作は、以上の戯画化がまっ
たく不当なわけではないことを示している。そしてこの態度は、ヴォルテー
ルだけでなく、ドルバック、エルヴェシウス、コンドルセにも見られる。あ
るいはサン゠シモンや、イングランドのバックルにも見られる（OCH, p. 9）。

　バーリンによると、以上は一つの伝統である。それはとても強力な伝統で
ある。ヴォルテールはその創始者の一人だが、マイネッケの言葉を用いるな
ら、ヴォルテールは啓蒙主義の銀行家であった。彼は、啓蒙主義の観点から
価値あるものを貯蓄し、啓蒙主義の基準は永遠であって変化しないと想定し
た。彼は、何が正しいか、何が善いのか、何が美しいのか、何が醜いのか、
何を保存すべきか、何を祝福すべきか、何が論じるに値するかを、はっきり
させることができると想定したのである（OCH, p. 11）。

50　第2章　バーリンの思想史研究の方法

第3節　文化史のドイツ的伝統──ヘルダー

1　ブルクハルト、ベック、サヴィニー

　バーリンはここで目を転じる。19世紀の著名な文化史家たちに目を向けるならば、例えば、ルネサンス期イタリアについて書いたブルクハルトに目を向けるならば、フランス的伝統とは違った文化史への態度や考え方が存在していることが分かる（OCH, p. 11）。

　ブルクハルトは、ベルリンでベックから指導を受けた。ベックは偉大な古典学者であり、ギリシアの民族精神（Volksgeist）を、すなわちギリシアの人々の精神の全体を描き出した。彼は、その精神は以下に浸透していると考えた──すなわち、ギリシアの彫刻、絵画、悲劇、哲学、年代記、および、今日のわれわれが「ギリシア文明」と呼ぶものに結びついているすべてに、浸透していると考えたのである。ベックは晩年に、「ギリシア的なもの」について執筆をはじめた。それは、ギリシア人とは何かについての大いなる統合的な説明となるはずだった。ベック自身は、この研究手法を自分の教師たちから学んだが、そのなかには例えば、偉大なホメロス研究者であるヴォルフがいる。さらに、その研究手法は、サヴィニーが歴史を見た手法であった。すなわち、サヴィニーの歴史法学は、文化を、流れのようなもの（ある社会の生のすべての発現形態が互いに結びつく流れ）とみなした。この研究手法においては、ある共同体が何を表明しようとしていて、それがどのような共同体になろうとしているのか、について確定することの方が、その共同体を非難したり、評価したり、その共同体の善し悪しを述べること──やや功利主義的で改良主義的なヴォルテールの精神で──よりも、重要であるとされる（OCH, pp. 12-13）。

2　文化史の二つの伝統──フランス的伝統とドイツ的伝統

　さて、二つの異なる伝統はどこから生まれたのか。バーリンはここで、二分法を誇張しすぎると事実を歪めてしまうが、限度をわきまえれば有用であると断りを入れている（OCH, p. 13）。彼はその上で、フランスとドイツの伝

第3節　文化史のドイツ的伝統——ヘルダー　51

統について以下のように論じている。

　まずは前者の伝統について。バーリンは美学を例にあげて議論を進めている。フランスの美学理論では、作品の価値は作品そのものにある。芸術作品や歴史書や交響曲であれば、芸術家や歴史家や作曲者のアイデンティティや性格はそれほど重要ではない。作者の動機は重要ではなく、作品を見よ、ということなのである。これは芸術の一つの見方であり、大まかに言えば、18世紀の美学の理論家たちはこの見方に合意していた。もちろん、理性と感情や、理性と感覚などにかんしての論争はあった。しかし、以下については皆が合意していた。芸術作品こそが重要である。そして、文化はヴォルテールのやり方で判断されねばならない——すなわち、語られていることは真であるか。創作されたものは美しいか。その作品は善いのか、それとも悪いのか。その作品は、私にこうした感情（真である、美しい、善い）を抱かせてくれるのか（OCH, pp. 13-14）。

　さて、以上とは別のアプローチがあり、それは芸術について以下のような見方をする。芸術家は、調達人ではなく、語り部（a voice speaking）である。芸術家の（そして人間の）任務は伝えることである。もしも芸術家のなすべきことが伝えることであるなら、芸術家のなすことが成功しているか、あるいは失敗しているかは、以下によって判断されねばならない。すなわち、芸術家が言っていることが理解されているか、芸術作品が別の人に何かを伝える試みになっているか、芸術作品が人間から人間に何かを伝える形のものになっているか、によって判断されねばならない。これは、フランス的なそれとは異なる芸術の見方である。この見方は、前者とはとても異なる土壌から生まれている。その見方が生まれたのは、フランスの土壌ではなく、ドイツの土壌である。ここにおいてバーリンは、ヴォルテールと対比させる形で、ドイツの思想家・文芸批評家であるヘルダーに言及する。ヘルダーは、ヴォルテールのアンチテーゼとして、バーリンによって描写されることになる（OCH, pp. 14-15）。

3　ヘルダーが生きた時代のドイツ

　バーリンはここで、自分は歴史家ではないと断った上で、ヘルダーが生き

た時代のドイツについて概観する。もしもあなたが、1500 年にヨーロッパ
を旅したとしても、それぞれの地域の文化状況に大きな違いを見出さない。
文化的に言えば、当時のヨーロッパには明白な分裂はないのである。しか
し、1600 年になると状況が変わってくる。イタリアはルネサンスの絶頂期
であり、スペインでは文学が栄え、イングランドはエリザベス王朝期であ
り、フランスはプレイヤードという詩人たち（おそらく当時の最も偉大な学者
たち）が活躍した時代であった（OCH, pp. 15-16）。

　しかしながら、あなたがドイツに行ったならば、異なる光景を目にするだ
ろう。ドイツ人のなかで、文化への偉大な貢献者の名をあげることができる
だろうか。ケプラーは存命中には無名であった。思想家のヤーコプ・ベーメ
も、その思想は強力で影響を与えるものであったが、やはり周辺的な存在で
あった。もちろん、当時のドイツの教育は高水準で、ドイツ人たちはヨーロ
ッパのなかでも開明的であった。しかしながら、宗教改革が違いをもたらし
たのであった。すなわち、ドイツでは、文学や科学への一般的な関心が脇に
追いやられたのである。17 世紀後半になると、ライプニッツがドイツの知
的勢力を回復させたが、それまではドイツは西洋における忘れられた地域で
あった。なお、バーリンによると、三十年戦争（1618-1648 年）が以上のよ
うな状況をもたらしたわけではない。すなわち、三十年戦争による徹底的な
荒廃こそがドイツの文化的後進性をもたらしたのだ、という理解は、年代的
には事実と一致していない。（三十年戦争以前の）1580 年のドイツの状況の
方が（戦後より）ずっとよかった、というわけではないのである（OCH, pp.
16-17）。

　なお、ルター派の教会の発展には、反合理主義が常に存在していた。ルタ
ーは理性を、危険な存在とみなした。なぜなら理性は信仰の基礎を掘り崩す
ことができるからである。というわけで、反合理主義はルター派が発展しは
じめる当初から存在していて、それはある種の危険な合理主義と結合した
（OCH, p. 17）。

　さて、18 世紀におけるフランスの壮大さと、東側の隣人に対するフラン
ス人の明らかな蔑視は、ドイツ人の文化的な気概を奮い立たせる要素とはな
らなかった。フランス人が世界の完全な支配的指導者であるのは明らかであ

った。フランス人は、軍事的に最も強力な民族であり、その文学は世界を席巻していた。芸術も、科学も、哲学も、ルイ14世の統治以降に絶頂期を迎えた。ドイツ人には、屈辱を加えられ侮辱された人に特徴的な態度が育まれていった（OCH, p. 17）。

　こうしたなか、二つの事態が発生した。ドイツ人は一方で、フランスのレベルに到達する希望をもって模倣をはじめたが、成功しなかった。あるいは物まねの域を出ずに、称賛されるどころか侮蔑された。ドイツ人は他方で、自らの内側に逃避し、傷ついた態度を取った。フランス人には、自慢話をさせておけばよい。フランス人は、絵画、音楽、戦争、政治、すべての面で大いなる名声を得ている。それが何だというのだ。それらは無価値で、物質的で、表面的な事柄にすぎない。むしろ重要なのは、人間の内なる生である。人間と神との関係、人間の不滅の魂とその究極的救済、これこそが重要なのである。それ以外はまったく重要ではないのである（OCH, pp. 17–18）。

　以上の態度はとても自然で、理解も共感もできるけれども、それは見え透いた形の「酸っぱいブドウ」の現れである。これは、除け者にされた人々が取る最も一般的な反応である。すなわち、われわれには精神の深みがある。われわれは、フランス人がもっていないものをもっている。バーリンによると、これはまさに、18世紀初頭のドイツ敬虔主義の態度である。ドイツ敬虔主義は深遠なる精神的な宗派である。その宗派に属する人々は、自分自身の事柄に集中する。なぜなら、精神だけに価値があり、それ以外は単なる物質的で無価値なものだからである。これこそが敬虔主義の態度であり、こうした雰囲気のなかで、バーリンが取り上げる人々は育ったのであった（OCH, p. 18）。

　なお、以上に加えて、フリードリヒ大王の存在も大きい。彼は、最も成功していたドイツの王国プロイセンの支配者であったが、ドイツ的なものすべてをあからさまに侮蔑し、フランス語をわざと話し、多くのフランス人の官僚を招き入れて、プロイセンを組織、改良、近代化させた。このことは、彼のドイツ人の臣民たちを不当に扱うことであり、臣民たちに屈辱と侮蔑を加えることであった。少なくともドイツ人の臣民たちはそう思っていた。とくにプロイセン東部のケーニヒスベルグでは、フランス人の官僚の輸入は、ド

イツ人に、社会的および個人的な深い傷を加えたのである。そしてケーニヒスベルグこそが、激しい改革がはじまった場所だったのである（OCH, pp. 18–19）。

4　ハーマン

　さて、バーリンによると、フランス啓蒙主義の教義が、ドイツ以外のヨーロッパ各国で完全に歓迎されたわけではない。それに対する反発も存在していた。そうした動向はスイスと、地理的にヨーロッパの反対側に位置するケーニヒスベルグで生じた。それはある意味でカントと共に生じたが、バーリンはここではカントには触れないとしている。バーリンによると、ハーマンとその同時代人たちが、フランス啓蒙主義に対して、半ば宗教的で半ば美学的な反乱を起こした。すなわち、フランス啓蒙主義の、物事を一般化する傾向や、すべての問題を科学に還元できるという想定や、人間の生を科学によって説明できるという想定に、反乱を起こしたのであった（OCH, p. 20）。

　ハーマンが言うには、人間理解の鍵は、物理現象ではなく言語（言葉）である。われわれは言葉を通じて、本を理解し、本のなかから、われわれに語りかける声を聞く。神は聖書を通じてわれわれに語る。他の人間もわれわれに本を通じて語る。われわれは、本に書かれている言葉を理解することによって、それを書いた人が何を言っているのかを理解する。われわれは、友人を理解するような仕方で、書き手の精神に入っていく。それは、分析の専門家のやり方とは違うのである。言い換えれば、生を理解する適切な方法は、他の人間を理解することである。他の人間を理解するためには、物理学者や数学者や化学者が自分たちの能力を発揮するための合理的な分析力ではなく、ある種の芸術的共感の能力が、すなわち人間精神を共感する能力が必要なのである（OCH, p. 20）。

5　ヘルダー

　バーリンは次にヘルダーに注目する。ヘルダーは、芸術や言語に、とくに詩に関心をもった。詩はある意味で、語りかける声（a voice speaking）である。詩人が必要とする能力は、科学者のそれではない。すなわち、物事を抽

象化したり、仮説を提示したり、法則を示したりする能力ではない。それらの能力は、人間の生を適切に説明するための方法ではない。必要なのは、啓蒙主義が称賛した知識ではなく、むしろ、理解力と呼ばれる資質なのである。もしもあなたが本を読んでいて、著者が何を語りかけているのかを知りたいなら、あるいは、もしもあなたが絵を見ていて、画家が何を伝えたいのかを知りたいなら、事実にかんする情報は必要ではない。それは役には立つだろうが、あなたがどうしても必要とすることではない（OCH, pp. 21-22）。

　あなたが必要とするのは、画家や作家や建築家が伝えようとしている目的や、動機や、物の見方に入り込む（entering into）ための能力である。バーリンによると、「感情移入（Einfühlung）」——これはヘルダーの造語であり、共感や洞察を意味している——は、知識にかんする能力ではない。それはむしろ、人間の感情的な生ないし精神的な生と呼ばれるものを理解するための能力である（OCH, p. 22）。

　バーリンによると、ここに分裂を見出すことができる。この分裂は19世紀になるともっと明らかになってくる。それは、真理を要求する領域と、真理を要求しない領域の分裂のことである。一方で、数学や物理学や、広い意味での常識や、歴史の領域では、何らかの検証が求められる。この領域では、記述的知というものが存在している（OCH, p. 22）。

　他方で、以上とは別の領域も存在している。それは、審美的、宗教的、道徳的、政治的な領域である。あるいは、今日において一般的な意味で「観念（ideology）」と呼ばれているもの（これはマルクス主義で用いられている意味でのそれではなく、われわれが通常「観念的な（ideological）」という表現で意味するものである）の領域である。この領域で求められるのは、真理を示すことではない。むしろこの領域では、寛容の教説が必要とされる。すなわち、われわれはこの領域において、偉大な多くの複数の意見（opinions）について説明することができる。自分と異なる宗教的、倫理的、審美的な見解を保有している人々を、生きたまま焼いてはならないのである。なお、バーリンによると、19世紀のコントは、数学や論理学においては自由な思想は許されないが、政治や倫理学においてはそれが許されると、述べたのであった（OCH, pp. 22-23）。

56 第2章 バーリンの思想史研究の方法

　ともあれ、一方に、記述科学と呼ばれる領域がある。他方に、曖昧でもっと混沌とした、観念の領域がある。この区別が人間の考えに芽生えたのは、18世紀が三分の二を経過した頃であった。ヘルダーはこの時期に、文化および文化史の観念を提示したのである（OCH, pp. 23-24）。

　バーリンは、ヘルダーの考えを以下の四点にまとめている。第一に、彼は、人間は単一であって切り分けることができない、人間がしたことは相互に関連している、と主張した。ある人間の生は、例えば、画家として絵を描くことや、政治家として政治に携わることや、船乗りとして船に乗ることや、建築家として建物を建てることによって、意味なす。人間はこの意味で単一であるから、人間の分割――例えば「父として語るならこうだが、市民として語るならああだ」とか、「詩人として語るなら認めるが、カトリック教徒として語るなら分からない」のように述べること――は、自己の歪曲であり、自己の切断である。「～として語るなら」ということはありえない。あなたはあなたなのであり、自分の信じることを信じねばならず、それを本心から擁護せねばならない。あなたは特定の職業団体の一員として一つの声で語る義務がある。今日で言うところのロール・プレーイングや、自分とは別の人物として別の声で語ることは、人格としての自分を非人間化したり、それを原子のようにバラバラにしたりしてしまうことである（OCH, p. 24）。

　第二に、ヘルダーは、人間の活動とは、原理的・本質的に言えば、伝えること、すなわち表出（expression）であると主張した。あなたが何かを作っているとき、あなたは自分の性格を表出している。あなたが何かをするとき、あなたは責任を引き受けている。なぜなら、あなたが作ったものは、あなた自身について語るからである。すなわち、あなたは生の素材に、あなたの個性を植えつけている。だから、あなたは責任を取らねばならない（OCH, pp. 24-25）。

　第三に、ヘルダーはおそらく、集団への帰属とは何か、結社への加入とは何か、ということについてはじめて考察した人物である。彼はまた、ドイツ人になるとはどういうことか、ポルトガル人になるとはどういうことか、多くの匿名の人物による匿名の作品が存在するのはなぜか、といったことについても考察した（OCH, p. 25）。

第4節　ヘルダーの先駆者としてのヴィーコ　　57

　第四に、以上のヘルダーの三つの主張は、（彼にとって）憎むべきフランス人の18世紀啓蒙主義的な態度を攻撃し、それを傷つけて破壊するためになされた、ということを理解する必要がある。彼は、科学の有用性や重要性を完全に否定したわけではない。しかし、科学的な基準や分析方法を、観念的ないし文化的な現象に適用することは悲惨な結果をもたらすと、彼は考えたのである。ヘルダーにとって（ハーマンの用語を用いるならば）、神は物理学者でも、化学者でも、数学者でもない。神はむしろ、芸術家なのである。世界を理解するためには、あなたは世界を、それがまるで芸術作品の製作過程を通じて作られた、人格が刻み込まれた創造物として理解せねばならない。なお、彼にとって、個々の人格とはすなわち、特定の集団の一つの集合的人格である。彼は、個々の人格を集合的人格に結びつける役割を果たすのは、血や土壌ではなく、言語であると考えていた（OCH, p. 25）。

　バーリンの理解では、ヘルダーに固有の貢献は、文化史および文化の観念とは何か、という問題について考察した点にある。ヘルダーの考えは、中央ヨーロッパに、そして西ヨーロッパにも影響を与えた。フランスにはスタール夫人によって、英国にはウォルター・スコットによって、ヘルダーの考えが伝えられたのである。バーリンはこのことを確認した上で、次に、ヘルダーの先駆者である17世紀のヴィーコへと検討を進める（OCH, pp. 25-26）。

第4節　ヘルダーの先駆者としてのヴィーコ

　以上では、バーリンの講演「文化史の起源」の第一部「二つの文化史の観念」に依拠してきた。以下では、バーリンの「ジャンバティスタ・ヴィーコと文化史」という論文に依拠して、ヘルダーの先駆者であるヴィーコの文化史概念について検討する。

　　＊　以下では、バーリンの「ジャンバティスタ・ヴィーコと文化史（Giambattista
　　　Vico and Cultural History）[9]」をGVCHと略記し、参照する際には本文中に原
　　　書および邦訳の頁数を記す。

9　Isaiah Berlin, 'Giambattista Vico and Cultural History', *supra* note 6.

58 第2章 バーリンの思想史研究の方法

　バーリンによると、歴史を、その時代を生きた人々の視点で見るという方法を、すなわち想像的洞察というものを発見したのはヘルダーであった。しかし、それをはじめて認識したのは、18世紀初頭のイタリアの思想家ヴィーコであった（GVCH, p. 59. 邦訳、43頁）。

　ヴィーコの最も深い信念は、人間は別の人間が作ったものを理解することができる、というものである。自分自身のものとは異なる行為や言語を理解することには、非常に大きな苦しい努力が必要だろう。しかしながら、ヴィーコに従えば、人間には十分に共通するものが存在しているので、想像力を十分に駆使すれば、時間的にも空間的にも遠く隔たった人々が、自己表現のために行っていた祭典、使っていた言葉、作っていた芸術作品の意味を、われわれは理解することができるのである（GVCH, p. 60. 邦訳、44-45頁）。

　われわれの先祖は人間である。よって、ヴィーコが想定するには、祖先たちは今日のわれわれと同じく、愛すること、憎むこと、希望すること、恐れること、欲すること、祈ること、闘うこと、裏切ること、抑圧すること、抑圧されること、反抗することとは何かについて、知っていたのである（GVCH, p. 61. 邦訳、46頁）。

　ヴィーコは、古代のローマ法やローマ史について研究していた。彼は、ローマ人の思考に「入り込む（entering into）」ないし「降りていく（descending）」という表現を用いているが、その表現の意味について説明していない。ただし、ヴィーコの著書を読むと、彼が必要だと感じている想像的洞察とは、彼の言う想像力（fantasia）であることが分かる（GVCH, pp. 61-62. 邦訳、47頁）。

　なお、後のドイツの学者は「理解すること」と「知ること」を区別した。後者は、自然科学の分野でわれわれが有している知のことである。自然科学の分野では「入り込む」ことは必要ない。なぜなら、人間は、蜂やビーバーの希望や恐れに「入っていく」ことができないからである（GVCH, p. 62. 邦訳、47頁）。

　前者（「理解すること」）に対応するヴィーコの想像力は、彼の考える歴史的な知にとって欠かすことができない。歴史的な知とは、カエサルは死んでいるとか、ローマは一日にして成らずといった知とは異なる。あるいは、13

は素数であるとか、一週間は七日であるといった知とも異なる。さらには、自転車に乗ったり、統計調査を行ったり、戦いに勝ったりするための知とも異なる。むしろそれは、貧しいとか、国家に帰属するとか、革命的であるとか、改宗するとか、恋に落ちるとか、不安に襲われるとか、芸術作品を楽しむといったことは、どのようなことなのかを知ることに類似しているのである（GVCH, p. 62. 邦訳、47頁）。

　なお、バーリンによると、以上の例示は類推のためになされている。実は、ヴィーコが関心を有しているのは、個人の経験ではなく、社会全体の経験である。それは、集合的な自意識とでも言うべきものである。それは、人々が考え、想像し、感じ、欲し、そのために奮闘するようなものである。ヴィーコは、神話、儀式、法律、芸術を「解読」することによって、文化史の理解へと通じるドアを開けた。彼はそのことを、自分自身の最大の貢献だと考えていた。バーリンが言うには、マルクスがラッサールに宛てた手紙のなかで、ヴィーコは社会の発展にかんする著作者としては天才的なところがあると述べたのは、何の不思議もないのである（GVCH, p. 62. 邦訳、47-48頁）。

第5節　バーリンの思想史研究の方法

　本章の目的は、バーリンの文化史にかんする議論を素材として、彼の思想史研究の方法を明らかにすることであった。

　本章の第1節で確認したように、バーリンの自由論は、思想史研究としての側面が強い。ただ、彼は思想史研究の方法についてまとまった形で論じていない。そこで本章では、彼が複数の箇所で断片的に論じていた見解について整理してきた。なお、バーリン自身は、「思想史研究の方法」という表現は用いていない。彼はむしろ、「文化史」の観念について検討しているが、筆者の理解では、バーリンはその検討を通じて、彼の思想史研究の方法を育んだように思われる。

　最後に、本節では、バーリンの論文「歴史哲学は可能か」に注目する。彼はこの論文で、ヴォルテールとヴィーコおよびヘルダーの名をあげていない

けれども、彼らの文化史にかんする理解を踏まえた上で、経験的調査によって得られる事実を「知ること」を重視するアプローチと、ある社会の行為者の動機、目的、恐れ、希望、感情、理念等について「理解すること」（ディルタイの言う意味でのそれ）を目指すアプローチを対比させている。バーリンは、われわれが特定の歴史家を「優れた歴史家」と呼ぶのは、その歴史家が後者の能力（理解する能力）を有しているからだ、という考えを示している。よって、バーリンの思想史研究の方法は、文化史のヴィーコおよびヘルダー的な考え方の流れを汲むものであると思われる。

　以上を確認した上で、この論文の内容を見ていくことにしよう。

　　　＊　以下では、バーリンの「歴史哲学は可能か（Is a Philosophy of History Possible?）[10]」を IPHP と略記し、参照する際に本文中に頁数と共に記す。

　バーリンによると、経済史や、あるいは技術の歴史にかんしては、それらが取り扱う対象が限定されているので、対象にかんする証拠を分類したり対象について推論したりするための、研究モデルや専門的な研究方法が確立されている。しかし、歴史一般や政治史にかんしては事情が異なる。なぜなら、それらにかんしては、過去の状況や出来事や成り行きについて説明するカテゴリーや概念[11]が不確定的であるから——いわゆる「開かれた構造（open texture）」があるから——である。歴史一般や政治史について説明するカテゴリーや概念としては、例えば、人間の態度、考え、目的、信念がある。これらは、特定の時代や国や環境によって変化はするだろうが、人類が共有している日常的な観念であり、いわゆる人間の永続的な関心事である。それらについて理解しなければ、人間や歴史について理解することはまった

────────────

10　Isaiah Berlin, 'Is a Philosophy of History Possible?' *supra* note 7.

11　バーリンは、カテゴリーおよび概念について以下の説明をしている。すなわち、彼は「われわれが人間を定義するときに用いる基礎的カテゴリー（およびそれに対応する概念）」という表現を用いた上で、基礎的カテゴリーの実例として、社会、自由、時間および変化の感覚、苦悩、幸福、生産性、善悪、正邪、選択、努力、真理、幻想、等々の観念をあげている（彼はこれらをアット・ランダムにあげている）。Isaiah Berlin, 'Does Political Theory Still Exist?' in Isaiah Berlin, *Concepts and Categories*, second edition, *supra* note 7, p. 217. 生松敬三訳「政治理論はまだ存在するか」小川晃一ほか共訳・前掲注（1）『自由論』500 頁。

第5節　バーリンの思想史研究の方法　　61

く不可能であろう（IPHP, pp. 320-321）。

　それらの概念やカテゴリーを理解できないとしたら、われわれはホメロスやヘロドトスを最低限でも理解することができないはずである。しかしながら、われわれは実際には、自分の社会とは異なる社会について彼らが書いていることを理解できている。結局、われわれが、「なぜこの歴史上の人物はそのように行動したのか」と問うとき、その人物の振る舞いにかんする説明は、われわれが日常生活において当然だと考えている、人間本性にかんする概念、カテゴリー、信念の用法に基づくのである（IPHP, p. 321）。

　さて、もしもわれわれが、帰納的研究にだけ依拠するならば、とても乏しい結果しか得られないであろう。このことを示すために、バーリンはシェイクスピアの『オセロ』を事例としてあげている。イアーゴーがオセロを憎んでいたのはなぜか。この問いに対して、ある人物が、それはイアーゴーが弱くてオセロが強かったからだとか、イアーゴーが卑劣でオセロが高貴だったからだとか、弱くて卑劣な者は強くて高貴な者を恨んだり憎んだりする傾向にあるからだと、答えるとしよう。これはイアーゴーの振る舞いをうまく説明しているであろう。次に、その人物が、自分は証拠をもっているだろうか、他の人々もこうした意見を有するだろうか、自分は心理学的な研究をしただろうか、自分の仮説を証明するために実験による検証をしただろうか、と問うたとしよう。これらの問いを発したときに、その人物は、イアーゴーの振る舞いを説明するために自分が示した理由を、化学者ないし物理学者は科学的結論の適切な基礎として認めないだろう、ということに気づく（IPHP, pp. 321-322）。

　しかしながら、バーリンによれば、これ（イアーゴーがオセロを憎んだ理由を、化学者や物理学者が認めないような仕方で示すこと）こそが、われわれが、人間の振る舞いの大部分を説明する際の仕方なのである。われわれは、それ以外の仕方では、行為したり生きたりすることができないのである。もちろん、人間は間違った想定をすることがある。心理学や社会学はそのことを暴露している。しかし、そうした想定をしなければ、何もはじまらないのである（IPHP, p. 322）。

　なお、以上の想定は、観察によって知られた法則や規則性の適用ではな

62 第2章 バーリンの思想史研究の方法

く、経験に裏づけられた信念である。バーリンはこの信念を、コリングウッドの言う、ある時代ないし文化の「絶対的前提[12]」として説明している。優れた歴史家は、このような絶対的前提を知っているのである（IPHP, p. 322）。

　以上を踏まえて、バーリンはここで問いを発する。なぜ、われわれは特定の歴史家を偉大だと考えるのか。（そして、その他の歴史家を有能だとか底が浅いと考えるのか。）それは、その歴史家が、その語り口が素晴らしいからでも、他の歴史家より事実を知っているからでもない。他の歴史家と比べて分析が精緻であるからでも、研究結果が正確であるからでもない。もちろん、それらは必要なことであり、欠かすことができない。しかし、それらが歴史家を偉大にするわけではない。われわれが、特定の歴史家を偉大だと考えるのは、その歴史家が特定の時代や社会を、一つの大きな全体として捉えて、人間の生の見方を読者に示してくれるからである。すなわち、ある社会についての証拠だけでは分からない仕方で、その社会を完全に経験させてくれるからである。もちろん、その社会についての情報は重要である。しかし、そうした情報の再構成は、（モムゼンが晩年に指摘したように）大部分は想像力に依拠するのである（IPHP, pp. 322-323）。

　結局、偉大な歴史研究の著作に欠かせない質とは何か。それは、読者がその著作を読んだ後に、記録された内容に基づいて、その社会で人々が実際に考えたり、行ったり、追求したりしたことだけでなく、想像上の状況において人々はどう考えるであろうか、ということを想起させるような質のことなのである（IPHP, p. 323）。

　もしも誰かが、その著作で語られている社会がどのようなものであったかを想像力によって把握するなら、その人は仮説的な（実際には生じなかった）問題についても——不確定的ではあるとしても——答えることができる。逆に言えば、もしもある読者が、その著作で扱われている社会の具体的な肌触り（テクスチャー）や、その社会の骨組みや「魂（Seele）」や、その社会の道徳的・知的なカテゴリーや価値についての感覚を理解できないのであれば、

　12　イグナティエフによると、コリングウッドの言う「絶対的前提」とは、思想家が前提とするものにおける支配的な概念のことである。Michael Ignatieff, *Isaiah Berlin*, *supra* note 3, pp. 203-204. 邦訳、222 頁。

第5節　バーリンの思想史研究の方法　　63

その読者は、その著作を書いた歴史家を、才能ある歴史家とは呼ばないであろう（IPHP, p. 323）。

　バーリンがここで強調したいのは、考古学的な意味で過去を再構成するだけでは不十分である、ということである。あるいは、自然科学のカテゴリーだけが役に立つわけではない、ということである（IPHP, p. 324）。

　バーリンはこのことを説明するために、「知ること」と「理解すること」（ディルタイの言う意味でのそれ）を区別している。知ることは、自然科学と人文科学の両方で必要とされる。それに対して、理解することが必要とされるのは、われわれが、ある社会の行為者の動機、目的、恐れ、希望、感情、理念等について語る場合に限られる——ここに言う行為者とは、個人だけでなく、集団、階級、運動、制度、ないし社会全体のことを意味する（IPHP, p. 324）。

　もちろん、経験的な調査によって得られる事実は重要である。しかしながら、バーリンの考えでは、歴史哲学にとって最も重要な任務は、歴史的説明の論理について分析することである。すなわち、歴史研究において用いられる「なぜなら」、「したがって」、「こうして」、「～ということは驚きではない」といった言葉の用いられ方について、分析することである。言い換えれば、自然科学の領域で用いられるような論理的接着剤（logical cement）を用いることなく、過去についてのさまざまな叙述を関連づけて、論理的構造物として結びつけることである（IPHP, pp. 324-325）。

　以上で、バーリンの論文「歴史哲学は可能か」の内容を概観してきた。彼はこの論文で、ヴォルテールとヴィーコおよびヘルダーの名をあげていないけれども、彼らの文化史にかんする議論を踏まえた上で、経験的調査によって得られる事実を「知ること」を重視するアプローチ（ヴォルテール）と、ある社会の行為者の動機、目的、恐れ、希望、感情、理念等について「理解すること」（ディルタイの言う意味でのそれ）を目指すアプローチ（ヴィーコおよびヘルダー）を対比させている。バーリンは、われわれが特定の歴史家を「優れた歴史家」と呼ぶのは、その歴史家が後者の能力（理解する能力）を有しているからだ、という考えを示している。したがって、彼は後者のアプローチの方を重視しているように思われる。よって、バーリンの思想史研究の

根底には、ヴィーコからヘルダーへと継承された文化史の考え方が存在していると言うことができるだろう。

　本書の第Ⅱ部では、第Ⅰ部で確認した内容を踏まえて、バーリンの思想史研究——とくにロマン主義にかんする初期の研究——が、彼の自由論とどのような関係を有しているのかについて検討を行うことにしたい。

第II部
バーリン自由論と初期のロマン主義研究

第3章 バーリン自由論の源流

——「習作（torso）」としての
『ロマン主義時代の政治思想』（1952年）——

第1節 バーリン自由論の源流

本書の第Ⅰ部では、バーリンの思想史研究の基本構造および方法について検討した。第Ⅱ部では、バーリンの自由論の基本的特徴についての理解を得るために、彼の初期のロマン主義研究について検討を行う。

本章の目的は、バーリンの自由論の源流を探ることである。バーリンの自由論は、彼の教授就任講演「二つの自由概念[1]」（1958年）を中心に論じられている。本章では、この教授就任講演での議論が、彼がそれ以前にアメリカで行った講演『ロマン主義時代の政治思想——その登場と近代思想への影響[2]』（1952年、出版は2006年）に、すでに萌芽的に現れていることを示したい。

> ＊ 以下では、バーリンの『ロマン主義時代の政治思想（*Political Ideas in the Romantic Age*)』を PIRA と略記し、参照する際に本文中に頁数と共に記す。

バーリンの著書の編集者であるヘンリー・ハーディによると、同書の内容は、バーリンのその後の思想史研究を先取りするものである。よって、それはバーリンの「習作（torso）」と言うことができる（PIRA, pp. ix, xx）。なお、

1　これは、オックスフォード大学チチェリ講座の社会・政治理論教授への就任講義である。講義そのものは1958年に行われ、同年に出版された。本章では以下を典拠とする。Isaiah Berlin, 'Two Concepts of Liberty', in Isaiah Berlin, *Liberty*, edited by Henry Hardy (Oxford University Press, 2002). 生松敬三訳「二つの自由概念」アイザィア・バーリン著、小川晃一・小池銈・福田歓一・生松敬三共訳『自由論』（みすず書房、1971年）。

2　Isaiah Berlin, *Political Ideas in the Romantic Age: Their Rise and Influence on Modern Thought*, edited by Henry Hardy (London: Chatto & Windus, 2006).

68　第3章　バーリン自由論の源流

ハーディが同書を編集する際には、最後の二章の原稿が紛失していた（PIRA, p. xix）。紛失している原稿ではサン゠シモンとド・メストルが扱われていたが、その両者については、バーリンが同年に行ったBBCラジオ講演『自由とその裏切り──人間の自由に対する六人の敵[3]』（1952年、出版は2002年）で補うことができる。

『ロマン主義時代の政治思想』の内容は多岐にわたるが、以下の二つの部分に分けることができるだろう。第一は、バーリンの自由論における主要問題（「なぜ人間は他の人間や集団に従うべきなのか」）および決定論（決定論と自由の問題）について説明する部分である（第一章「記述科学としての政治学」および第四章「歴史の行軍」）。第二は、自由概念にかんする議論が提示されている部分である（第2章「自由の観念」および第3章「二つの自由概念──ロマン主義的概念と自由主義的概念」）。なお、同書には「序論」と「補論　主観的倫理と客観的倫理」も付されている。

本章は、『ロマン主義の政治思想』の「序論」、第1章、第4章および「補論」について検討する。同書の第2章および第3章については後ほど検討することにしたい[4]。

それでは、本章の概要を確認しておこう。まずは「序論」に注目し、フランス革命の前後には思想が大きな力を有したこと、その時代の思想は今日のわれわれのものの考え方を規定している、ということを確認する。次に、同書の第1章に注目し、バーリンにとっての政治哲学上の主要問題──「なぜ人間は他の人間や集団に従うべきなのか」という規範的な問題──を確認する。その上で、その問題に対するエルヴェシウス（およびドルバック）の回答を、バーリンに依拠して整理することにしたい。エルヴェシウスは、「自然」という概念を用いてその問題に答えようとするが、バーリンによればそれは誤りである。続いて、同書の第4章に注目する。バーリンによると、

3　Isaiah Berlin, *Freedom and Its Betrayal: Six Enemies of Human Liberty*, edited by Henry Hardy（Princeton and Oxford: Princeton University Press, 2002）. 1952年にBBCラジオで講演がなされたときの表題は 'Six Enemies of Human Liberty' であった。

4　『ロマン主義時代の政治思想』の第2章および第3章については、それぞれ本書の第4章および第5章で検討を行う。

「なぜ特定の出来事が起こったのか」という問題に対して、ヘーゲルは以下のように答えた。歴史には法則がある。それは論理法則と同じく、人間が理解できるものであり、合理的である。その法則に背こうとするのは誤りであり、非道徳的ですらある。自由とは、その法則に従うことなのである。人間が選択できることがあるとしたら、それは盲目的な服従か、自発的な服従でしかない。最後に、「補論　主観的倫理と客観的倫理」の概要を整理する。これは、ヒュームにおける主観性と客観性についての短い覚書である。

　以上の検討を通じて、バーリンの『ロマン主義時代の政治思想』に彼の自由論の源流があることを、すなわち、同書が彼の「習作（torso）」であることを示したい。

第2節　フランス革命前後の思想家たちへの注目

　バーリンによると、彼の『ロマン主義時代の政治思想』は、18世紀末から19世紀の初頭にかけての西ヨーロッパの主要な思想家たちの社会的および政治的な思想（ideas）について取り扱おうとするものである。これらの思想のなかにはそれ自体が興味深いものがある。それらの思想のほとんどは、近代の最も大きな出来事であるフランス革命に影響を与え、あるいはそれに対抗した。しかし、それらの思想が今日のわれわれにとって興味深いのは、それらが、特定の領域で、今日われわれが生きている基本的な知的資源を形成したからである。社会的、道徳的、政治的、経済的な議論はそれ以来、その当時に形成された概念や言葉やイメージや隠喩でできあがっている。プラトンやアリストテレス、ダンテ、アクィナス、エピクロス、アウグスティヌス、マキアヴェッリ、ホッブズ、グロチウス、ロックらは、バーリンが同書で扱う論者たちよりも独創的な思想家であるけれども、彼らの概念や言語はわれわれにとって半ば異質である。彼らの概念や言語は翻訳や解釈が必要である。それに対して、バーリンが同書で取り扱うエルヴェシウスやコンドルセ、ルソー、ヘーゲルらの言語や思想は、われわれにとって馴染み深いものとされる（PIRA, p. 1）。

　同書が取り扱う時代は、思想が大いに影響力を有した時代であった。思想

70 第3章 バーリン自由論の源流

は、サン＝シモンの言う画期的出来事を形成した。その時代に、古い秩序は目に見えて衰え、古い秩序の制度は時代の要請に応えられず、それに反対する人々によって利用された（例えば法律家や「危険分子」の著述家は、旧体制を壊すために、旧体制の法や原理を利用した）。こうした雰囲気のなかで、思想は、それが思想以外の力（経済的、社会的、生物学的な力）による直接の産物であると理解されるかはともかく、重要な役割を果たしたのである（PIRA, pp. 2-3)。

　バーリンが語る時代は、独創的な考え方がとても豊かであった。それらの考え方はわれわれの世界を変えたのであり、その考え方を育んだ言葉は今も私たちに語りかけている（PIRA, p. 16)。

第3節　政治哲学の主要問題──エルヴェシウスの回答

1　「なぜ従うべきなのか」

　次に、バーリンが考える政治哲学の主要問題について検討しよう。彼によると、政治哲学（ないし政治思想）の中心的な問題は以下である。すなわち、「人間はなぜ他の人間や集団に従うべきなのか」、あるいは、（最終的な分析では同じ事だが）「人間や集団はなぜ他の人間に干渉すべきなのか」、という問題である。政治哲学は、その他の多くの問題にも関心を有してきたけれども、その主要問題は服従の問題であった（PIRA, pp 17-19)。

　バーリンによると、この問題は、「x は～である」ないし「x は～をする」の形式によって答えられる記述的な問題ではなく、「べき（'ought' or 'should'）」の形式によって答えられる規範的な問題である。この区別は、今日では詳しく検討する必要がないほどに定着しているけれども、18世紀半ばより以前にはほとんど注目されていなかった（PIRA, p. 21)。

　政治学は、物理学と同じく、世界の複数の構成要素のあいだの必然的な結びつきを発見するものである。政治学は事実にかんする探求なのである。例えばグロチウスは、服従の理由を、自然法の存在に見出すことができると考えた。人間が自然法を観察できるかはともかく、自然法は「客観的」に、人間の思考とは独立して存在する。必要なのは、自然法の存在を発見する能力

であり、信頼できる専門家による自然法の記述なのである。物理学者や数学者が、物理的世界を構成する諸要素の関係を定義したり記述したりするように、法学者や政治学者は、法的・政治的世界の特徴を定義したり記述したりしているのである。われわれは常に事実を探求せねばならない。事実こそがすべてなのである（PIRA, pp. 25-26）。結局、すべての真の問題――したがって「規範的」な問題も――は、世界に実在するもの（entities）についての記述的言明によって答えることができると、考えられていたのである（PIRA, p. 31）。

2　道徳および政治への科学の適用――エルヴェシウスとドルバック

すべての真の問題――したがって「規範的」な問題も――は、世界に実在するものについての記述的言明によって答えることができる。この考えは、18世紀末になると、以下の考えによって取って代わられはじめる。すなわち、特定の問題（例えば「人間はどう在るべきか」、「人間は何をなすべきか」という問題）は、事実にかんする問題とは論理的に異なるのではないか、あるいは、前者の問題（「～べきか」という問題）への答えを得る方法は、科学的研究とは原理的に異なるのではないか、という考えである（PIRA, p. 31）。

もっとも、18世紀半ばよりも前の時代には（PIRA, p. 21）、偉大なる機械的なモデルがすべての学問分野の思考を支配していた。偉大な物理学者たち、なかでもニュートンは、物理的世界の有り様を記述する明快で整合的な一般論を創造した。自然にかんするニュートンの機械的モデルは、かつてないほどに世界の知識層を魅了した。それは、その時代の意識だけでなく、感じ方や無意識的な部分にまで影響を及ぼした（PIRA, pp. 31-33）。ガリレオ、ケプラー、ニュートン、ボイルらは、どのようにして自分たちの確固たる結論に至ったのか。それは、観察、一般法則および仮説の定式化、ならびに実験による検証を通じてである。この方法は政治の領域にも適用できるだろうだろう（PIRA, pp. 38-39）。

バーリンによると、道徳および政治の領域に、科学を適用しようとした最も精力的で著名な論者は、エルヴェシウスとドルバックである。エルヴェシウスは、著名な二冊の著作において自説を提示したが、それはほとんど注目

されなかった。とはいえ、それは今日では最も強力な見解となっている。ド
ルバックは、積極的な教説を提唱することよりも、論敵から自説を擁護する
ことに関心を有していた。彼は、自分のサロンのメンバーを説得しようとし
ていた。彼のサロンでは、以下のような考えが生まれ、議論されていた。す
なわち、新しい科学的真理の敵――蒙昧主義（obscurantism）、政治的・社会
的な迷信、個人の抑圧、恣意性、科学への不信、とくに、あらゆる形態の宗
教――を破壊するための考えである（PIRA, pp. 42-43）。

　ドルバックの教説は明快で単純である。むしろ、単純すぎるほどであるで
ある。人間は、物理法則に従って動く微粒子（骨、血、細胞組織、水）の組
み合わせである。人間は本性上、善くも悪くもない。人間のすべての悲惨
さ、不正義、犯罪は、二つの源泉に由来する。それは無知と恐怖である。こ
れらはただ一つの方法で破壊できる。真の知識の増大と流布である。ニュー
トンの方法の適用によって、自然科学の領域では大きな歩みがあった。次は
人間の科学の順番である（PIRA, p. 43）。

　エルヴェシウスは、ニュートンの方法を、社会における人間の行為の分析
に応用した。彼は、あらゆる状況における人間の行動を説明できるただ一つ
の仮説が存在すると主張した。それは、快楽の欲求と苦痛の回避である。い
つでもどこでも、人間は個人の幸福を追求するし、あらゆる形態の苦痛を回
避しようとする。すべての人間の行為、制度、慣習、道徳的・政治的特徴
は、この単純な原理から演繹できる（PIRA, pp. 43-44）。

　エルヴェシウスは、教育と立法の全能性を信じていた。教育によって、あ
なたは人々に真の善を理解させることができる。立法によって、すなわち報
賞と刑罰の適切な配置によって、幸福になる仕方で人々を行為させることが
できる。人々の動機はどうでもよい。重要なのは結果である。報賞と刑罰に
よる操作――社会工学――がすべてである。以上のことはベンサムによっ
て、より厳密な言葉で適切に繰り返されている。しかし、それはすでにエル
ヴェシウスによって論じられていた。すなわち、功利主義のテーゼだけでな
く、社会工学の観念についても、エルヴェシウスによって論じられていたの
である。彼によると、立法と教育の改革は、社会を、自分たち自身や他の人
間の望みを半自動的に満足させるような個人の集団へと、変革できるのであ

る（PIRA, pp. 51-52）。

　エルヴェシウスにとって、科学がすべてである。われわれは今やニュートンの宇宙モデルを有する。自然と同じように、社会も、完全に機能する機構を有する調和した体系となる。正確に配置された諸要素が円滑に相互作用し、各要素が妨げなく適切な機能を果たすので、無駄な軋轢や失敗の可能性はないのである（PIRA, p. 54）。

　黄金時代（天上の都市）はとても近いようにみえる。社会の万能薬をどうやって探しはじめればよいのか。一つのことは明らかである。「客観的」な基礎を得るための研究が不可欠である。政治思想は、そうした基礎によって確立されなければ、単なる主観的で個人的な好みや気まぐれのままである。客観性とは何か。科学を科学的にするものは何か。これらの問題への答えは、少なくとも、「事実」にかんする科学的観察に求められねばならない。真の物理学と、空想的で主観的な空理空論との違いは、前者を検証したり裏づけたりする究極的なデータが、人間の経験において生じる事柄であるという点にある（PIRA, pp. 55-56）。

　個人や集団や社会についての多くの知見が得られて、無知や誤謬が除去されれば、個人の教育の可能性や、社会的・政治的な生の計画は、それまで想像されていた範囲を超えて拡張されるだろう。さらに、秩序や理性は、偏見や迷信、あるいは非合理的で主観的な空想が驚くほど役割を果たしている領域に組み込まれるだろう。ドルバックやエルヴェシウスは、自分たちは以上をなしてきた、あるいは少なくともやりはじめていると、主張したのである（PIRA, p. 58）。

3　残された問題と「自然」への注目

　ドルバックやエルヴェシウスの以上の主張（自然科学の方法は政治の領域にも適用できる）は正しいかもしれない。しかしながら、バーリンに言わせれば、少なくとも一つの問題が答えられないままに残されている。それは、「なぜ、特定の人々ないし集団は、他の人々ないし集団に従うべきなのか」という問題である。この問題に対するエルヴェシウスの答えはこうである。あなたが他の人々ないし集団に従う必要があるのは、あなたが従う方が（あ

なた自身にとっても他の人々にとっても）この世界がより幸福になる、と考えるのが理に適っている場合に限られる、と（PIRA, p. 59）。

この答えは、もしもあなたが功利主義者であるならば、役に立つだろう。しかし、バーリンによると、われわれが知りたいのは、なぜある人物が、王に反抗するのではなく、王に従うべきなのか、という問題である。あなた（功利主義者）はこう答えるかもしれない。その人物が反抗したら、投獄されたり死刑にされたりして、その人物の幸福が大いに減少するからだ、と。それでもわれわれは問うことができる。「なぜ幸福のためにすべてを犠牲にすべきなのか」、「なぜ幸福以外の目的ではだめなのか」。結局、「なぜ私は〜すべきなのか」という問題への答えを、どこに求めればよいのか（PIRA, p. 59）。

カント以降を生きているわれわれにとって、事実にかんする問題と価値にかんする問題は原則として異なるということは、かなり明確である。「x はいかなる性質のものなのか」、「x は、いつ、どこに存在するのか、x はどれくらい大きいのか」といった問題は、「なぜ私はあなたの言うとおりに行為す・べ・き・なのか」、「なぜ私は他者を幸せにす・べ・き・なのか」という問題とは異なるのである（PIRA, p. 60）。

とすると、「なぜ私は政府に従うべきなのか」という問題への答えをどこに求めればよいのか。ホッブズならこう答えるだろう。私は国家に従う方がよい、さもなければ国家は私を滅ぼすから、と。しかし、これは「なぜ私は従うのか（Why do I obey?）」という問題への答えでしかない。われわれが知りたいのは、「なぜ従うのか」という問題への答えではなく、「なぜ従うのが正しい（right）のか、賢明（wise）なのか」という問題への答えなのである（PIRA, pp. 61-62）。

バーリンによると、ここで登場するのが、事実と価値の架け橋としての「自然（nature）」という概念である。この曖昧な概念に訴えたのは、すべての人間を拘束する「自然法（natural law）」は正しいと考える中世や 17 世紀の法学者だけではなかった。これらの法学者については、いまだに暗黒の神学や形而上学に留まっているとして、退けることができただろう。しかし、新しい行動主義の代表者たち、すなわち無神論的な物質主義者であるエルヴ

ェシウスや、化学者であり植物学者であるドルバックが、この自然という曖昧な存在に依拠したのである。彼らは、なすべきことをなすためには、自然法則（the law of nature）に従わねばならないと考えた。すなわち彼らは、自然とは、何が存在しているか（what there is）についての情報源であるだけでなく、何をなすべきか（what should be done）についての知識の宝庫でもあると、考えたのである（PIRA, p. 62）。

　エルヴェシウスとドルバックは、「合理的な存在は何をすべきか」、「人は誰に従うべきか」といった問題への答えを「自然」に求めた。（あるいは、「理性」に求めた。自然と理性は同一視されることもある。）バーリンによると、エルヴェシウスが自然という概念に依拠したのは、彼以前の思想家による想定を拒絶するためであった。すなわち、エルヴェシウスは、神はいないと考えた。神についての著作は神聖ではないし、権威もない。彼は、自分の信じるものには証拠が必要だと考えた。なぜルールに従うべきなのかは、合理的な議論ないし経験的データによって示されるべきだと考えたのである。結局、エルヴェシウスにとって、自然（および理性）は、彼以前の権威（啓示、スコラ哲学の形而上学、預言者や聖人によって語られる言葉）を拒絶するための象徴なのであった（PIRA, p. 68）。

　エルヴェシウスは、道徳や政治の問題への答えを知っていると思った。なぜなら、彼は、人間がその本性上（by nature）、快楽と幸福のみを追求するということを発見していたからである。しかし、人間はどうすれば幸福になれるかを知らない。知っていても、幸福を追求するだけの強さをもちあわせていない。賢者、すなわち人間を幸せにする方法を知っている心理学や科学の専門家も、それを唱道するだけでは人々に聞いてもらえない。そこで、人々を幸福にする唯一の方法は立法ということになる。十分なニンジンをぶら下げて、十分な鞭を食らわせれば、人間という動物は、調教師が選んでくれた道を進むことができる。なお、立法は必要最小限でなければならず、適切な教育を施して、人々が自分で幸福を追求するように仕向けねばならない。以上の考えを基礎として、エルヴェシウスは包括的な功利主義理論を発展させた。それは、人間のすべての目的を、幸福の追求へと還元するものである（PIRA, pp. 68-70）。

76   第3章 バーリン自由論の源流

　なお、バーリンに言わせれば、ベンサムは以上にほとんど何もつけ加えていない。ベンサムは自分がエルヴェシウスから学んだとしているが、エルヴェシウスの功利主義理論をほとんど修正せずに自分の理論に取り入れている（PIRA, note 1 at p. 70）。

　結局、エルヴェシウスは、「合理的な存在は何をすべきか」、「人は誰に従うべきか」といった問題への答えを、自然に求めた。すなわち、人間は本性上（by nature）、幸福を求める。ゆえに、人間は、幸福を獲得するための最も効果的な手段を提供されるべきである。その手段とは立法および教育である（PIRA, pp. 68-70）。

　しかし、この点については、以下の疑問が呈されるであろう。すなわち、エルヴェシウスはなぜ、幸福のみが人間の欲する唯一の目的だと分かるのか。もしもそれが正しいとしても、彼はなぜ、人間が欲するものを人間に与えるのが善い（ないし正しい）ということが分かるのか。さらに、エルヴェシウス、ドルバックおよびディドロらにとって、自然は人類の偉大な教師であったが、自然はあまりにも多くの声で語る。例えば、モンテスキューは自然が多様だと考えたが、エルヴェシウスは自然が統一されていると考えたのである。他の思想家たちも、自然について様々な異なる理解をしている。あるいは、「自然」を「理性」と同一視する論者もいれば、両者を別だと考える論者もいる。結局、「自然」という概念は、論者によって意味する内容が異なるのである（PIRA, pp. 70-72）。

第4節　歴史の行軍——ヘーゲルにおける歴史法則と自由

1　自然と人間

　以上で確認したように、バーリンの考える政治哲学の主要問題は、「なぜ人間は他の人間や集団に従うべきなのか」である。この問題について、例えばエルヴェシウスは、「自然」という概念に依拠して回答した。しかし、バーリンに言わせれば、自然に生命があるとか、自然が目的を有していると考えるのでなければ、「なぜ」という問題について自然に問うことはできない。結局、バーリンは『ロマン主義時代の政治思想』の第1章で、自然に「な

第4節　歴史の行軍──ヘーゲルにおける歴史法則と自由　77

ぜ」と問うことができるという想定は誤りであるということを確認したのであった。バーリンは以上のことを、同書の第4章でも再確認している（PIRA, pp. 212-213）。

　さて、バーリンによると、われわれは、「自然」ではなく「人間」にかんしては、「なぜ（why）」という問題を問うことができる。すなわち、例えば、海が荒れ狂っているという主張について、われわれは何の証拠ももたない。われわれは、海の「内側」で何が起こっていようとも、海の「外側」を記述することしかできない。それに対して、人間にかんしては、われわれは人間の「外側」の行為と「内側」の状態を区別し、後者を理解することによって、人間がそのように行為するのは「なぜ」なのか（what makes them behave as they do）を理解することができる。よって、われわれは歴史についても理解することができる。なぜなら、歴史は人間の経験、目的、考え、感情と関連しているからである（PIRA, p. 213）。

　以上で、バーリンの『ロマン主義時代の政治思想』の第1章と第4章のつながりについて確認した。本章の以下の箇所では、「歴史においてなぜ特定の出来事が起こったのか」という問題に対して、ヘーゲルがどのように回答したのかを検討する。なお、バーリンは、ヘーゲルについて論じる前に、ヴィーコとヘルダーも取り扱っているので、本章でもその二者について触れることにする。

2　ヴィーコ

　歴史は独特のものである。自然科学と歴史学は区別されるし、さらには科学と人文学は区別される──この考えは、イタリアの哲学者ヴィーコによって定式化された。彼は、デカルトの支配的見解に反旗を翻し、数学および物理学の方法は人間学（the study of mankind）に応用できるという考えを、否定したのである。そして、彼の推論は、人間によって理解できることのみを言う、という形式をとる（PIRA, p. 216）。

　上述のようにヴィーコは、デカルトの支配的見解に反旗を翻したわけだが、デカルトの方法は以下を想定していた。すなわち、感情、欲求、目的といった「内的」世界は不明瞭で不確定的である。それに対して、物理学や数

学が取り扱う「外的」世界は、明白で確固たる観念を発見するための最良の領域である。ヴィーコはこの想定に反対し、以下のように反論した。人間にとって、自然の移り変わり（process）は不明瞭である。なぜなら、人間は表面的な連続性しか観察できないからである。それに対して、人間は、自分自身（人間）については内省によって知ることができる。神は自然を作った。よって、神のみが、自然の移り変わりについて理解することができる。それと同じく、人間は、自分が作ったものだけを完全に理解することができる。例えば、人間は数学について完全に説明することができる。なぜなら数学は、外的世界に発見される事柄の記述ではなく、人間の思考における活動だからである（PIRA, pp. 216-217）。

　ここでヴィーコは、最も大胆かつ独創的な一歩を踏み出す。すなわち、人間は、物質的な実在——自然——を理解することはできないが、歴史を理解することはできる。なぜなら、歴史は人間の経験活動だからである。木や石は、時間のなかに存続（persist）しているが、歴史をもっているとは言えないだろう。私（という人間）の経験は、他の人間の経験と同種のものである。私は、両親や祖先たちの反応や思考や欲求を理解する。なぜなら私は、考えたり、欲求したり、反応したりする存在であり、自分を他者の状況に置くことができるからである。よって、歴史家が私に向かって過去について語るとき、歴史家は、人間がしたことや、苦しんだことや、思考したり意志したりしたことを記述している。そして私は、記述されている人物の立場に自らを置くことができるから、そうしたことが起こったのだということを、理解するのである。それに対して、私は、石や木の位置に自分を置くことはできない。よって、デカルトが石や木の構造について私に語るとしても、私はそれらの構造について、他の人間の思考・感情・野望について理解できるのと同じ意味では、理解できないのである（PIRA, p. 217）。

　結局、歴史は、人間の態度や動機の産物であるから、自然がわれわれにとって不明瞭であるのに比べると、明瞭である。人間の歴史は、人間によって、他者や自然に対する人間の自発的ないし非自発的な関係によって、作られている。われわれは、歴史のプロセスのなかにありながら、歴史の創造者なのである（PIRA, p. 220）。

第4節　歴史の行軍──ヘーゲルにおける歴史法則と自由　　79

　ヴィーコは一世紀以上も無視されていた（PIRA, p. 216）が、19世紀に入り、ミシュレによってヴィーコの名声が高められた。ミシュレはヴィーコから、人間が自分自身で作り出したものとしての歴史という観念を、引き出したのである。歴史は、外的力によって役割を課されている消極的な人間の運命の物語ではなく、人間が自分自身で作り上げた理念に基づいて作り出す物語なのである。なお、ミシュレが1825年の著書において、彼がヴィーコに見出したものを発表する以前から、非個人的な力（impersonal forces）という考え方が、西洋思想において発展し、支配的になりはじめていた。非個人的な力とは、歴史、「民族（the people）」、人間性、国家的ないし宗教的な伝統のことである（PIRA, p. 222）。

3　ヘルダー

　バーリンによると、この「非個人的な力」という考えを発展させた主要人物として、ヘルダーをあげることができる（PIRA, p. 223）。

　ヘルダーは、人間の歴史を、厳格に決定された出来事の単なる因果関係的な探求としてではなく、芸術作品の創造に類似するプロセスとして語った。彼にとって、歴史は、種まきと類似している。あるいは、芸術家による絵画の制作に似ている。種まきや絵画の製作は、生命の「内側」の法則に従ってなされている。すなわち、神が創造した種の「内側」には目的が内在しており、その「内側」の目的に従って、神がまいた種（個人の魂や、人間の制度・社会・教会の精神や、芸術運動）は成長するのである。以上のヘルダーの世界観を、カントの二元論──「因果的に決定されている世界」と「自由および合理的目的の世界」の二元論──は攻撃する。よって、ヘルダーはカントの二元論を拒絶するのである（PIRA, p. 223）。

　ヘルダーの独創性は、人間の画一性を否定した点にある。彼は、人間や社会の多様性は、誰も否定できないとした。社会の差異は大きく、例えば、それぞれの社会の芸術の歴史は、解剖学的ないし地理学的なデータからは演繹できない。文化のあいだの形態学的差異を知覚できる目をもった人は、ドイツの音楽、ドイツの絵画、特定の時期のドイツの生に対する一般的態度に、共通するものを見出すことができる。それは、ドイツ的なものに共通する精

神である。ドイツ的なものは、フランス的なものやイタリア的なものとはその性格が大いに異なる。あるいは、18世紀に典型的なものは、古典古代のギリシア、ローマ、ユダヤに典型的なものとは異なるのである（PIRA, pp. 223-224）。

ドイツ啓蒙主義の理想は、善いもの、正しいもの、美しいものはどの時代でも場所でもそうなのだ、というものであるが、それは誤っている。すべての民族は、それ自身の内的な精神をもっている。すなわち、それ自身の民族精神（Volksgeist）をもっている。それが具体的な形を作るのである（PIRA, p. 224）。

ヘルダーによると、すべての民族は一つの使命をもっている。すべての民族は、聖なる任務をそれぞれ有しており、独特の価値や生活形態を互いに尊重し合っている。目指すべきものは、相互尊重に基づくすべての民族の自己実現なのである（PIRA, pp. 226-227）。

4　ヘーゲル

ヘルダー、フィヒテ、ルソー、ヴィーコらが検討した諸要素を、巨大な統一的体系に統合したのはヘーゲルであった。彼は、人間と自然の両方の全側面を説明しようとし、人間を悩ませてきたすべての問題に解決を与えようとしたのである。バーリンはヘーゲルの思想の政治的側面に焦点を合わせる（PIRA, p. 237）。

ヘーゲルは、物事を説明することや、物事についての知識を得ることは、その物事がいかなる目的をもってどのように発展してきたかを知ることであるという、ロマン主義的な考えを受け継いでいる。すべてはこの意味で歴史的に説明できる。すなわち、物事や変化（process）や人間を知ることは、法則を知ることである。しかも、適切な哲学的洞察は、法則とは同一の状況下で無限の反復をもたらすようなものではなく、独特で一方通行的な発展（単純なはじまりから差異および矛盾へと至る発展）をもたらすものなのだ、ということを明らかにすることである。変化は円滑な発展ではないのである（PIRA, pp. 237-238）。

ヘーゲルにとって、すべての変化は、以上のような永遠の衝突状態として

捉えられる。変化を、一つの状態から別の状態への円滑な移行と捉えるのは適切ではない。より深い洞察に従えば、すべての変化のなかに二つの動きを見出すことができ、一方は他方と対立し、一方は他方に敵対的に作動する。この両者が互いを破壊しようとする緊張のなかから、活動、変化、進歩が生まれる。この互いへの破壊から、両者が必要とする第三の要素が登場する。これこそが、テーゼ（定立）とアンチテーゼ（反定立）から優れたジンテーゼ（統合）が登場するという、ヘーゲル的な弁証法である。なお、ジンテーゼもまた、それが形成されて間もなく、アンチテーゼとの衝突の種を内包しており、究極的には自らを破壊して、より「高次」のジンテーゼをもたらす。この進化は行き当たりばったりのものではなく、一つの方向性をもっていて、世界全体の変化の「内的目的（inner purpose）」によって方向づけられている（PIRA, p. 238）。

　さて、ヒュームは、純粋な論理的関係（根拠と帰結）と、時空間における複数の出来事のあいだの関係（原因と結果）とを明確に区別した。前者の関係は、根拠から帰結が合理的に演繹される。後者の関係は、実際の出来事の観察によって発見される（PIRA, p. 239）。

　ヘーゲルは、他の形而上学者たちと同じく、ヒュームによるこの区別を否定ないし無視した。彼はヒューム的な原因と結果を、出来事の単なる表面的な定式化とみなした。変化する世界についての真の説明は、出来事を、単なる事実としてではなく、法則に従って起こった出来事として描写することである。すなわち、ある出来事は、法則に従っているのだから、それは起こるべくして起こったのだ、と描写することである（PIRA, p. 239）。

　歴史がこの意味で、厳格に必然的な論理的体系であると理解されるなら、すなわち、他ではありえないものだと理解されるなら、複数の出来事（原因と結果）のあいだの因果関係を観察するだけでは不十分である。必要なのは深い洞察である。すなわち、経験の流れの底流にある「必然性」を把握する特別な哲学的能力が必要である。経験についての歴史（出来事の単なる説明としての歴史）は、表面をなぞる行為にすぎないのであって、起こった出来事について記述はするけれども、「なぜ」それが起こったのかを説明しないのである（PIRA, p. 239）。

82 第3章 バーリン自由論の源流

「なぜ」ある出来事が起こったのかを説明するためには、その出来事を、世界の究極的な計画と関連づける必要がある。ここにおいてヘーゲルは、ヴィーコと同じく、歴史とは究極的には精神活動の歴史であるとする。歴史は、単に理解されるだけではない。それは、必然的なこととして、すなわち「そうあらねばならないこと」（the 'must'）として理解されるのである（PIRA, p. 240）。

なお、世界は、無知から知識へ、無意識から意識へと発展する。あるいは、闇から光へと発展する。こうした発展は、円滑でも漸進的でもなく、テーゼとアンチテーゼが致命的に衝突するときに中断される。そうした瞬間に、テーゼとアンチテーゼのレベルから、より高次のジンテーゼのレベルへの跳躍が起こる。以前の競争者たちの灰のなかから、不死鳥が立ち現れるのである。こうした跳躍は、思想史においては、個人や文明全体の精神革命として現れる。それは物質的な世界においては、紛争、戦争、革命として現れる（PIRA, pp. 241-242）。

さて、ヘーゲルにとって、すべての変化は、諸々の法則に従って発生している。それらの法則は、論理法則と同じく、理解可能なものであり、必然的なものである。よって、それらの法則は合理的である。それらの法則は、世界が自己実現するプロセスを支配している。こうした法則が存在するとすれば、理解することとは、「すべてがなるべくしてそうなっている（everything must be as it is）」ということを理解することである。そして、自由に行為することとは、その他にはより優れた代替案がないような目的に従って行為することである。完全に合理的な存在は、完全に自己統治をなしており、完全に自由なのである（PIRA, pp. 243-244）。

結局、完全な自己統治や完全な自由こそが、世界がそこに向かって行軍しているものであり、それとの距離によって、価値や、重要性や、哲学者にとっての関心が決まってくるのである。世界は行軍する軍隊であり、人間はその行軍の本質的な構成要素である。人間は、その行軍における自らの役割を認識しているのであれば、その行軍に自由に従っていることになる（PIRA, p. 245）。

バーリンによると、ヘーゲル主義は歴史の見方を変えた。歴史は、すべて

を司る精神によって選択された道筋を進む。その道筋は必然的なものであり、進む方向は決まっている。愚かで無知な者だけが、この道筋から逃れようとする。他の道筋を選ぶことは、不運なだけでなく、不条理であり、不道徳である。人間の価値は、歴史の要求によって定まっており、その価値を変化させようとするのは精神の要求に反している。精神は、善の唯一の作者であるから、それに抵抗するのは無駄なだけでなく邪悪なのである（PIRA, p. 255）。

　個人の権利（プライバシーの領域や選択の自由への）という観念は、単なる主観的な欲求であって、客観的な歴史のパターンに適合しなければ無効とされる。なぜなら、自由とは、必然性を知ることだからである。とすると、人間に残されている選択は、盲目的な服従か、自発的な服従しかない。それ以外を選択することは、非合理的なことであり、少なくとも子どもじみたことであり、大人になりきれていないことなのであって、統制される必要があり、無視されたり告発されたり抑圧されたりする原因となる。このことは、客観的な理性の存在についての、すなわち普遍的な歴史法則についての、ア・プリオリな前提に基づいている。この前提をヘーゲル主義者たちは受け入れる必要がある（PIRA, p. 257）。

第5節　主観的倫理と客観的倫理——ヒュームにかんする覚書

　最後に、『ロマン主義時代の政治思想』の「補論　主観的倫理と客観的倫理」について、その概要を整理する。これは、ヒュームにおける主観性と客観性にかんする短い覚書である。

　同書の第1章で提示されているように、バーリンの考える政治哲学の主要問題は、「なぜ人間は他の人間や集団に従うべきなのか」である（PIRA, p. 17）。この問題について、例えばエルヴェシウスは、自然という概念に注目して回答した（PIRA, pp. 68-70）。

　バーリンによると、自然への注目は、「客観性」を基礎とした行動原理を確立しようとする望みと、すなわち、自然科学によって確定された自然法則と同じ権威を行動原理に与えるという望みと、密接に関連している。逆に言

84　第3章　バーリン自由論の源流

えば、「客観性」を基礎とした行動原理を確立できなければ、倫理的ないし政治的なルールは「主観的」である——すなわち、特定の時代や環境における特定の個人の趣味や嗜好といった移り変わりの激しいものに基づいている——ということになる（PIRA, p. 260）。

　さて、ヒュームは、倫理的命題は個人ないし集団の感情（sentiments）の記録であるという分析を行い、倫理は「主観的」な信念に還元されるということを示した。この主観主義から逃れるために、「客観的」な倫理の探求が試みられることになる。すなわち、カント、観念論者たち（とくにヘーゲルとその継承者たち）、ダーウィン主義者の進化倫理学、G. E. ムーアの反自然主義的な倫理学、ドイツの現象学者たち、その他の動向によってなされた試みである（PIRA, pp. 260–261）。

　しかし、バーリンに言わせれば、以上の試みは、ヒュームへの大いなる誤解に由来していた。すなわち、たしかにヒュームは、倫理的言明（実際にはすべての規範的言明——例えば「殺人は間違っている」という言明）は、論理的言明（因果関係にかんする言明）や記述的言明（事実問題を記述する言明）とは異なるということを示している。しかし、ヒュームが実際に含意していたことは（彼自身は決してこのことを十分に明白には理解していなかったけれども）、倫理的言明は原理的に、論理的言明ないし記述的言明とは用いられ方が異なるのであり、そして、主観と客観の区別は倫理的言明には用いられない、ということだったのである（PIRA, pp. 261, 263）。

第6節　「習作（torso）」としての『ロマン主義時代の政治思想』

　以上で、バーリンの講演『ロマン主義時代の政治思想』（1952年）の「序論」、第1章、第4章、および「補論」の議論を整理してきた。以下、彼の議論を再確認しつつ、バーリン自由論の源流としての『ロマン主義時代の政治思想』の意義について若干の検討をしておこう。

　まずは同書の「序論」について。バーリンはなぜ、ロマン主義時代（18世紀末から19世紀初頭）の政治思想に注目するのか。それは、その時代の思想家たちが、今日のわれわれに直接語りかけてくるからである（PIRA, pp. 1,

第6節　「習作（torso）」としての『ロマン主義時代の政治思想』　　85

16）。バーリンが同書で主として注目するのは、エルヴェシウス、ルソー、フィヒテ、ヘーゲル、サン゠シモン、ド・メストルである（ただし、最後の二人にかんする部分は、もともと執筆されていないか、あるいは原稿が紛失している。その二人については、バーリンの別の講演『自由とその裏切り』（1952 年）で補うことができる）。本章ではバーリンの、エルヴェシウス（およびドルバック）とヘーゲルにかんする議論を取り上げた。

　次に、『ロマン主義時代の政治思想』の第 1 章について再確認しよう。バーリンによると、政治哲学の主要問題は、「なぜ人間は他の人間ないし集団に従うべきなのか」というものである（PIRA, pp. 17–19）。18 世紀には、この問題に記述的な答えができるという考えが出てきた。すなわち、ニュートンの方法は自然科学の問題を解決した。この自然科学の方法は、道徳や政治の領域にも応用することができる。この応用ができると主張した論者たちのなかで、バーリンはエルヴェシウス（およびドルバック）に注目する。エルヴェシウスによると、人間は快楽を追求し苦痛を避ける。彼はこのことを元に、人間の科学を提示しようとした。なお、人間は愚かであり、快楽を追求せずに苦痛を求める場合がある。こうした事態を避けるためには、教育と立法が必要である（PIRA, pp. 42–58）。

　さて、エルヴェシウスは、「なぜ人間は他の人間ないし集団に従うべきなのか」という問題に対して、あなたが従う方が（あなた自身にとっても他の人々にとっても）この世界が幸福になるからだと答える。しかし、この答えは、「なぜ従うのか」という問題の答えにはなっているが、「なぜ従うべきなのか」という問題の答えにはなっていない（PIRA, pp. 59–62）。

　そこでエルヴェシウスは、事実と価値の架け橋である「自然（nature）」という概念に注目する。彼は、なすべきことをなすためには、自然法則（the laws of nature）に従うべきだと考えた。すなわち彼は、自然とは、何が存在しているか（what there is）についての情報源であるだけでなく、何をなすべきか（what should be done）についての知識の宝庫でもあると、考えたのである（PIRA, p. 62）。

　ただ、「自然」という概念には問題がある。というのも、論者によって「自然」の意味する内容が異なっているからである。あるいは、「自然」を

86　第3章　バーリン自由論の源流

「理性」と同一視する論者もいれば、両者を別だと考える論者もいるからで
ある。結局、エルヴェシウスは、論者によってその内容の理解に争いのある
「自然」の概念を用いている。こうした争いのある概念に依拠して、政治哲
学の主要問題に答える点で、彼のその答えには多くの批判が予想される。結
局、政治哲学の主要問題は完全には答えられていない（PIRA, pp. 71-72）。

　続いて、『ロマン主義時代の政治思想』の第4章について振り返っておこ
う。バーリンは第4章の冒頭で、同書の第1章で取り上げた「なぜ人間は他
の人間ないし集団に従うべきか」という問題について、エルヴェシウスが
「自然」という概念に依拠して答えたことに立ち戻る。バーリンに言わせれ
ば、自然に生命があるとか、自然が目的を有していると考えるのでなけれ
ば、「なぜ」という問題について自然に問うことはできない。結局、バーリ
ンは『ロマン主義時代の政治思想』の第4章で、自然に「なぜ」と問うこと
ができるという想定は誤りであるということを再確認しているのである
（PIRA, pp. 212-213）。

　さて、われわれは「自然」ではなく「人間」にかんしては、「なぜ」とい
う問題を問うことができる。すなわち、例えば、海が荒れ狂っているという
主張について、われわれは何の証拠ももたない。われわれは、海の「内側」
で何が起こっていようとも、海の「外側」を記述することしかできない。そ
れに対して、人間にかんしては、われわれは人間の「外側」の行為と「内
側」の状態を区別し、後者を理解することによって、人間がそのように行為
するのは「なぜ」なのかを理解することができる。よって、われわれは歴史
についても理解することができる。なぜなら、歴史は人間の経験、目的、考
え、感情と関連しているからである（PIRA, p. 213）。

　歴史において「なぜ」特定の出来事が起こったのか（PIRA, pp. 239-240）
――この問題に対してヘーゲルは以下のように答えた。歴史には法則があ
る。歴史の法則は、論理法則と同じく、人間が理解できるものであり、必然
的なものである。よって、歴史の法則は合理的であり、人間がその法則に従
うことも合理的である。その法則に背こうとするのは誤りであり、非道徳的
ですらある。自由とは、その法則に従うことなのである（PIRA, pp. 243-244,
255）。

第6節　「習作（torso）」としての『ロマン主義時代の政治思想』　87

　筆者の理解では、結局ヘーゲルは、「なぜ人間は他の人間ないし集団に従うべきなのか」という問題に対して、それは歴史の法則がそう命じているからだ、と答えている。人間は他の人間ないし集団に、単に事実として従っているのではなく、事実の背後にある歴史法則に基づいて従うべきなのである。もしもある人間が、歴史法則に基づいて、他の人間ないし集団に従っているならば、その人間は完全に自由ということになるだろう。

　最後に、『ロマン主義の政治思想』の「補論　主観的倫理と客観的倫理」の内容を振り返っておこう。バーリンの考える政治哲学の主要問題は、「なぜ人間は他の人間や集団に従うべきなのか」である（PIRA, p. 17）。この問題について、例えばエルヴェシウスは、自然という概念に注目して回答した（PIRA, pp. 68–70）。バーリンによると、自然への注目は、「客観性」を基礎とした行動原理を確立しようとする望みと、すなわち、自然科学によって確定された自然法則と同じ権威を行動原理に与えるという望みと、密接に関連している。さて、ヒュームは、倫理的命題は個人ないし集団の「感情」の記録であるという分析を行うことによって、倫理は「主観的」な信念に還元されるということを示した。この主観主義から逃れるために、「客観的」な倫理の探求が試みられてきた（PIRA, pp. 260–261）。

　しかし、バーリンに言わせれば、この試みは、ヒュームへの大いなる誤解に由来していた。すなわち、たしかにヒュームは、倫理的言明は、論理的言明や記述的言明とは異なるということを示している。しかし、ヒュームが実際に含意していたことは、倫理的言明は原理的に、論理的言明ないし記述的言明とは用いられ方が異なるのであり、そして、主観と客観の区別は倫理的言明には用いられない、ということだったのである（PIRA, pp. 261, 263）。

　なお、アメリカの政治思想史家であるジョシュア・チェルニスによると、バーリンの「補論　主観的倫理と客観的倫理」での議論は、結局のところ、成功していない。というのも、バーリンは、価値についての言明は主観的でも客観的でもないと主張するが、規範的言明とは何か、客観性と主観性の区別がなぜ規範的言明には当てはまらないのかについて、説明していないからである。よって、彼の議論は不完全である。ただし、バーリンのそこでの議論は、規範的言明は（論理的言明や事実的言明とは別個の）まったく独自の性

質を有する、というものである。これは、彼の生涯を通じての以下の確信を示している。すなわち、人間の経験や思想の異なる分野には、異なる方法や基準が当てはまる。そして、最も危険な知的誤りは、単一のモデルを、生にかんするすべての局面に不適切に適用することなのである[5]。

　以上で、『ロマン主義時代の政治思想』の「序論」、第1章、第4章および「補論」の概要を整理した。以下では、本章で検討した内容を踏まえて、バーリンの『ロマン主義時代の政治思想』に彼の自由論の源流があることを、すなわち、同書が彼の「習作（torso）」であることを示したい。

　バーリンの自由論は、自由の観念について論じる部分と、決定論（決定論と自由の問題）について論じる部分で構成される。前者は「二つの自由概念[6]」（1958年）で、後者は「歴史の必然性[7]」（1953年）で主として論じられている。

　バーリンは『ロマン主義時代の政治思想』の第1章で、「なぜ人は他の人間ないし集団に従うべきか」という問題を、政治哲学の主要問題として提示している。彼はその後、「二つの自由概念」において、この問題を再度取り上げている。しかも、彼はこの問題への答え方次第で、答えた論者の自由の捉え方が、彼の言う「積極的自由」と「消極的自由」に区別できる、という議論をすることになる[8]。なお、同書の第2章および第3章で、政治的自由の観念について詳しく論じられているが、先述のように、その検討は後ほど行いたい[9]。

　さて、『ロマン主義時代の政治思想』の第4章ではヘーゲルに即して決定論（決定論と自由の問題）が取り扱われているが、バーリンは「歴史の必然

5　Josha Cherniss, 'Isaiah Berlin's Political Ideas: From the Twentieth Century to the Romantic Age', in PIRA, pp. xlii-xliii.

6　Isaiah Berlin, 'Two Concepts of Liberty', *supra* note 1.

7　Isaiah Berlin, 'Historical Inevitability', in Isaiah Berlin, *Liberty, supra* note 1. 生松敬三訳「歴史の必然性」、アイザイア・バーリン著、小川晃一ほか共訳・前掲注（1）『自由論』所収。

8　Isaiah Berlin, 'Two Concepts of Liberty', *supra* note 1, pp. 168-169. 邦訳、302-304頁。

9　『ロマン主義時代の政治思想』の第2章および第3章については、それぞれ本書の第4章および第5章で検討を行う。

第6節 「習作（torso）」としての『ロマン主義時代の政治思想』　89

性」において、決定論を相対化するための議論を提示しようと試みている（彼は決定論を全面的に否定するための議論は行っていない）。あるいは彼は、マルクス、ゲルツェンおよびトルストイがヘーゲルとどのように対峙したかについて論じた上で、ゲルツェンおよびトルストイが決定論を乗り越えるための議論をしていると、論じることになる[10]。

　それから、『ロマン主義時代の政治思想』の第4章でヴィーコとヘルダーが取り上げられている点も、注目に値する。というのも、バーリンは後に、その両者にかんする研究を通じて、彼独自の価値多元論を擁護することになるからである[11]。バーリンの価値多元論は、彼の「二つの自由概念」でも論じられており[12]、彼の自由論の基軸をなしている。

　ともあれ、以上で確認したように、バーリンの『ロマン主義時代の政治思想』には彼の自由論の源流が存する。すなわち、ハーディによれば、同書はバーリンの「習作（torso）」であると言うことができるのである（PIRA, pp. ix, xx）。なお、同書では、紛失した箇所（サン゠シモンとド・メストルにかんする講演原稿）があるため、その箇所を補完するために、バーリンの『自由とその裏切り[13]』を検討する必要がある。この検討作業については本書の第6章で行うことにしたい。

10　Isaiah Berlin, *Karl Marx: His Life and Environment*, fourth edition with a New Introduction (Oxford: Oxford University Press, 1996). 福留久大訳『人間マルクス──その思想の光と影』（サイエンス社、1984年）; Isaiah Berlin, 'Herzen and Baknin on Individual Liberty', in Isaiah Berlin, *Russian Thinkers*, second edition, edited by Henry Hardy (London: Penguin Classics, 2008). 今井義夫訳「ゲルツェンとバクーニン──個人の自由をめぐって」、アイザィア・バーリン著、福田歓一・河合秀和編訳『思想と思想家（バーリン選集1）』（岩波書店、1983年）; Isaiah Berlin, 'The Hedgehog and the Fox', in Isaiah Berlin, *Russian Thinkers*, second edition, *supra*. 河合秀和訳『ハリネズミと狐──『戦争と平和』の歴史哲学』（岩波文庫、1997年）。

11　Isaiah Berlin, 'Vico and Herder', in Isaiah Berlin, *Three Critics of the Enlightenment: Vico, Hamann, Herder*, edited by Henry Hardy (London: Pimlico, 2000). 小池銈訳『ヴィーコとヘルダー──理念の歴史：二つの試論』（みすず書房、1981年）。

12　Isaiah Berlin, 'Two Concepts of Liberty', *supra* note 1, pp. 212-217. 邦訳、381-390頁。

13　Isaiah Berlin, *Freedom and Its Betrayal, supra* note 3.

第4章 バーリン自由論の形成

──ルソーとカントの解釈をめぐって──

第1節 バーリンの自由の捉え方

本章は、バーリンの1952年の講演『ロマン主義時代の政治思想』（出版は2006年）の第2章「自由の観念」を素材として、バーリン自由論の形成について検討することを目的とする。

　　＊ 以下では、バーリンの『ロマン主義時代の政治思想（*Political Ideas in the Romantic Age*）[1]』をPIRAと略記し、参照する際に本文中に頁数と共に記す。

バーリンは、ルソーおよびカントに即して、ロマン主義の時代（18世紀後半から19世紀前半）において、人々の思考様式が変化したことや、自由の新しい捉え方が出てきたことを、示している。バーリンのこの主張は、彼の後の教授就任講演「二つの自由概念[2]」（1958年）における主張を先取りするものであり、彼の自由論の形成を理解する上で示唆に富む。なお、『ロマン主

1　Isaiah Berlin, 'The Idea of Freedom', in Isaiah Berlin, *Political Ideas in the Romantic Age: Their Rise and Influence on Modern Thought*, edited by H. Hardy (Chatto & Windus, 2006).

2　Isaiah Berlin, 'Two Concepts of Liberty', in Isaiah Berlin, *Liberty*, edited by H. Hardy (Oxford: Oxford University Press, 2002). 生松敬三訳「二つの自由概念」、アイザィア・バーリン著、小川晃一・小池銈・福田歓一・生松敬三共訳『自由論』（みすず書房、1971年）。二つの自由概念とは、積極的自由（positive freedom）と消極的自由（negative freedom）のことである。積極的自由は、何らかの「真」の目的に従って、自己支配ないし自己実現を行う自由である。Ibid., pp. 179-180. 邦訳、320-323頁。消極的自由は、自分がなす選択を他人から妨げられない自由である。バーリンによると、積極的自由は、「私は自分自身の主人である」という言明が含意する自己支配というメタファーに基づいて、人々の「真」の目的を実現するという名目で、人々を嚇し、抑圧し、拷問にかけることを可能とする。Ibid., pp. 179-180. 邦訳、320-322頁。

義時代の政治思想』の編者であるヘンリー・ハーディは、この講演を「草稿（Grundrisse）」、あるいは「原典ないし『習作』（ur-text or 'torso'）」と呼んでいる（PIRA, pp. ix, xx）。

　議論をはじめる前に、本講演における、バーリンの自由の捉え方について確認しておこう。それは、自由は基本的には消極的な概念として捉えられる、というものである。

　バーリンによると、自由は、社会的なそれと政治的なそれのいずれも、最も古くから存在するものの一つであり、明らかに、人間の最も知性的な理想の一つである。自由への欲求は、まず第一に、他の個人や集団による干渉がないことへの、ある個人ないし集団の欲求である（PIRA, p. 88）。すなわち、自由は、その主要な意味においては、消極的な概念（a negative concept）である。自由を要求することは、自分の行動を他者が邪魔することの不在を要求することである。自由にかんする一般的な議論は常に、意識的であれ無意識的であれ、自由という言葉のこの意味を前提とする（PIRA, p. 90）。

　なお、神学者や哲学者たちは、自由という言葉を、他の多くの意味で用いている。とくに、人が「非合理的」に行動しているとき（例えば、人が「自分の情念の奴隷」ないし「自分自身の誤った考えの犠牲者」であるとき）に、その人は不自由であると言われる。この第二の自由の感覚は、プラトン主義者たち、ストア派やキリスト教の哲学者たち、後にはスピノザやドイツ観念論者たちによって、盛んに論じられてきた（PIRA, p. 90）。

　バーリンは、この講演ではその用語を用いていないが、以上の二つの自由概念（ないし自由の感覚）は、彼が後に消極的自由と積極的自由（negative freedom and positive freedom）と呼ぶものと対応しているように思われる。

第2節　バーリンのルソー解釈

　以上で、『ロマン主義時代の政治思想』の第2章「自由の観念」における、バーリンの自由の捉え方について確認した。以下では、バーリンによるルソー解釈を検討する。

　バーリンによると、ルソーは、18世紀における人間の概念枠組を変化さ

92   第4章 バーリン自由論の形成

せた。ルソーの思想は、古いものと新しいものの、真の架け橋である。あらゆる思想史によれば、ルソーの著作ほど、彼の同時代や後代に先導的な影響を与えたものはない。次の世紀の最も影響力ある傾向——ロマン主義、民主政、自然主義、社会主義、ナショナリズム、ファシズム——は、ルソーの著作にその起源をもっているだろう（PIRA, pp. 103-104）。

　ルソーは常に、人々が自然状態にあったときに享受していた無制限の自由のために、戦っていた。自由は、少なくとも彼の初期の著作では、すべての自由主義者たち（liberals）の、すなわち自由を擁護しそのために戦うすべての人々のためのものであった。それは、制約の欠如、干渉の除去、抑圧する力への抵抗であった（PIRA, p. 107）。

　ルソーは、以下の点では、18世紀の他の穏健な自由主義者たちと変わらない。すなわち、社会契約を、功利主義的な妥協とみなす点においてである。われわれは、行為の自由（原生林を放浪する未開人の完全な自由）を失うが、別のものを得る。この妥協は保持する価値がある。なぜなら、失うものより得るものが多いからだ。完全な自由（非干渉）はたいへん望ましいが、命令も必要である（PIRA, p. 109）。

　しかし、ルソーはとても異なる気性の人物であり、この種の推論は彼を満足させられなかった。第一に、彼は自由を絶対的な善であると信じていた。こう考えることには理由がある。すべての人間は、もてるだけの自由を欲する。それを欲するべきである。隷属はほとんどの人によって嫌悪されるだけでなく、嫌悪されるべきである。この「べきである（ought）」は、功利主義的な計算（妥協）には還元できないのである（PIRA, p. 109）。

　さて、ルソーは絶対的な自由を擁護するが、彼は同時に、社会秩序の必要性も認めていた。ルソー以前の思想家たちは、自由と秩序のいずれかを、あるいは両者を、犠牲にしようとした（例えばホッブズは自由を犠牲にした）。ルソーは問題をこのようには定式化しなかった。彼はどちらも犠牲にできないのである（PIRA, p. 110）。

　ルソーの解決策は、彼の『社会契約論』における一般意志——それは社会のすべての構成員の「真」の自我から構成される——に示されている。人間は、自分の自由を傷つかないままに保持すべきであり、同時に、正しいこと

だけをなすように告げる権威に従わねばならない。これはいかにして達成できるのか。それにはただ一つの道しかない。ルソーは、神秘的で独特な、自由と権威の交点を見つけ出す。人々は、自分たちが正しく欲することだけを、自由に欲さねばならない。そして、人々が欲するものは、正しく考えるすべての人々にとって同一でなければならない。もしも、特定の状況において人がなすべき正しい行為の道筋が、一つしか存在しないのであれば、ルソーが他の18世紀の人々と共に信じたように、理性を使ったり、自然に従ったり、内なる良心の声（自然が内面から語る）を聞いたり、内面の心（自然の代理人）が命じることをなすことで、この道筋が何であるかを発見できるだろう（PIRA, p. 116）。

　ルソーによると、人間は原理的には、自分を正しい状態に置けば、何をなすべきかを発見することができる。一人の人間にとって正しいことは、同じ状況にある別の人間にとって正しいことと、矛盾することはない。真の問題は、原理的には答えることができる。倫理的ないし政治的な問題は、内面の熟考（内面の声を聞くこと）によって答えられるに違いない。内面においては、自然が、自然を聞こうとするすべての人間に、（その人が老いて、堕落し、病んでいるのでない限り）語りかける。すべての人間が、自分の内面に見えることに従うならば、結果が一致し、社会的調和が保証されるであろう。結局、ある人間が、内面の良心の声が語るとおりに、自分が正しいと思うことをなしているならば、その人間は自由に行為し、自分が欲するように行為し、自分の自然に応えていることになる。その人間は、恐怖や、無知や、暴力の脅威によって圧力をかけられているのではなく、その人の全存在がその方向に邁進している。すなわち、人間が正しいことをするとき、その人間はまさにルールに従っている。人間は、自らが欲することをなしているがゆえに、自由なのである（PIRA, p. 117）。

　ここにおいて、大いなる一致が達成される。すなわち、人間は自由であると同時に、ルールに従うのである。これが可能となるのはなぜか。それは、人間が従うルールは、外部から強制されていないからである。たしかに、ルールが正しいとしても、ルールに従うことはその人間の自由の制約である。しかし、その人間は、ルールを自分自身に対して自ら課している。その人間

がルールに従うのは、そのルールを信じているからであり、それを自らの胸中において発見したからなのである（PIRA, p. 118）。

バーリンによると、ルソーは以下の考えを提唱した。すなわち、(1) 自由は絶対的な価値である。自由がなければ道徳はありえないから、それは侵害されてはならない。(2) 道徳は、人間の現実の行為にではなく、人間の意志の活動のなかに、発見することができる。(3) 正しいルールの唯一性。すなわち、ルールに従うことは世界の目的に自律的に自己適応することであるから、ある個人がルールに従うとき、その個人は、同様のルールに従っている別の個人と衝突することはない（PIRA, p. 145）。

第3節　バーリンのカント解釈

バーリンによると、カントは、以上のルソーの考えに深い影響を受けた。カントにおいては、以上の諸要素は、さらなる二つの原理と結びつけられている。すなわち、(a) 真なるものはすべて、普遍的に、そして恒常的に、一般的形式をとらなければならない。(b) 人間は、合理的な本性を有しており、この合理性によって、真の道徳的ルールを発見することができる。（バーリンに言わせると、カントは、それをどのように発見できるのかを明確には説明していないが。）カントにとって、道徳的ルールは命令であり、それは（人間の感情にではなく）人間の合理的な本性に由来している（PIRA, pp. 145–146）。

さて、バーリンによると、人間という存在（カントの用語では「合理的存在」）はすべて、カントの言う道徳律——著名な定言命法——を保有している。人間は、物質的な世界の客体ではなく、主体である。主体は、自律的な存在であり、自らの（非経験的な）理性の声を、合理的に知覚し、それに従うか否かを自由に選択する。理性の第一の特徴は、その表明が一般的（general）である、というものである。物質世界においては、理性の表明は、ニュートン科学のような一般法則の形式を取り、例外は許されない。非経験的な領域においても、道徳律は一般的である。ただし、道徳律は、事実にかんする一般的な言明ではなく、命令である（PIRA, p. 147）。

第3節　バーリンのカント解釈　95

　さて、カントにおいては、二つの自然（two natures）にかんする二元論が
きわめて明白である。すなわち、すべての人間は二つの自己である。一方
で、人間は、経験的な自己であり、物理世界に影響を受け、自然科学の研究
対象となる。他方で、人間は、先験的で、自己規律的（self-directed）で、非
経験的な自己である。すなわち、人間は、「動いている（behaving）」のでは
なく、自己が命じた規範（precepts）に自由に従って（あるいはそれを自由に
無視して）行為している（acting）のである。この二元論的な自己の捉え方
は、カント独自の貢献であり、人間についてのロマン主義的な教義の基礎で
ある。すなわち、人間は、ヘルダーの言葉を用いるならば、自然と神の中間
物であり、獣と天使の中間物である。その一方の果てには機械的な科学の世
界が、もう一方の果てには精神的な領域が存在しているのである（PIRA, p.
148）。

　カントは、同世代および後の世代の人々に、二つの基礎的な観念を印象づ
けた。第一は、無関心性（disinterestedness）である。すなわち、ある目的
それ自体のために活動することである。人間がある目的を追求するのは、そ
の目的が何かの役に立つからでも、「自然」が人間にその目的を追求するよ
うに求めるからでもない。むしろ、その目的が目的自体だからである。その
目的が幸せをもたらすかとか、他人がどう思うかとかは、関係がないのであ
る（PIRA, pp. 150-151）。

　第二は、それ自体が目的であるという人間観である。すなわち、人間が目
的であるのは、人間が道徳的価値の唯一の作者だからである。人間に危害を
加えたり、人間を破壊したりすることは、絶対的価値の唯一の作者に危害を
加えて、破壊することである。結局、絶対的価値の創造者たる人間は、他の
何もののためにも犠牲にできない——その絶対的価値の絶対性を喪失させな
い限りは——のである（PIRA, p. 151）。

　ルソーの、個人の自由や一般意志の至上性に対する態度には、すでに以上
のようなニュアンスが含まれていた。それに比べて、カントははるかに明確
かつ明快である。すなわち、人間は神聖である。なぜなら、人間の良心や意
志は、絶対的に善であり、世界において絶対的に価値あるものだからであ
る。カントの、「人間はそれ自体が目的である」という著名な教義（人間を

道具として用いることは邪悪であるという断固たる言葉）は、以下の考え方から導かれる。すなわち、「何かをしたり、何かになったりする」ための唯一絶対的な理由は、それぞれの人間が各自の意識のなかに有する「何をすべきか、何になるべきか」についての絶対的な理想像なのである、という考え方である。この考え方の否定や縮減は、この世界における唯一の絶対的に悪い行為である。以上から、すべての人間は絶対的な価値の唯一の創造者であるがゆえに、道徳的に平等である、ということが言える。人間を欺いたり、人間を利用したりすることは、その人間を自然における対象として取り扱うことであり、目的の神聖さを否定することである（PIRA, p. 151）。

カントは、ルソー（とくに彼の著書『エミール』）から、以下の考え方を受け取った。すなわち、ルールは、共通の人間本性の深みから湧き出るものであり、情念的な内容で満たされている。人間の人格はルールの源泉である（すなわち、人間の人格は、すべての倫理と政治、すべての正しくて公平なもの、すべての分別のある幸福、すべての自由、ならびに、すべての道徳的および審美的な価値の、源泉である）。よって、個人は、キリスト教の解釈におけるのと同様に、「永遠の価値」を有するのである（PIRA, p. 153）。

カントは、神学的な枠組で語られた人間の魂の真正さという教義を、倫理的ないし形而上学的な用語に転換し、人間のみが生の究極の目的を生み出すがゆえに、不可侵なのであると主張した。人間の自己完成は唯一の究極の目的であり、それを追求する権利の侵害は究極の罪である。人間は独特の存在であり、絶対的に良くて正しくて真なるものの聖なる器である。人間を利用すること、搾取すること、欺くこと、蔑むこと、地位を奪うことは、人間がなしうる最も恐ろしい過ちである。バーリンによると、19世紀の民主政の教義にかんするすべての倫理的内容はここにある――すなわち、自分の個人的能力を発展させる権利の保持の強調。人間の尊厳が低められることへの嫌悪。人間の価値を低めるような専制に対する自由主義的な異議申し立て。その名において権利を主張したり、犯罪を処罰したり、革命を起こしたりすることができるところの、人間性（humanity）という観念（PIRA, pp. 153, 154）。

バーリンによると、以上の複雑な諸価値は、18世紀の功利主義的な考慮

や経験的社会学によってではなく、カントおよび彼の継承者たちの人間主義的な理想主義によって、生み出されている。自分の言葉遣いが以上のようなニュアンスをもち、自分の考えが以上のような理想に影響されている多くの人々は、自分たちは人間の経験科学からそうした考えを引き出していると想定する。しかし、実際には、ルソーが命を吹き込みカントが体系化した、人間の本性や目的についての複雑な諸観念こそが、ヨーロッパの意識に深い印象を与え、ヨーロッパの言葉遣いや思想を、私的および公的の両面で変容させたのであった。さらに、19世紀から20世紀前半のヨーロッパおよびアメリカにおいてなされた政治的宣言や、平和や戦争の目的についての声明や、道徳的・政治的な諸理念の衝突は、カント以前には理解できないものだったのである（PIRA, p. 154）。

第4節　バーリン自由論の形成

　以上で、バーリンの初期の講演『ロマン主義時代の政治思想』（1952年）の第2章「自由の観念」の概要を見てきた。最後に、バーリン自由論の形成という観点から、若干の検討を行っておこう。

　この講演におけるバーリンによると、自由は基本的には、干渉がないこととして、すなわち消極的な概念として捉えられている（PIRA, pp. 88, 90）。ここにおいて明らかなように、彼のこの講演にはすでに、後に「二つの自由概念」（1958年）で提示される消極的自由の概念が登場しているのである。なお、このこととの関連で、『ロマン主義時代の政治思想』の第三章「二つの自由概念——ロマン主義的自由と自由主義的自由（Two Concepts of Freedom: Romantic and Liberal)」（1952年）がきわめて重要であるが、その内容については本書の第5章で検討したい。

　次に、バーリンのルソー解釈について検討しておこう。ルソーは、18世紀における人間の概念枠組を変化させた。ルソーの著作ほど、彼の同時代や後代に先導的な影響を与えたものはない。次の世紀（19世紀）の最も影響力ある傾向——ロマン主義、民主政、自然主義、社会主義、ナショナリズム、ファシズム——は、ルソーの著作にその起源をもっているだろう（PIRA, pp.

98　第4章　バーリン自由論の形成

103-104)。

　さて、バーリンによると、ルソーにおいては、人間は原理的には、自分を
正しい状態に置けば、何をなすべきかを発見することができる。一人の人間
にとって正しいことは、同じ状況にある別の人間にとって正しいことと、矛
盾することはない。真の問題は原理的には答えることができる。倫理的ない
し政治的な問題は、内面の声を聞くことによって答えられるに違いない。内
面においては、「自然」が、自然を聞こうとするすべての人に語りかける。
すべての人が、自分の内面に見えることに従うならば、結果が一致し、社会
的調和が保証されるであろう（PIRA, p. 117）。

　バーリンは、以上のルソーの考えを一般化した上で（バーリンは「自然」
ではなく「理性」という用語を用いている）、その考えの危険性を指摘してい
る。すなわち、客観的な善は、理性の使用によってのみ発見できる。その客
観的な善を人々に押しつけることは、その人々の眠っている理性を活性化す
ることである。人々を解放（liberate）することは、その人々が実際に何を言
っているかとは無関係に、その人々が合理的であるならばなすであろう正し
いことを、行わせることである。ここにおいて、最も暴力的な形態の強制
が、最も絶対的な自由と等しくなるのである（PIRA, p. 124）。なお、バーリ
ンはBBCラジオ講演『自由とその裏切り[3]』（1952年）でも、自由の敵の一
人としてルソーをあげているが、この講演の検討は本書の第6章で行いた
い。

　バーリンは、カントにかんしては以下の評価をしている。すなわち、カン
トおよび彼の継承者たちの人間主義的な理想主義は、複雑な諸価値を生み出
したが、その諸価値のなかには、19世紀の民主政の教義にかんするすべて
の倫理的内容が存している（PIRA, p. 154）。

　さて、バーリンは、ルソーの内なる「自然」と同じく、人間が合理的に知
覚するというカントの「理性」にも、危険性を感じている。すなわち、バー
リンによると、カントはルソーにならって、理性による自己支配の能力がす
べての人間にあるとした。しかし、このカントでさえ、政治の問題を扱う段

───────────
　3　Isaiah Berlin, *Freedom and Its Betrayal: Six Enemies of Human Liberty*, edited by
　　Henry Hardy (Princeton and Oxford: Princeton University Press, 2002).

第 4 節　バーリン自由論の形成　　99

になると、立法者ないしは統治者が課する法律が理性的であれば、それが自
動的にこの社会の成員全部によって——その人たちが理性的存在である限り
——承認されるであろうと、想定する。もしも、カントの言う「理性」とい
う審判者があなたを牢獄に送るならば、それはあなたが自分の内なる理性に
耳を傾けなかったということの証拠なのである[4]。

　バーリンによると、カントは、最大の自由を有する社会には、各個人の自
由が他の人々の自由と共存しうるための、各個人の自由の「限界の精確な確
定と保証」が伴っているとする。J. S. ミルおよび一般に自由主義者たちは、
人々が有する諸目的そのものの価値を評価することをしない。それに対し
て、カントを含む合理主義者たちは、すべての目的が同等の価値のものとは
考えない。自由の限界は「理性」の法則を適用することによってのみ決定さ
れるのであり、理性的ならざるものは理性の名において断罪されてよい[5]。
バーリンはここで以下のように言う。「白状しておかなければならないが、
わたくしは、この文脈において『理性』がなにを意味するかをまったく理解
しえなかった。そこでここではただ、この哲学的心理学のア・プリオリな想
定は経験論とは相容れないということだけを指摘しておきたい。経験論とい
うのはつまり、人間がなんであり、なにを求めるかについての、経験からえ
られた知識を基礎とする学説のことである[6]」。

　以上で確認したように、バーリンは、ルソーの内なる「自然」やカントの
「理性」に、自由を侵害する契機を見出す。バーリンのこの認識は、後の
「二つの自由概念」（1958 年）における、積極的自由の危険性の指摘につなが
って行く。この意味で、バーリンの『ロマン主義時代の政治思想』（1952 年）
所収の「自由の観念」は、彼の自由論の形成について考える上で、極めて示
唆的である。本書の次章以降では、『ロマン主義時代の政治思想』の第 3 章
「二つの自由概念」や、『自由とその裏切り』（1952 年）の内容について検討
し、バーリン自由論の形成にかんする研究を深めることにしたい。

4　Isaiah Berlin, 'Two Concepts of Liberty', *supra* note 2, pp. 198–199. 邦訳、355–
　　357 頁。
5　Ibid., note 1 at pp. 199–200. 邦訳、356–358 頁の注 ＊ 。
6　Ibid., note 1 at p. 200. 邦訳、358 頁。

第5章　バーリン「二つの自由概念」の原型

第1節　二つの「二つの自由概念」（1952年と1958年）

本章の目的は、バーリンの教授就任講演「二つの自由概念[1]」（1958年）の原型を探ることである。具体的には、彼の初期の講演である『ロマン主義時代の政治思想』（1952年、出版は2006年）の第三章「二つの自由概念——ロマン主義的自由と自由主義的自由」[2]を、教授就任講演の原型として捉える作業を行いたい。

> ＊　以下では、バーリンの『ロマン主義時代の政治思想（*Political Ideas in the Romantic Age*）』をPIRAと略記し、参照する際に本文中に頁数と共に記す。

バーリンは後者の「二つの自由概念」（1952年）で、干渉の不在としての消極的自由に対して、真の自我との一致としての積極的自由を対比させてい

1　これは、オックスフォード大学チチェリ講座の社会・政治理論教授への就任講義である。講義そのものは1958年に行われ、同年に出版された。本章では以下を典拠とする。Isaiah Berlin, 'Two Concepts of Liberty', in Isaiah Berlin, *Liberty*, edited by Henry Hardy（Oxford: Oxford University Press, 2002）. 生松敬三訳「二つの自由概念」アイザィア・バーリン著、小川晃一・小池銈・福田歓一・生松敬三共訳『自由論』（みすず書房、1971年）。二つの自由概念とは、積極的自由（positive freedom）と消極的自由（negative freedom）のことである。積極的自由は、何らかの「真」の目的に従って、自己支配ないし自己実現を行う自由である。Ibid., pp. 179-180. 邦訳、320-323頁。消極的自由は、一定の境界線を越えて干渉を受けない自由である。Ibid., p. 174. 邦訳、311-312頁。バーリンによると、積極的自由は、「私は自分自身の主人である」という言明が含意する自己支配というメタファーに基づいて、人々の「真」の目的を実現するという名目で、人々を嚇し、抑圧し、拷問にかけることを可能とする。Ibid., pp. 179-180. 邦訳、320-322頁。

2　Isaiah Berlin, 'Two Concepts of Freedom: Romantic and Liberal', in Isaiah Berlin, *Political Ideas in the Romantic Age: Their Rise and Influence on Modern Thought*, edited by Henry Hardy（London: Chatto & Windus, 2006）.

るが、それは前者の「二つの自由概念」（1958年）での議論を先取りするものである。後者を検討することは、バーリン自由論の形成を理解する上で有用であると思われる。そこで、本章の第1節から第3節では、「二つの自由概念」（1952年）の概要を整理することにする。本章の第4節では、思想史家であるバーリンが時代とどう対峙したかについて、検討することにしたい。

第2節　消極的自由——J. S. ミルとベンサム

1　消極的自由

　バーリンは「二つの自由概念」（1952年）で、自由の観念について確認する作業からはじめる。彼によると、人類史のなかで重要な役割を果たしてきたほとんどの言葉と同じく、「人間の自由（human freedom）」や「自由（liberty）」は多くの意味を有する。（バーリンは 'freedom or liberty' という表現を用いているので、その両者を同義で理解しているように思われる。）しかしながら、この言葉の多くの意味に共通する、核となる中心的な最小限の意味がある。それは「制約の不在（absence of restraint）」である。より詳しく言えば、特定ないし不特定の他者による「強制の不在（absence of coercion）」である。なお、「自由」がその意味で用いられない場合もあるが、われわれが政治的自由について語るとき、それは以下を意味する。すなわち、自由のための闘争（個人ないし集団ないし共同体による）は、自分たちが望まないように行為するよう強制してくる権力を打破ないし無力化する努力として、理解されている。結局、自由に関連する言葉（ 'liberty', 'libertarian', 'liberal' ）が多義的であるとしても、それらの言葉は常に、誰かに対する干渉への抵抗を含意するものとして理解されているのである（PIRA, pp. 155-156）。

　さて、18世紀の思想によって、自由の理想の近代における古典的定式化がなされた。その具体的成果は、アメリカの独立宣言やフランスの人権宣言に結実した。それらの文書は権利を定めており、それらの権利は特定の領域の侵害を禁止している。その領域の侵害は法によって禁止されている。法は、その領域の侵害を防ぐための道具であり、侵害が起こった場合にはその侵害に対して罰則が科される（PIRA, p. 156）。

102　第5章　バーリン「二つの自由概念」の原型

　以上から理解されるように、政治的自由は消極的な概念（negative concept）である。政治的自由を要求することは、特定の領域で人は行いたいことを禁止されない、ということを意味する。自分が行いたいことを実際にするかしないかはともかく、それをすることを禁止されないのである（PIRA, p. 156）。なお、政治的自由は、他者による干渉の不在を意味しており、そして市民的自由（civil liberty）は、他者による干渉が、法や行為規範によって排除される領域を定めているのである（PIRA, p. 158）。

　以上から明らかなように、自由は、第一義的には「～からの自由（freedom against; liberty from）」である。ただし、自由のこの捉え方は、それと対応する以下の積極的な主張を（断言しないまでも）含意している。その主張とは、消極的条件が実現されない限り、すなわち人々が実際に「自由」でない限り、人々の望み、理想、政策といった積極的要素を実現することはできない、という主張である（PIRA, p. 160）。

　ともあれ、自然権を信じるペインやコンドルセにせよ、より実証的で経験的に思考するヒューム、ベンサム、J. S. ミルにせよ、自由主義者たちにとっての自由の観念は、「積極的な目的（positive goal）」ではなかった。むしろ、自由の観念は、積極的目的の侵害を防ぐための「手段」に過ぎなかった。自由であることは、抑圧されないことである。自由は、人間の目的を意味するのではなく、干渉の不在を意味する言葉なのである（PIRA, pp. 165-166）。

2　自由主義的な消極的自由── J. S. ミル

　バーリンは以上を確認した上で、（政治的自由としての）消極的自由について、自由主義的な（J. S. ミル的な）それと、ベンサム的なそれを区別している（PIRA, p. 192）。まずは前者からみていこう。

　バーリンによると、政治的自由の近代における擁護論のなかで、ミルの『自由論（On Liberty）』（1859年）は最良のものである。ミルの著書では、以下のことが明白にされている。すなわち、ミルの目的は、彼と同時代の自由主義者たち（the liberals of his time）がそうであるように、国家がそこから先は干渉できない境界線を定めることである。彼は、自己保存だけが、他者

が本人の欲さないことをさせるための唯一妥当な理由である、という原理を提示した（PIRA, p. 160）。

　ミルにとって、19世紀のすべての自由主義者たちと同じく、自由は中心的な政治的理想であった。自由はあまりにも神聖であって、それが消滅したり縮減したりするよりは、むしろ死の方が好ましい。ただし、それは純粋に消極的なものであり、善き生の構成要素ではなく、善き生の必要条件である。要するに、自由が確保されているからこそ、生に価値が生まれるのである（PIRA, pp. 160-161）。

3　ベンサムの消極的自由

　さて、ベンサムにかんしては、自由が望ましいのは、人がそれを保有しなければ、自分自身の最大幸福を合理的に追求できないからである。ベンサムはエルヴェシウスの独創的な考えを継承した。すなわち、人々に自分の幸福を追求させるためには、報酬と刑罰を整備しなければならない。それらを整備すれば、人々は、巧妙に工夫された心理学的および社会学的な条件によって、知ってか知らずか、幸福を求めるのである。なお、社会をこのように整備する人々は、より大きな権力を与えられる。社会を整備してもらう人々は、その整備から利益を得る。したがって、徳のある立法者は大きな自由を獲得し、市民の自由は縮減されることになる（PIRA, pp. 161-162）。

　ベンサムは、エルヴェシウスの以上の考えが正しいかを気に留めていなかった。彼が関心を寄せていたのは、最大多数の人々の幸福を最大化するための条件であった。彼は、社会を合理的に組織化することで幸福を最大化できると信じていたのである。なお、彼は、個人の自由が必要であるとも信じていた。なぜなら、第一に、人々は概して強制されるのを嫌うからである。第二に、共通善に反する邪悪な目的を追求するための既得権益が認められたら、幸福が最大化されないからである。このように、ベンサムは、個人の自由が必要だとするが、彼にとって自由は手段に過ぎない。実際、初期のベンサムは、自由をそれほど熱烈には擁護していなかった。なぜなら、彼は以下を信じていたからである。すなわち、功利主義的な社会は、賢明で慈悲深い専制君主によって、より迅速かつ効率的に建設されるだろう、そして、その

104 第5章 バーリン「二つの自由概念」の原型

ような専制君主の方が議会よりも説得しやすいであろう、と。ところが、ベンサムは晩年になると、民主的ルールをより好ましいと考えるようになった。それは単に、適切な専制君主を見つけたり育成したりする希望を失ったからである（PIRA, pp. 162-163）。

　結局、ベンサムにとっての自由は「〜からの自由（liberty against」である。すなわち、愚者や悪人、党派的な利益や野望、抑圧的な政府、外国の敵、国内の以下のような人物（怠惰ないし愚かな人物、自分勝手ないし厭世的な人物、禁欲的ないし頑固な人物、あるいは単に偏狭であったり偏見に満ちたりしているような人物）からの自由である（PIRA, p. 163）。

第3節　積極的自由——ストア派、カント、フィヒテ

1　積極的自由

　さて、バーリンによると、以上で検討した自由の「消極的」観念と対をなす、自由の「積極的」観念と呼ばれるものが存在する。「積極的自由（positive freedom）」の観念の一つに、模範（pattern）を変えられないのなら、その模範に順応すればよいという教説がある。この意味での「自由」は独特のものである。すなわち、干渉をいかにして避けるかという問題を解決するためには、干渉を受け入れるしかないのだ、ということを認めることによって、問題を解決するのである。つまり、干渉を受け入れることの帰結として、もはや干渉は存在しない、干渉は幻想だったのだ、ということになる。結局、この教説は、干渉を受け入れることを「自由」と呼ぶのである（PIRA, pp. 166-167）。

2　ストア派——「内なる砦」への撤退

　バーリンはこうした教説の一つとして、ストア派のそれをあげている。（ストア派の教説はキリスト教の特質にも深く入り込んでいる。）自由の自由主義的教説（liberal doctrine of freedom）——筆者の理解では J. S. ミルのそれ——によると、外部の力（force）は、それが人であろうと自然であろうと、意図的であろうとなかろうと、個人の努力を抑圧しうる。よって、その個人

は自由をある程度失っていると言うことができる。対するストア派の教説
は、自分の領域への侵入者と戦わずに、自分に帰属するものを捨て去れ、と
推奨する。すなわち、人は自分の所有物を保持したいと欲するが、征服者は
それを奪っていく。喪失感を消すためには、それを保持したいという欲求を
消さねばならない。もしも自分の財、家族、生命に固執しなければ、喪失感
はそもそも生じないのである。ここで用いられている知恵は、自分が制御で
きない存在からの危険にさらされる領域からの戦略的撤退である（PIRA, p.
167）。

　結局、自分の欲求が脅威にさらされないための二つの方法がある。第一
は、自分の欲求を脅かす人々を打ち負かすことである。第二は、自分の欲求
そのものを消し去ることである。この場合、満たすべき欲求が存在しないの
だから、そもそも自分の欲求を満たすことはできない。守るべきものがない
ので、軍隊も必要ない。キリスト教やストア派の哲学者によれば、魂の内な
る砦（the inner citadel of the spirit）こそが、唯一の真の自由である。なぜな
ら、それは決して侵略されないからである。何かを守る必要があるのなら、
それを守る必要が生じる前に、それを断ち切ってしまえばよい。こうして私
は、自分の自由と独立を永遠に保持できるのである（PIRA, pp. 167-168）。

3　ロマン主義（1）——カントの影響

　以上で、ストア派における積極的自由について確認した。以下では、ロマ
ン主義における積極的自由について検討する。まずはカントに注目したい。
なお、バーリンによると、科学者としてのカントは、ヘルダーやハーマンの
ロマン主義的見解を、理性に対する攻撃とみなした。しかしながらカント
は、皮肉なことに、ロマン主義の創始者の一人と正当にみなされるという。
すなわち彼は、道徳哲学の分野において、ロマン主義の創始者となるのであ
る[3]。

　以上を確認した上で、ロマン主義における積極的自由の観念に対するカン

　3　Isaiah Berlin, *The Roots of Romanticism*, edited by Henry Hardy (London: Chatto
　　& Windus, 1999), pp. 68-69. 田中治男訳『バーリン　ロマン主義講義』（岩波書店、
　　2000 年）105-106 頁。

トの影響についてみていこう。まずは、カントによる「肉体の生」と「魂の生」の区別について。バーリンによると、17世紀から18世紀かけて、各自の不滅の魂のなかに含まれる内なる光にかんするプロテスタントの教説の主たる影響で、以下の考え方が発展した。すなわち、神の静穏の世界は、過去や未来や、特定の部族や地域に存するのではない。そうした世界は、人間の魂の領域に存するのであって、現世においてすべての人間が到達できるのである（RIPA, p. 171)。

　この見解に従えば、人間によって生きられる生は二つある。すなわち、肉体の生と魂の生である。肉体の生は、自然科学によって発見され定式化される物理法則に従う。魂の生は、魂の法に従う。カントは、アリストテレスや西洋哲学の主要な傾向に則って、この魂の法を「理性」と呼ぶ。それは、そこにおいて人間が、道徳的・精神的な目的や、絶対的な真理や誤謬や、何らかの絶対的価値について、知的に語ることのできる唯一の状況である（PIRA, p. 171)。

　この二つの世界という観念（物質的世界は、因果的に決定されており、そこでは人間の身体は他の物体と同じく自然法則に従う。それに対して、道徳的、知的、精神的な世界が存する。そこでは人間は、自分がどのような理想を有するかを自由に構築する）は、すべての西洋思想を支配する大いなる二元論である（PIRA, p. 172)。

　自由は、物質的世界においては完全に不在であり、精神的世界においてはその中心に位置している。自由な人間とは、その魂が、自らの「内なる」発展法則に従う人間のことである。「内なる」発展法則とは、道徳的・審美的な目的であったり、論理的、歴史的、法的な原理であったりする。それらは自身の内なる理想に従っている。社会生活を、純粋に物理的関係で捉える限り、政治的自由は意味をなさない。「自由」が、複数の自由な精神のあいだの関係を意味するならば、自由な精神はお互いの自由の存在を認識することになるから、お互いを「目的以外のもの」として扱うことは禁止される。結局、人間は、自分自身の内的理性に従って自己発展するのである（PIRA, pp. 172-173)。

　バーリンは次に、カントの自我論に注目する。カントは、その後の一世紀

半の西洋思想を支配する二つの新しい観念を提示した。第一の観念は、道徳および政治の目的は、発見されるのではなく創造されるのだ、という観念である。そうした目的は、人間の外部の領域で発見されるのではなく、人間が自らに課すものなのである（PIRA, p. 176）。

　第二の観念は、真の自我という観念である。この観念は、キリスト教の基本原理でもあるが、カントの自我論に由来する。カントの自我論とは、自己組織化の原理としての自我論のことである。能動的に自己組織化する真の自我は、経験的な自我とは異なる。真の自我は、世界を生み出す力を伴っている。それは、経験を知覚するだけでなく、目的や理想や道徳的・政治的原理を生み出すのである（PIRA, p. 177）。

4　ロマン主義（2）──フィヒテによる「内なる砦」との同一化

　さて、フィヒテはカントを受け継ぎ、最後のステップを踏んだ。すなわち、自我の実体を、ある種の超越的自我（super-self）として把握した。フィヒテは更に、この超越的自我を神と同一化させた。超越的自我は、世界の創造的原理であり、それ自体を具体化するのであり、暴力的な革命によって社会を変化させる英雄的個人として登場することもある。この思考枠組では、フィヒテはジャコバン派、すなわちフランス革命の暴力的な支持者である（PIRA, pp. 177-178）。

　ただし、フィヒテの後期の思想では、彼の創造的衝動は社会組織化の形態をとる。個々の人間はある意味で従属的である。なぜなら、人間は本質的に社会的であり、社会的逆流の嵐と圧力の下ではじめて、真の創造、すなわち個性の発展が生じうるからである。よって、個人の自我は、社会と実質的に同一化され、次に、社会の最も組織化された形態である「国家」と、すなわち、社会化された集産主義的な国家と、同一化される。最終的に、自我は、部分的には人種として、部分的には文化として、国民に統合される。自我は共通の言語、慣習、制度を負っている。すなわち、ドイツの諸部族は、微細な絆で結びつけられている。この絆は、経験的な分析では説明し尽くすことができない。それは、ドイツの諸部族を形成し、あるいは諸部族によって形成され、それぞれの部族を結びつけ、過去と将来の部族を結びつけ、時間を

超えた神秘的な総体を形成する。絶対的な意志の作用、すなわち自我が、ばらばらの経験的な複数の自我のあいだで、自らを表明する。結局、フィヒテにおいては、世界は、超越的人格（a super-person）の生や活動として理解されるのである（PIRA, p. 178）。

次に、フィヒテの自由の捉え方をみていこう。ストア派は、外部の世界から「内なる砦」へと撤退することによって、自由を確保しようとした。それに対して、ロマン主義の思想家たちは、外部の世界を「内なる砦」に同化させて、外部の世界を漸進的に支配することによって、自由を発展させようとした（PIRA, p. 182）。

フィヒテによると、人は外部の世界を理解するときに（外部の世界が従っている法は、実は自分が最も自由に活動する際の法なのだと了解するときに）、外部の世界を自分の「内なる」体系に取り込む（PIRA, pp. 182–183）。すなわち、外部の世界が自分と異質のものではなく、自分の一部となる。自由は、自分と敵対する要素から逃避することによってではなく、それと「一体化すること」によって、達成されるのである（PIRA, p. 184）。バーリンは、フィヒテの考えを説明するために、ここで音楽の演奏家の例をあげている。演奏家は、他人が作曲した楽譜という「外部」の指図に従う。誰も楽譜に従えと強制する者はいない。しかし、その演奏家は、他人が作曲した楽譜に忠実であればあるほど、演奏家としての役割を果たし、演奏家としての能力をいっそう自由に開花させるのである（PIRA, pp. 184–185）。

この例が示すように、私は法（音楽的な指図）に従うが、法があるから、すなわち私が従うルールがあるから、私は自由であることができる。ロマン主義の説明では、もしもある計画が外部の力によって強制されるならば、私は強制されることに不平を言うだろう。しかし、もしもその計画が私の「内なる」欲求と合致しているなら、そのときに限って私は自由である。なぜなら自由は私が欲することをなす自由だからである。こうして、自由は法への服従ということになる（PIRA, pp. 185–186）。

5 「積極的自由」の観念は多くの人間の生を犠牲にする

以上で、ストア派、カント、およびフィヒテにおける積極的自由について

確認した。さて、バーリンによると、積極的自由の観念は混乱に基礎づけられている。それは、多くの人間の生を犠牲（cost）にするという混乱である。すなわち、すべての人間は積極的な目的を有している。しかし、自分たちの目的が何であるかを知らない人々や、両立不可能な複数の目的を追求している人々や、実現不可能な目的を追求している人々や、他者の目的追求と暴力的な対立状況にある人々にとっては、目的の実現の障害（obstacles）を取り除くことはほとんど意味がない。結局、「積極的自由」について語る人々の議論によれば、以上のような望ましくない状況で自由を与えられている人々にとっては、自由には価値がないと感じられるものとされる（PIRA, p. 205）。

　しかしながら、バーリンに言わせれば、だからとって自由が自由でなくなるわけではない。自由はやはり自由なのである。例えば、盲目の人が美しい絵画を評価できないとしても、やはりその絵画には価値がある。それと同じく、貧しい人にとって市民的自由が無意味だとしても、やはり市民的自由には意味がある（PIRA, pp. 205–206）。

第4節　自由の人間主義的および非人間主義的定義

　バーリンは最後に、自由の「人間主義的定義」と「非人間主義的定義」の区別に言及する。彼によると、自由の具体的な内容は、人間本性、人間の能力、生の目的にかんする異なる考えを有する思想家たちが、どのような具体的文脈を想定しているかによって異なってくる。さらに、自由の観念は、人間を、包括的な統一組織の一部として捉える論者たちと、時空のなかの経験的存在として捉える論者たちによっても、変わってくる。後者の考えをとる論者たちは、他者からの侵害から守られるべき特定の領域が必要だと考える。この領域の大きさはどの程度か、この領域はどのような場合も存在すべきか、といった問題については争いがある。とはいえ、そうした領域の範囲が定められていなければ、人間の目的は達成されない、ということには合意がある。目的を達成したいという人間の欲求や理想は、それ自体が目的であるから価値があるという理由で、尊重されている。それはちょうど、カント

が、人間は道徳の唯一の源泉であるから、人間を目的として扱うように推奨したことと同じである（PIRA, p. 206）。

　バーリンによると、自由には、以上の人間主義的定義と、非人間主義的定義がある。後者には多くの種類がある——例えば、超越論的、神政主義的、「有機体的」（ヘーゲル主義的ないしファシズム主義者的な意味での）、あるいは英雄主義的（バイロンやニーチェ的な意味での）な定義である。それから、歴史（バークやドイツの歴史学派）、階級（マルクスなど）、人種（国家社会主義者）の要請に従えと命じるような定義である。さらには、暴力的な終末論の利益のための自己破壊という審美的理想や、ショーペンハウアー、トルストイ、ヒンズー教の聖人によって唱道される静寂主義による定義である——。これらの二つの定義のあいだには、究極的には、議論の余地はありえず、主張と反論しかなく、説得ないし暴力によって相手を転向させる試みしか存在しない（PIRA, pp. 206-207）。

　結局、「自由」という言葉の用法は、それを用いる論者の、生の究極的理想にかんする見方を示している。人間社会の人間主義的見方と非人間主義的見方のあいだの裂け目を、架橋することはできない。その一方にはフィヒテとゲレスが、他方には J. S. ミルがいる。19 世紀の偉大な思想家たちは、どちらかの側に近いのであって、両者のあいだでの中立は不可能である。二つの理想は両立できないし、互いに妥協することもできない。一方が人間の思考を支配したこともない。結局、「自由」という用語の用い方は、人間がどこに立っているかを最も正確に示す指標の一つなのである（PIRA, p. 207）。

第5節　思想の力

　以上、本章では、「二つの自由概念」（1952 年）を、「二つの自由概念」（1958 年）の原型と捉えて、その内容を整理した。すなわち、前者ですでに、消極的自由と積極的自由の概念が提示されていることを確認した。なお、バーリンは、消極的自由と積極的自由の区別に加えて、自由の人間主義的定義（カント）と非人間主義的定義の区別も提示している。

　消極的自由と積極的自由の区別にかんしては、バーリンは積極的自由の危

険性を示している。すなわち、積極的な目的の追求のためには、犠牲をいとわないという考えである。あるいは、自分の積極的目的を知らない人物にとって、自由は無意味であるという考えである。ここから、バーリンは積極的自由の危険性をほのめかしていると思われる。

　自由の人間主義的定義と非人間主義的定義の区別にかんしては、バーリンはカントが提示した前者に傾倒している（PIRA, p. 206）。ただし、ジョシュア・チェルニスによると、バーリンは後に価値多元論を擁護するようになるので、彼のカントへの傾倒はやがて見られなくなる[4]。実際、「二つの自由概念」（1958年）では、自由の人間主義的定義への言及はない。

　さて、バーリン自由論のもう一つの核は価値多元論（value-pluralism）である。彼はこの立場を「二つの自由概念」（1958年）の末尾で主張している[5]。（なお、バーリン自身は「多元論（pluralism）」という用語を使うことが多いが、「価値の多元論（the pluralism of values）」という用語を用いることもある[6]。「多元論」は多義的だが、彼の言うそれは価値ないし理想にかんする多元論のことである。）ところが、「二つの自由概念」（1952年）では価値多元論は主張されていない。

　最後に、思想史家であるバーリンが時代とどのように対峙したかについて、若干の検討を行っておこう。彼の思想史研究は、一方でそれぞれの思想家への内在的な理解を重視しつつも、他方では歴史のなかで発揮されてきた思想の力（the power of ideas）についての考察でもあった。思想の力について、彼は「二つの自由概念」（1958年）で以下のように述べている。「百年もまえに、ドイツの詩人ハイネはフランス人に向かって観念〔思想〕の力を過小評価することのないようにと警告を発している——平静な大学教授の書斎のなかではぐくまれた哲学的概念が一文明を破壊してしまうこともあるのだ[7]」。バーリンによると、ハイネは、カントの『純粋理性批判』をドイツ理

4　Joshua L. Cherniss, 'Berlin's Early Political Thought', in George Cworder and Henry Hardy (eds.), *The One and the Many: Reading Isaiah Berlin* (Amherst, New York: Prometheus Books, 2007), p. 109.

5　Isaiah Berlin, 'Two Concepts of Liberty', *supra* note 1, pp. 212-217. 邦訳、381-390頁。

6　Ibid., p. 217. 邦訳、390頁。

112　第5章　バーリン「二つの自由概念」の原型

神論の首を切り落とす剣として語り、ルソーの著作を――ロベスピエールの手によって――旧体制を破壊した血染めの凶器と描写した。ハイネはさらに、フィヒテおよびシェリングのロマン主義的信念が、狂信的なドイツの後継者たちによって自由主義的な西欧文化への敵対物に変じ、恐ろしい結果を招来するであろうことを、予言したのである[8]。

　バーリンは、この思想の力を、講演『ロマン主義時代の政治思想』を準備する段階で実感していたと思われる。すなわち、バーリンがこの講演を行った1952年は、フィヒテやシェリングの狂信的な後継者が主導したナチス体制が終焉してから間もない頃であるし、スターリン最晩年におけるソヴィエト体制の諸政策が進行中であった[9]（スターリンが没するのは1953年）。こうした時代状況のなかで、バーリンは思想史家として、思想の力を過小評価することがないように読者に向けて警告していたのである。

7　Ibid., p. 167. 邦訳、299頁。

8　Ibid.

9　バーリンによると、20世紀の災禍をもたらしたのはマルクスに直接責任があるわけではない。19世紀のマルクスは、重要な問題があると信じ、自分がその問題を解決しようと、そして実際に解決したのだと考えた。それに対して、20世紀のレーニンやスターリンは、人間を悩ませてきた問題そのものを消してしまい、人間を「治療」しようとしたのである。Isaiah Berlin, 'Political Ideas in the Twentieth Century', in *Liberty, supra* note 1, pp. 72, 76-78, 82. 福田歓一訳「二十世紀の政治思想」、アイザィア・バーリン著・前掲注（1）『自由論』129, 136-140, 147頁。

第 6 章　バーリン『自由とその裏切り』
（1952 年）を読む

第 1 節　1952 年の二つの講演

　本章は、バーリンの自由論の形成を探るために、彼が英国 BBC ラジオで行った講演『自由とその裏切り——人間の自由に対する六人の敵[1]』（1952年、出版は 2002 年）を検討することを目的とする。

> ＊　以下では、バーリンの講演『自由とその裏切り（*Freedom and Its Betrayal*)』を FIB と略記し、参照する際に本文中に頁数と共に記す。

　この講演は、彼が同年に行った別の講演『ロマン主義時代の政治思想[2]』（1952 年、出版は 2006 年）と内容が重なっている。ただし、『自由とその裏切り』では個別の論者が取り上げられているのに対して、『ロマン主義時代の政治思想』ではテーマごと（政治哲学の性質、自由論、歴史哲学）に議論がなされている。前者——『自由とその裏切り』——で扱われる個別の論者とは、エルヴェシウス、ルソー、フィヒテ、ヘーゲル、サン゠シモン、ド・メストルの六人である。なお、後者では紛失した箇所（サン゠シモンおよびド・メストルにかんする講演原稿）があるが、前者で補うことができる。

　本章では、バーリンの『自由とその裏切り』に注目することで、そこに、彼の後の教授就任講演「二つの自由概念[3]」（1958 年）での二つの自由概念の

1　Isaiah Berlin, *Freedom and Its Betrayal: Six Enemies of Human Liberty*, edited by Henry Hardy（Princeton and Oxford: Princeton University Press, 2002). 1952 年に BBC ラジオで講演がなされたときの表題は 'Six Enemies of Human Liberty' であった。

2　Isaiah Berlin, *Political Ideas in the Romantic Age: Their Rise and Influence on Modern Thought*, edited by Henry Hardy（London: Chatto & Windus, 2006). 同書の内容については、本書の第 3、4、5 章で検討を行っている。

114 第6章 バーリン『自由とその裏切り』（1952年）を読む

区別や価値多元論[4]が提示されているかについて、検討することにしたい。あるいは、そこに、彼の後のオーギュスト・コント記念講義「歴史の必然性」（1953年）での決定論（決定論と自由の問題）にかんする議論が提示されているかについても、検討したい。

　なお、以下では特に断らない限り、基本的に同書におけるバーリンの議論を整理することにする。筆者の見解を示すときは、それと分かるような記述を行うこととする。

第2節　「序論」

　まずは、『自由とその裏切り』の「序論」を確認しよう。

　バーリンによると、彼の扱う六人の思想家は、フランス革命の前後の人物である。彼らが扱ったのは、政治哲学や道徳哲学の問題である。政治哲学や道徳哲学の扱う問題の領域は広いが、以下が重要である。「なぜ人間は他の人間に従うべきなのか」。「なぜ人間は別の人間ないし集団に従うべきなのか」。政治哲学は、記述的（descriptive）な政治理論や社会学とは異なる。政治哲学の主要問題は、「なぜ誰かが別の人に従うべき（should）なのか」である（FIB, p. 1）。

　バーリンが注目する六人の思想家は、エルヴェシウス、ルソー、フィヒテ、ヘーゲル、サン＝シモン、ド・メストルである。彼らはこの問題をごく近い時期に扱った。エルヴェシウスは1771年に、ヘーゲルは1831年にそれぞれ死んだ。偉大な思想家は多いが、プラトン、アウグスティヌス、ダンテ、マキアヴェッリ、グロチウス、フッカー、ホッブズ、ロックを理解するためには、ある種の翻訳が必要である。それに対して、バーリンが扱う六人の思想家は、今日のわれわれに直接語りかける言語で語っている（FIB, pp. 1

3　Isaiah Berlin, 'Two Concepts of Liberty', in Isaiah Berlin, *Liberty*, edited by Henry Hardy（Oxford: Oxford University Press, 2002）。生松敬三訳「二つの自由概念」小川晃一・小池銈・福田歓一・生松敬三共訳『自由論』（みすず書房、1971年）。

4　バーリンによる二つの自由概念の区別と、彼の価値多元論については、さしあたり拙著『バーリンの自由論——多元論的リベラリズムの系譜』（勁草書房、2008年）を参照。

第2節 「序論」 115

-2)。

　ところで、思想家には、以前から存する問題に答えることによって偉大な者がいる。例えばバークリーやヒューム、職業的な哲学者ではないがトクヴィル、作家のトルストイである。それに対して、思想家のなかには、問題の性質を変えることによって偉大である者もいる。問題が修正されることによって、解決はもはや必要とされないことになる。例えば、プラトン、パスカル、カント、ドストエフスキーである（FIB, p. 4）。

　バーリンは、自分が扱う六人の思想家が、以上の二つの意味での天才であるとは考えない。彼らに影響を受けた者たちは、彼らの議論そのものに影響を受けたのではなく、彼らの議論によって、自らの物の見方が突如として変化したのであった。ゆえに、この六人は取り扱うに値するものとされる（FIB, pp. 4-5）。

　六人の思想家に共通する別の側面がある。彼らは人間の自由（human liberty）の問題について論じるが、おそらくド・メストルを除いて、自由を好ましいと考えている。彼らのなかには、真の自由の真の擁護者を自認する者もいる。しかし、彼らの教説は、個人の自由や政治的自由によって通常意味されるものに敵対的である。通常意味されるものとは、イングランドやフランスの自由主義的な思想家たちによって唱道されている自由のことである。あるいは、例えばロック、ペイン、フンボルトや、フランス革命期の自由主義的な思想家たち、例えばコンドルセや、革命後のコンスタン、スタール夫人、あるいは J. S. ミルらのものである。ミルによると、自由の中味は、自分の望むように自分の人生を自由に形成する権利であり、人々ができる限り自分の性質を発展させる環境を作り出すことである。このためには、他者も同じ権利によって保護する必要がある。全員が同じ防御手段で保護されるのである（FIB, p. 5）。

　この意味で、六人の思想家は、（ミルたちが念頭に置く意味での）自由に敵対的である。彼らの教説は、自由と敵対しており、彼らの人類への影響は、19 世紀だけでなく 20 世紀でも反自由主義的な意味で強力である（FIB, p. 5）。

　さて、バーリンはここで政治哲学の主要問題に戻る。なぜ人間は他者に従

うべきなのか。エルヴェシウスが著述をはじめる前の時代までは、この問題は様々に答えられた。しかし、様々な答えを出した人々は、ニュートンによって凌駕されてしまった。ニュートンは物理学的自然のすべてを適切かつ完璧に説明している、彼はすべてを関係づけて調和させる法則や原理があると説明している、と考えられたのである（FIB, p. 6）。

　政治学の領域や、道徳の領域では、こうした原理や権威は明白には発見されなかった。なぜ他者に従うべきなのか、という問題には多くの答えがあった。しかし、科学的方法によって物理学や天文学などの問題が解決されるのであれば、なぜわれわれは政治や道徳の問題について、衝突する多数の意見の混乱に見舞われるのか。こうした問題に取り組んだ人々の一人が、バーリンが最初に扱うエルヴェシウスである（FIB, pp. 7, 9-10）。

第3節　エルヴェシウス

　エルヴェシウスはフランスの哲学者である。

　バーリンによると、エルヴェシウスの生涯の目的は、道徳の基礎を確定する単純な原理の探求であり、社会はどのように基礎づけられるべきか、人間はいかに生きるべきか、という問題に答えることであった。その際エルヴェシウスは、ニュートンが物理学の領域で果たしたのと同じ程度の科学的権威をもって答えようとした。彼は、道徳的・政治的混沌に秩序を与えることのできる、偉大なる新しい科学を発見したと考えた。彼は自分が政治学のニュートンになると考えた（FIB, p. 12）。

　倫理や政治の幾何学とは何か。エルヴェシウスは答えを見つけたと思った。彼は、功利主義原理の最初の明白な定式化をなした。この原理に従えば、人が欲するものは快楽だけであり、避けたいものは苦痛である。快楽の追求と苦痛の回避は、人間に作用する唯一の動機である。この発見はエルヴェシウスをとても興奮させた。なぜなら彼は、それは自分に社会の生を理解するための鍵を与えると考えたからである。人間にとっての適切な問題は何か。人間は快楽を求めて苦痛を避けるのだから、人間は快楽を追求できているなら幸福なのである（FIB, pp. 13-14）。

第 3 節　エルヴェシウス　　117

　問題は、なぜ人間は幸福ではないのか、である。その問題への答えは、ど
のように快楽を得て、どのように苦痛を避けるかを、人々が知らないからで
ある。人々がこれを知らないのは、無知だからである。人々が無知なのは、
法が人々を人為的に無知のままにしているからである。人々は幸福になる権
利がある。哲学者の義務は、ある種の社会的衛生学を用いて、人々を治療す
ることである。エルヴェシウスによると、哲学者は建築家である。設計図は
すでにある。なぜなら、それは自然のなかに発見されているからである。そ
れは、快楽を探求して苦痛を避けることである（FIB, pp. 14-15）。

　バーリンによると、18 世紀の指導的な経済学者である「重農主義」の哲
学者たちは、同じように言っている。立法は法を作ることではなく、自然の
なかに発見されることを翻訳して法のなかに取り込むことである。人間の本
当の目的は既に与えられている。改革の目的は、快楽を最大化して苦痛を最
小化するための新しい制度を作ることである。ただし、制度だけでは不十分
である。というのも、人々は無知であり、感情や慣習の奴隷だからである。
そこで、治療が必要となる。どうやって治療するのか。人為的な操作によっ
てである。エルヴェシウスは自動的な進化を信じていなかった。人類を改良
しようとする意志と情熱をもった十分な数の啓蒙された人々がいれば、進化
が可能だと考えた。橋を作るためには、数学や力学や物理学が必要である。
国家を支配する人は、かなりの程度の人間学、社会学、心理学、道徳を知ら
ねばならない。人間がどのように機能し、どのような法が人間を機能させる
かを知るなら、その人は生み出したいものを生み出せるだろう（FIB, pp. 15
-16）。

　具体的にはどうすればよいのか。哲学者は何をすればよいのか。世界をど
うやって変化させるべきなのか。説得では無理である。なぜなら人は説得を
聞かないからである。もっと抜本的な手段を使わねばならない。立法を、人
間というロバのための鞭とニンジンのシステムを、使わねばならない。哲学
者は、権力を有したならば、幸福を追求する人に報いて、幸福を減らす人を
罰するような、人為的な制度を作らねばならないのである（FIB, pp. 16-
17）。

　なお、バーリンによると、ベンサムは自分がエルヴェシウスに負っている

ことを認めているが、ベンサムの言っていることで、エルヴェシウスに由来しないものはほとんどないのである（FIB, p. 20）。

　ともあれ、立法者の任務は、人間を作り替えて、無知の犠牲にならないようにすることである。人々の利益は、快楽の追求と苦痛の回避によって得られる利益となる（FIB, p. 22）。

　さて、バーリンによると、一つのことは明らかである。エルヴェシウスが描いた世界では、個人の自由はほとんどない、あるいはそれが存在する余地はまったくない。彼の世界では、人々は幸福になるが、自由の観念は消え去る。それが消えるのは、悪をなす自由が無くなるからである。全員が今や、良いことのみを行うように条件づけられているからである。われわれは、有益なもののみを追求するように訓練された動物と似たようなものになる。自由は、首尾良い教育によって、次第に除去されるのである（FIB, pp. 22-23）。

　結局、このすばらしい新世界（バーリンはオルダス・ハックスリーのディストピア小説『すばらしい新世界』を念頭に置いている）では、倫理と政治は自然科学である。特定の人々が法をうまく発見する。その人々が、道徳的政治的な知識と技術を習得し、権力を有する。そして、複数の究極の諸目的は互いに両立可能になる。それらは衝突しない。ただし、バーリンに言わせれば、この命題は人間の経験によって否定される。例えば、特定の人々にとって究極的な目的である自由は、別の人々にとって究極的な目的である平等と両立しないのである（FIB, p. 23）。

　筆者の理解では、バーリンはここで、エルヴェシウスの思想に一元論を見出し、彼自身は人間の経験に照らして価値多元論を擁護しているように思われる。このことは、本章の第9節で触れることにしたい。

第4節　ルソー

　バーリンが次に扱うのは、フランスで活躍（生まれはジュネーヴ共和国）した哲学者ルソーである。

　バーリンはまず、ルソーを偉大にしているのは何か、彼の独創的なところ

はどこなのか、という問いを提示する（FIB, pp. 27, 28）。例えばホッブズやロックは、権威と自由のあいだで何らかの譲歩（compromise）がなされるとした（FIB, p. 30）。

バーリンによると、ルソーの独創的な点は、以上のアプローチが正しくないと指摘したところにある。彼の自由の観念と、彼の権威の観念は、彼以外の思想家たちとはとても異なっている。彼は同じ言葉を用いるが、彼はそれにとても異なる意味を込めている。彼は、先人たちとは大いに異なって、言葉の意味を変化させているのである。例えば、自由、契約、自然の観念を変化させている（FIB, p. 31）。

自由について考えてみよう。ルソーにとって、自由の譲歩とは以下を意味する。「完全な自由を有することはできない。なぜなら、自由は無政府状態や混沌をもたらすからだ。逆に、完全な権威を有することはできない。なぜなら、個人の全面的な抑圧や、専制や暴政がもたらされるからだ。そこで、自由と権威のあいだで折り合いをつけねばならない。互いの譲歩が必要となる」。ルソーによると、この考えはまったく受け入れられない。なぜなら、ルソーにとって自由は絶対的な価値だからである。自由は個々の人間と同一である。人間が人間であるためには、人間は自由でなければならない（FIB, p. 31）。よって、ルソーにとって、自由は調整したり譲歩したりできるものではない。それは絶対的な価値であるから、それについて譲歩することはできないのである（FIB, p. 33）。

バーリンによると、ここまでは問題ない。しかし、ルソーによると、人間は社会で生活し、ルールに従っている。人間は、完全に自由であるはずなのに、自分の欲することをなすことが許されていないのである（FIB, p. 33）。さらに、ルソーはジュネーブの市民であり、カルヴァン主義の伝統に深く影響を受けていた。よって、生き方にかんするルールについての確固たる見解を有していた。彼は、正しい生き方や、間違った生き方があると考えていた（FIB, p. 34）。ルソーによると、法やルールは慣習ではない。功利主義的な道具でもない。法は人間にとって本来的なものであり、自然科学の観察対象でもない。人間が従う道徳的な法は、絶対的であり、人間はそれから離れるべきではないと知っている。この点で、ルソーの見解はカルヴァン主義の世俗

主義的な見方である。法は、慣習でもなければ功利主義的な道具でもない。それは、人間が作ったものではなく、永遠で普遍的で絶対的なものである（FIB, p. 35）。

　ここにパラドックスがある。われわれは二つの絶対的価値を有する。自由の絶対的価値と、正しいルールの絶対的価値である。両者が互いに対して譲歩することは許されていない。自由を制限することは、人間の不滅の魂を殺すことである。ルールを制限することは、絶対的に誤っていることや絶対的な悪を認めることである。これは、ルソーが直面したディレンマである（FIB, pp. 35-36）。

　ルソーの世界的に有名な答えは『社会契約論』（1762年）で提示された。彼は明らかに、「自由」対「道徳的権威」のディレンマに苦しんでいた。しかし、あるとき突然、解決策を思いついた。そのときの興奮ぶりは手紙に記されている。彼は、獄中のディドロに会いに行く道中で、その解決策を突如として思いついたのである（FIB, pp. 36-37）。

　解決策とは何か。ルソーは、ただ一つの点で交差する二本の直線について語る幾何学者のようである。自由があり、権威がある。両者が互いに譲歩することは無理だし、それは論理的に不可能である。両者をどうやって両立させればよいのか。答えは単純であり、奇妙である。すなわち、譲歩の問題は存在しない。問題は、両立可能かではなく、二つの価値はまったく対立しておらず、二つではなく一つの価値しかない、ということなのだ。自由と権威は衝突することができない。なぜならそれらは一つ（one）だからである。両者は一致する。同じコインの表と裏である。自由と権威は一体化しているから、個人の自由を有しつつ、それを権威によって完全に統制することが可能である。あなたがもっと自由なら、あなたはもっと多くの権威を有しており、その権威にもっと従う。もっと自由なら、もっと統制されるのである（FIB, pp. 37-38）。

　権威と自由のこのような神秘的な交錯点はどのようにして獲得されるのか。ルソーの解決策はこうである。自由は、自分が欲するものの達成を、他の人々によって妨げられないことである。私が欲するものは、私にとって善いものであり、私の本性を満足させるものである。さて、ルソーによると、

第4節　ルソー　　121

自然は調和的であるから、私が真に欲するものは、他の人々が真に欲するものと衝突しない。人々は、他者と異なる目的を追求しない。人々は、一つの単一の目的を追求するのである。ここにおいて、国家のすべての構成員は「一般意志」を共有することになる。この一般意志は、人間の最も深い部分に浸透しており、人間の意志だけでなく行動にも影響を与えている（FIB, pp. 38-39)。

　なお、バーリンはここで、人々が一つの単一の目的を追求するというルソーの見解に触れているが、それはバーリンの言う一元論であると思われる。バーリン自身は価値多元論を擁護しているが、このことは本章の第9節で触れることにしたい。

　さて、ルソーは、社会が人々に自由であるように強制する権利について、言及している。ルソーにとって、人に自由であることを強制するとは、合理的な仕方で振る舞うように強制することである。なぜなら、人は自分が欲することをなす場合に自由であるが、自分が真に欲するものは合理的な目的だからである。もしもある人が合理的な目的を欲していないなら、その人が欲しているのは真の自由ではなく、間違った自由である。そこで、私はその人が幸せになるような事柄を強制する。その人は私に、本当の自我が何であるかを自分に教えてくれたとして、感謝する。これがルソーの教説の核心である。ジャコバン派、ロベスピエール、ヒトラー、ムッソリーニ、共産主義者たちはみな、これと同じ議論の仕方をする。すなわち、人々は本当に欲するものを知らない。よって、本当に欲するものを欲するようにしてやることで、われわれは人々に「本当に」欲するものを与えている。犯罪者を処刑し、私の意志に従わせ、異端審問にかけて、拷問したり殺したりするときも、私は人々にとって良いことをしているだけでなく、本人たちが本当に欲していることをしているのである。本人たちがそれを否定するとき、本人たちは自分たちが何者であり、何を欲しており、世界がどのようになっているかを分かっていない。これがルソーの中心的教説であり、それは絶対的自由の観念から、次第に、絶対的な専制に到達する。人々に選択をさせる理由はない。もちろん、人々は選択をすべきである。選択しなければ自由ではないからである。しかし、もしも正しい選択肢を選ばなければ、もしも間違った

選択肢を選ぶならば、それは本当の自我が機能していないからである。人々が、自分たちの真の自我を知らないのに対して、私は、賢くて合理的で慈悲深い立法者であるから、人々の真の自我を知っているのである（FIB, p. 47）。

　バーリンによると、ルソーが政治思想家として生きているのはこの点においてである。その教説は、善と悪の両方をもたらしてきた。善については、自由がなければ生きるに値する社会は存在しないということを、彼が強調した点にある。悪については、真の自我という神話を作り出した点にある。本人たちの真の自我という名目で、私は人々を強制するのを許されるのである。あなたは自分が自由であり、これを欲していると思っているだろうが、私の方があなたのことをよく知っているから、私があなたを自由にする。これは、人間が、政治的自由や経済的自由を失いつつも、より高次の、より深淵で、より合理的で、より自然な意味で自由になっているという、悪質なパラドックスである。結局、独裁者や、国家や、議会や、超越的な権威だけが、最も制約されていない自由は最も強固で人々を奴隷にするような権威と一致する、ということを知っているのである（FIB, pp. 48-49）。

　バーリンによると、この大いなる倒錯によって、ルソーはこれまでのどの思想家よりも責任がある。19世紀および20世紀におけるその帰結は、詳細に述べる必要はないだろう。それはいまだにわれわれと共に存在している。その意味で、人間の自由を最も強固かつ情熱的に愛したルソーが、近代思想の歴史における自由の最も険悪で手強い敵の一人であったのは、まったく奇妙なことではない（FIB, p. 49）。

第5節　フィヒテ

　バーリンは次にドイツの哲学者であるフィヒテを取り上げる。

　バーリンによると、ドイツの思想家のなかでフィヒテほど、18世紀末から19世紀にかけての西ヨーロッパの（すなわち、主としてイングランド、フランス、アメリカの）思想家たちの自由観念と著しい対照をなす、そして意見の不一致を伴う自由観念を、提示した者はいなかった。もしもあなたが1800年から1820年頃にヨーロッパを旅したならば、ヨーロッパの東（the

East）と西（the West）（片やドイツおよびオーストリア、片やフランスおよびイングランド）で、「自由」という言葉に別の意味が込められていることに、驚いたことであろう（FIB, p. 50）。

この時期の「西」の主要な政治的著作者たち、例えばコンドルセ、トマス・ペイン、コンスタンたちの主要な関心事は、個人の自由を、他の個人の侵害から守ることであった。これらの思想家が自由によって意味するのは、非干渉（non-interference）であり、それは根源的に消極的な概念（negative concept）である。これは偉大な古典的論文の主題であった。すなわち、ジョン・スチュアート・ミルの自由にかんする論文（『自由論』1859 年）は今日に至るまで、最も雄弁で、最も誠実で、最も説得力のある、個人の自由の擁護である（FIB, pp. 50, 52）。

しかし、これとは別の自由の観念が存在する。それはドイツで開花したものであり、バーリンはそれに注目する。ドイツ人にとって、自由は、世界の強固な必然性からの自由を意味するであろう。ある程度、この理解は 18 世紀のドイツの政治状況に由来する。ドイツ人は、17 世紀のフランスに対する敗戦、政治的な分裂、経済の破綻、三十年戦争後の平均的なドイツ市民の蒙昧さと後進性のゆえに、恐るべき屈辱に苦しんでいた。もう一つの重要な要素は、ドイツ人の、君主の恣意的な意志への絶対的依存であった。これはドイツ人に、勝者たるフランス人や自由で誇り高いイングランド人に比して、自分たちは卑しい存在であるという感覚を与えた（FIB, p. 54）。

18 世紀のドイツは、古代ギリシアの都市国家が没落するときに、ストア派とエピクロス派が論争していたのと同じ雰囲気であった。あるいは、西暦一世紀ごろのストア派や初期のキリスト教徒たちが自分たちの教説に到達したときと同じ雰囲気であった。私が欲することは多いが、環境がそれを与えてくれない。そこで、外側の世界から自分を守るために、逆境が及ばない領域を建設せねばならない。私が得られないものに飛びつき、それを得ようと試みるのではなく、戦略的撤退をせねばならない。暴君が私からすべてを奪うとしても、私の財産を奪うとしても、させておけばよい。私がそれらを所持しようと欲さなければ、それらを奪われても残念な気持ちにはならない——それは奇妙な、内なる砦（inner citadel）への退却である（FIB, p. 55）。

124　第6章　バーリン『自由とその裏切り』（1952年）を読む

　さて、18世紀のドイツに戻ろう。カントは、フィヒテやドイツ・ロマン主義の哲学者たちや、ヨーロッパ的な意識全般に深い影響を与えた。カントによると、真なる理想は、道徳の法に従うことである。法が外部の力によって押しつけられるなら、私は自由ではなく、奴隷である。それに対して、もしも私がなすべきことを自分で命令するなら、私はもはや奴隷ではなく、自分自身を統制している。私は自分の行為の作者であり、それが自由なのである。人間にとって最重要の価値は、自分自身によって命令されることである。自分で自分に命令するからこそ、人間は自由なのである。結局、カントが言うには、世界で最も神聖なものは、肉体に宿っている自由かつ道徳的な精神的自我である（FIB, p. 57）。

　フィヒテは、個人は完全に自由でなければならないと主張した。私は完全に自分自身の創造物である。私は自然によって与えられた法を受け入れない。フィヒテにとって重要なのは、与えられるのではなく、私が自らに課すことなのである。法は、事実の領域から生まれるのではなく、私自身の自我から生まれる。私自身の自我とは、自分の理念や目的に従って、外側の世界に物事を作り出す自我である（FIB, pp. 62-63）。

　こうして、カントとフィヒテにおいては、道徳は発見されるものではなく、作り出されるものへと変化した。以前は自然を写し取っていたのが、今や自然を作り出し、それを変化させることとなった。自然は単なる素材なのである。ここにおいて、道徳は、特定の仕方で何かを企てることとなる。政治的活動もまた、ある種の自分自身の企てである。ナポレオンは、ヨーロッパの地図を書き換えるという企てを行ったが、彼はフランス、ドイツ、イタリア、ロシアの人間を型にはめて作り上げた（moulds）。それはちょうど、芸術家が自分の画材を、作曲家が音を、画家が色を、型にはめて形作るのと同じである。ナポレオンは、自分の個性を表現し、自らを主張し、自分の内なる理想に仕えているのだから、道徳の最高の表現者なのである（FIB, p. 66）。

　さて、フィヒテの思想には以下のような飛躍的進歩が存する。それは、孤立した個人から、真の主体ないし自我としての集団への進歩である。これはどのように起こったのか。人は、自分がやりたいことを他人から妨げられな

いときにだけ自由であり、自分の内なる自我が他人に影響されないときにだけ自由である。自我とは精神であるが、それは孤立した精神ではない。フィヒテはここで独特の結論へと進む。自我とは個々の人間ではなく、社会と関連する自我であり、人間の自我は歴史や伝統の産物であるだけでなく、他の人間に結びつけられた存在である。よって、自我は経験的な自我（特定の時代に生まれ、特定の物理的環境で特定の人生を送り、特定の日時に特定の場所で死んでいく自我）ではない。フィヒテはさらに、自我の神学的な考え方に進む。真の自由な自我は、肉体に服を着た、時空間の経験的な自我ではない。それは、すべての肉体に共通する超自我（a super-self）である。それは巨大で神聖な自我である。フィヒテは次第にこの超自我を、自然、神、歴史、国民と同一化する（FIB, pp. 66-67）。

　自然や征服者の手が及ばない内的理想に仕える孤立した個人という観念から出発し、フィヒテはやがて、個人は無であり、人間は社会や集団がなければ無である、という考え方に至る。彼が考えるには、個人は存在せず、消失せねばならない。集団のみが存在し、それのみが現実なのである（FIB, p. 67）。フィヒテはさらに進む。真の自我は、あなたや私ではない。特定の個人でも、特定の集団でもない。真の自我は、すべての人間に共通するものである。それは、意識を有する人間ですらなく、集合性（collectivity）——すなわち、人種、国民、人類なのである（FIB, p. 68）。

　結局、自由はどうなってしまうのか。個人の自由は、カントにおいては神聖な価値であるが、フィヒテにとっては超人格的なもの（something super-personal）によってなされる選択である。それ（超人格的なもの）が私を選ぶのであり、私がそれを選ぶのではない。それに黙って従うのは、特権であり、義務であり、自己を高めることであり、高い次元への自己超越的な上昇である。結局、自由とは、超自我（the super-self）への服従である。こうしてわれわれは、自由は服従であるという見解にたどり着いたのである（FIB, pp. 70-71）。

　バーリンは言う。われわれは、英仏的（the Anglo-French）な自由の観念から出発して、ずいぶん遠いところまで来てしまった。英仏的な観念とは、各自に自分自身の領域（自分が望むように善いことも悪いこともできる、小さい

126 第6章 バーリン『自由とその裏切り』（1952年）を読む

けれども奪うことのできない領域）を認め、選択することを認める（そして選択を神聖なものとみなす）観念のことである（FIB, p. 73）。

英仏的な自由の観念と、ドイツ的なそれは、19世紀のヨーロッパで広まっていた自由の二つの考え方である。どちらが真であり、どちらが誤っているのかというのは、底が浅くて答えようのない問いである。それらは両立不可能な二つの生の見解（自由主義的な見解と権威主義的な見解、開かれた見解と閉じた見解）であり、「自由」という言葉がその両者にとって真に中心的な象徴であることは、注目に値すると同時に不吉なことである（FIB, p. 73）。

第6節　ヘーゲル

バーリンは次に、ドイツの哲学者であるヘーゲルについて論じる。

バーリンによると、彼が論じている時代にはじまるすべての思想のなかで、ヘーゲルの体系はおそらく現代の思想に最大の影響を与えてきた。それは巨大な神話であり、照明の力とそれが触れるものを暗くする力を有する。それは明るさと暗さを有するが、暗さの方が大きいであろうけれども、それについての合意はない。いずれにせよ、それは巨大な暗い森であり、一度入ったら戻って来ないので誰もそこで何を見たかを語ったことがない。戻って来たとしても、ワーグナーの音楽に耽溺する人と同じく、暗い森から戻ってきた人々の耳は永遠にそれ以前のものとはとても違う音に順応している。結局、ヘーゲルの体系は新しい用語法によって人々を説得しているので、森から戻ってきた人々の見解が実際に何を意味するかは理解しにくい（FIB, p. 74）。

一つのことだけは確実である。ヘーゲルの継承者たちは言う。以前に自分たちは外側からしか見ていなかったが、いまや自分たちは内側から見ているのである、と。以前は単に表面だけを見ていたが、今では内なる実質を、内なる目的を見ている。ヘーゲルの後継者たちは「外側」の見方に対して「内側」の見方を有する。外側と内側の違いはヘーゲルの全体系を理解するために重要である（FIB, p. 74）。

物質的対象（テーブル、椅子、木、石）を見るとき、われわれはそれらを記

述したり分類したりできる。なぜ物事がこのようになっているかを問うとき、「なぜ」には二つの意味がある。「なぜテーブルは浮かばないのか」と問うとき、多くの物理学的事実がわれわれに提供されるだろう。しかし、異なる問いを発したと考えてみよう。「世界はなぜ、テーブルが浮かび上がらないように作られているのだろう」。この「なぜ」は、起こったことを繰り返すことでは答えられない（FIB, pp. 74-75）。

　ヘーゲルは、科学者が答えることのできるような「なぜ」ではなく、世界にかんする「なぜ」の「より深い」意味（'deeper' sense of 'Why?'）での問いに対して、自分の見解を提示しようとしたのである（FIB, p. 79）。

　ヘーゲルは、この見解を提示するために、世界は実は世界精神の自己発展であると述べた。世界精神は、個人の精神と類似しているけれども、それは世界全体を包摂し、それと一体化している。人間が目的・意図・方向性をもっているように、世界の巨大な精神活動も目的・意図・方向性をもっている。われわれは、石やテーブルについて理解するのとは異なる意味で、他の人間が何であるかを理解することができる。なぜなら、われわれは、この一般的な精神に参加しているからである。すなわち、同じ人間として、他の人間が何であるかについての形而上学的な把握（ある種のテレパシー的な洞察）ができるからである（FIB, pp. 79-80）。

　さらにヘーゲルによると、歴史こそが、人間の経験についての説明である。テーブルと椅子は歴史をもたない。なぜならそれらは経験しないからである。歴史とは物語である。それは、人間の創造、人間の想像、人間の意志、意図、感覚、目的、および人間が行ったり感じたりするすべてにかんする物語である。人間の歴史は、われわれが感じたり、考えたり、特定の仕方で活動したりすることによって、われわれが創造するものである。われわれは、歴史を創造することによって、歴史について理解するのである。だからこそ、歴史についての理解は「内側」の見方であり、テーブルや椅子についての理解は「外側」の見方なのである（FIB, pp. 80-81）。

　なお、われわれ人間がお互いを理解できたとして、われわれには説明できない「単なる」事実（'mere' fact）が残る。この「単なる」事実を説明して理解するには、それを、目的を有する体系に関連づけたり、パターンに当て

はめたりせねばならない。しかし、そもそもパターンとは何か。パターンとは目的を有する何かである。絵はパターンを有する。なぜなら誰かが目的をもって描いたからである。われわれはパターンを把握しなければ、「理解」することができないのである（FIB, p. 81）。

　ここで更なる問いが生じる。「精神はどのように作用するのか。そのメカニズムは何なのか。パターンとは何なのか」。ヘーゲルは、自分はその問題の答えをみつけたと考えた。精神は、彼の言う弁証法に従って作用する。例えば、ある考えが別の考えと衝突し、そこから新しい考えが生まれる。すなわち、テーゼ（定立）とアンチテーゼ（反定立）が衝突し、そこからジンテーゼ（総合）が生まれるのである。ヘーゲルに従えば、これが、世界がどのように作用するかの説明である。世界がそのように作用するのは、世界が思想やあらゆる種類の意識活動においてこのように働くのは、それがパターンだからである（FIB, pp. 82–83）。

　さて、古代ローマと現代のイタリアは、物理的には同じ国である。周囲の海は同じように影響を与え、天候も大きくは変化していない。しかし、現代のイタリアは古代ローマとは完全に異なっている。もしも人間が、外部の因果関係の影響下にあるなら、こうした差異や成長は説明できない。そうした説明をできるのは弁証法だけである。テーゼとアンチテーゼの衝突は、進歩の原因である。ジンテーゼは不死鳥のように、テーゼとアンチテーゼの灰のなかから生まれるのである（FIB, pp. 83–84）。

　進歩が起こると、次の緊張が高まり、次の跳躍が起こる。ヘーゲルにとって、これこそが歴史である。生において衝突は避けられないが、衝突（国家と国家の、制度と制度の、芸術の一つの形態と別の形態の、文化運動と別の文化運動とのあいだの衝突）がなければ、いかなる動向も生まれない。摩擦がなければ、死が存在することになるだろう。ヘーゲルにとって、衝突は、発展、成長、これから起こることの徴候なのである（FIB, pp. 84–85）。

　あるときには、発展は国家活動の形態で起こる。またあるときには、発展は一人の英雄によって引き起こされる。アレキサンダー大王、カエサル、ナポレオンなどである。たしかに、これらの人物は多くを破壊した。多くの苦しみを生み出した。しかしそれは、その後に起こることに先立つ避けがたい

ことであった。摩擦がなければ進歩はない。ヘーゲルの前にはカントが、カントの前にはマンデヴィルが、そしてヴィーコが、すでにこのようなことを述べていた（FIB, p. 85）。

　さて、ここで問題が生じる。歴史が合理的プロセスであるとして、それはどういうことであろうか。ヘーゲルにとって、あるプロセスが合理的であるとは、そのプロセスが避けられない（inevitable）ということである。例えば、小学生は、2 × 2 ＝ 4 だということを理解するとき、答えはそれ以外はありえないということを理解している。それと同じく、ヘーゲルが示唆するには、われわれが歴史を学ぶときに、十分に合理的なレベルで歴史について理解しはじめると、歴史的な出来事がどのように起こったかだけでなく、それはそのようにしか起こりえなかったのだ、それは必然的にそうなったのだ、と理解するようになる（FIB, pp. 85-86）。

　すべてがそのようになると理解すると、他のようにあってほしいという望みは失われるであろう。例えば、2 × 2 ＝ 4 であると理解すると、他ではありえないと考え、さらにそうであって欲しい（他ではありえないで欲しい）と思うようになる。数学のルールが、推論のルールと同一化し、あなたの思考や行動の仕方と同一化するのである（FIB, p. 86）。

　ヘーゲルにとって、この同一化の観念は重要である。すなわち、一般的なルールについても、他ではありえないと感じるようになり、やがてそのルールを自らと同一化するようになるのである（FIB, p. 87）。

　さて、ここに問題が生じる。すべてが厳格に決まっているのであれば、なぜ私は自由なのか。ヘーゲルはこの問題を解決したと考えた。すなわち、世界は弁証法的に発展する。もしも私がそのことを理解したら、私はそのことに反論することはできない。結局、人間の自由とは何か。私は、世界を統べる法則に反さないならば、自分の望みを達成できる。そのルールを否定すれば、私は必然的に敗れる。歴史的に言って、私がうまくやって行きたいなら、自分が法則に反さないようにしなければならない。しかし、もしも歴史の法則が、私自身の思考の本質と同一化しているならば、私は常に、自分の欲することを達成できる。すべてがあなたの欲するとおりに進むならば、そして、何もあなたを邪魔しないならば、それは完全な自由である。われわれ

は、世界の合理的な原理と自分自身を同一化させる範囲で、完全に自由なのである。ヘーゲルにおいては、歴史は、勝者の目を通して見られている。勝利することは、歴史の流れの正しい側にいることである。敗者は、もしも歴史的な出来事を正しく理解していたならば、負けることはなかったであろう（FIB, pp. 88-90）。

バーリンによると、ヘーゲルは結局のところ、人類の思考を長い間占めることになる巨大な体系を創造した。自由は、厳格なパターンにおいては存在しえない。ヘーゲル的な自由は、あなたが干渉によってすべてを征服ないし保有される前に、その干渉を自分の側から征服ないし保有することであり、さらに、世界の支配者となることである。なお、自分が支配者になれないとしたら、あなたにできることはせいぜい、自分の苦しみに不平を言ったり嘆いたりするのではなく、あなたがそのような苦しみに陥る理由を理解しようと努めて、その苦しみを歓待することである。ただし、バーリンに言わせれば、苦しみの歓待は自由ではないのである（FIB, p. 103）。

第7節　サン＝シモン

バーリンは次に、フランスの社会主義思想家であるサン＝シモンを取り上げる。

バーリンによると、サン＝シモンは西洋の歴史主義の父である。サン＝シモンは18世紀の非歴史的な方法を批判し、独自の歴史解釈を推し進め、それは19世紀の偉大なフランス歴史学派の源泉となった。また、彼の歴史解釈は、同時代のドイツ観念論者たちが提示した観念的な図式とは異なる、具体的な歴史を記すための武器となった。サン＝シモンは、バーリンが言うところの、歴史の技術的解釈の父でもある。これは、マルクスと結びつけられる唯物論的解釈と同じというわけではないが、共通する部分もある。サン＝シモンははじめて、経済的要素を歴史に取り入れたのであった（FIB, pp. 106-107）。

サン＝シモンは、エリートによる社会統治という考えを創出した。もちろんそうした考えは、彼以前にもプラトンのような思想家たちが提唱してい

た。しかし、社会が民主的にではなく、同時代の技術的必要性や技術的可能性を理解しているエリートによって統治されるべきであると主張したのは、サン＝シモンがはじめてであった（FIB, p. 107）。

　サン＝シモンは、18世紀に特徴的な言葉（市民社会、人権、自然権、民主主義、自由放任主義、個人主義、ナショナリズムなど）を、最も厳しく攻撃した人物の一人である。賢者が社会を指導するという見解と、人々が自己統治するという見解は両立できない。よって、彼は18世紀の自由主義的理念を攻撃したのである（FIB, p. 108）。

　サン＝シモンと彼の同時代人が関心を寄せた問題は、フランス革命の失敗であった（FIB, p. 109）。彼は当初は改革者に共感を抱いていたが、革命はやがて恐怖政治と化してしまった。彼は恐怖政治を生き延びたものの、財産は没収されたのである（FIB, pp. 110-111）。

　なぜフランス革命は失敗したのか――この問いについてのサン＝シモンの仮説はおそらく最も独創的である。なぜ失敗したのか。この問いについて、自由主義者や保守主義者がそれぞれの説明をしている。サン＝シモンの説明は、ヘーゲルの説明に似ているが、より具体的であり、生きている人間や現実の歴史に関係している。人間は、自然を利用するためには、道具（tools or weapons）をもたねばならない。その結果、人間の想像力や創作力や考え方は、自然を支配するために最適の道具の発見に向けられる。道具の発明は技術の進化をもたらし、技術の進化は階級を作り出す。それが階級を作り出すのは、道具を有する人々が道具を有さない人々を支配するからである。この単純な原理は、マルクスがサン＝シモンから（すべてではないにしても）借用したものある。一つの階級が道具を発明し、より多くを自然から得るなら、別の階級は次第に、自分たちは優越的なエリートによって支配されていると考えるようになる。ただ、支配される側の階級は、そのまま支配され続けるわけではなく、自分たちも自然から多くを得られるような道具を作り出す。すべてのエリートがそうであるが、やがてエリートは時代遅れになり、その考えは凝り固まって行き、低い階級によって屈服させられる（FIB, pp. 112-113）。

　さて、古い制度が新しいニーズを満足させられなくなると、古い制度は陳

132　第6章　バーリン『自由とその裏切り』（1952年）を読む

腐化し、その制度を壊す人物が登場する。これが革命である。革命は常に、完全に時代遅れになったものを捨て去るために、誰かが立ち上がらねばならないということを意味する。サン゠シモンにとって、歴史にはある種のリズムがある。彼の弟子たちが言うには、歴史には、有機的（organic）な時期と危機的な時期がある。有機的な時期には、人々は一体化している。危機的な時期には、人々の機会やニーズを最大化する取り決めが廃れて、制度が進歩の障害となり、人間は自分たちの欲するものが実際に得ているものと違っていると考えるようになる。そのとき、自らが閉じ込められている殻を打ち破る新しい精神が登場する（FIB, pp. 116-117）。

　危機的な時期は、破壊が建設に優越する時期である。それはサン゠シモンにとって望ましくないことであったが、とはいえそれを避けることはできないのである（FIB, p. 117）。

　さて、フランス革命は、長きにわたる苦しい時期の最後に起こった。産業や商業が発展し、経済が変化していたにもかかわらず、統治する者はそのことにほとんど注意していなかった。フランス政府は、他の国家と同じく、変化に応じて前進してはいなかった。その結果として、財政は破綻した。そのときまでに実権を握っていた第三階級は、妥協する必要はないことに気づいた。自分たちは権力を握っている。あとはそれを使うだけである。話し合いの必要はない。こうして革命が起こった（FIB, pp. 118-119）。

　要するに、サン゠シモンはフランス革命を、階級意識に目覚めた中産階級の勃興として解釈した。中産階級は、いくつかの単純なルールを一掃すれば、自分たちに相応しい地位を手に入れることができる、自分たちの肩にのしかかる古くからの階級（聖職者、貴族、軍隊）を完全に排除できる、と考えた。なお、法律家たちは、新しいブルジョワジー（中産階級）のための標語を提供した——ただし、バーリンに言わせれば、いかなる標語もやがて時代遅れになるのだが。ブルジョワジーのための標語は、「すべての権力を人民へ」、「人間の自由」といったものである。これらは、彼らが敵対していた反動主義者たちの標語と同じくらい空虚なものであった。ブルジョワジーたちが頼ることができたのは法律家だけだったので、法律家が革命のパンフレットを書き、ブルジョワジーが権力を握った。しかし、革命は失敗した。実

を言えば革命は、新しい人間によって、すなわち偉大な新しい実業家や新しい銀行家（bankers）——近代世界に属する人々——によって行われるべきであった（FIB, pp. 119-120）。

バーリンによると、ここにおいて、サン゠シモンは最も独創的で洞察に満ちた考えを提示する。すなわち、歴史的にみると、時代によって権力の配分のされ方は異なるが、中世において権力が配分されたのは、君主であり、軍人であり、僧侶であった。今日（サン゠シモンの時代）では、権力が配分されるべきなのは、科学者、実業家、銀行家、専門家である——すなわち、科学と産業を象徴する人々である。サン゠シモンはとくに、銀行家の重要性にこだわっていた。彼は歴史との類推で語るのであるが、それぞれの時代に社会を統一するものが存在する。彼の時代においては、それは銀行であった。信用取引は、全員をまとめる偉大な普遍的力だとされる（FIB, pp. 120-121）。

さて、サン゠シモンは自由に対して激しく敵対的であった。自由は滑稽な標語である。自由は常に組織を破壊する。自由は常に消極的（negative）なもの、すなわち外側からの圧力に反対するものである。しかし、全員が進歩的である進歩的な体制では、抑圧は存在せず、抵抗する相手も存在せず、城門を破壊するための槌を使う必要もない。自由は常に、物事を吹き飛ばすダイナマイトのようなものであるが、破壊的な時代と対比される建設的な時代には、ダイナマイトはいかなる目的のためにも用いられてはならない。よって、個人の自由は危険であり、抑圧されねばならないのである（FIB, p. 126）。

サン゠シモンは平等に対しても敵対的であった。平等は、合理的な政府によって秩序づけられた世界とは無縁の虐げられた大衆による、愚かな要請なのである（FIB, p. 126）。

サン゠シモンにとって、必要なのは自由や平等ではなく、博愛である。というのも、すべての人間はまさに同胞だからである。こうして彼は、新しいキリスト教の創設に向かう。すなわち、晩年の彼は、技術だけでは知ることができないものが存在しており、それを知るためには狂信的教団（cult）が必要であるとした。キリスト教の教会は、人間の悪しき本能を制御すると考えられているが、信仰が廃れてしまうと崩壊するだろう。そこで、新しい宗

教を、時代の要請に応える信仰を作らねばならない。彼は明確なことを語っていないが、何よりも結社と愛が重要であるとしている。実際、サン = シモンの党派（宗教的党派）の指導者は、サン = シモンの死後に、「あなたは私の一部であり、私はあなたの一部である」と述べた。その党派の構成員は特製のチュニック（制服）を着ていたが、そのチュニックは一人で着ることができず、背面の留め金を仲間に閉めてもらう必要があった（FIB, pp. 126-127）。

　サン = シモンは死の床で、弟子たちに対して、互いを愛し、助けあうようにと語っていた。さらに、自分の人生を一つの考えに集約するならば、それは、すべての人間に自分たちの能力を最も自由に発展させることである、とも述べていた。しかしながら、サン = シモンにとって自由は何のためにあるのか（FIB, p. 129）。

　バーリンによると、サン = シモンはこの問いにかんして不気味なことを言っている。すなわち、サン = シモンは、自分の思想が誰によって利用されるかについて、そして、それがいかに暴虐的に利用されるかについて、気にしていないというのである。ナポレオンであろうが、神聖同盟であろうが、ルイ 18 世であろうが、彼は無関心であった。彼はさらに以下のように述べている。自由にかんする議論は、中産階級を大いに惹きつけたけれども、それより下位の階級に対しては冷淡である。なぜなら、現在の文明状態では、権力を用いても、下位の階級には影響を与えることができないからである。下位の階級とは、最も貧しい階級のことであるが、その階級の人々は自由には関心がない。その階級の人々が欲しているのは、議会でも、自由でも、権利でもない。それらはブルジョワジーが欲するものである。下位の階級が欲しているのは靴である。自由ではなくパンや靴を——これはレーニンやスターリンに至る、非情なる左派の常套句となった。そしてこれは、寛大で、人間主義的で、高貴なサン = シモンに遡ることができるのである（FIB, pp. 129-130）。

第8節　ド・メストル

　バーリンは最後に、フランスの思想家・外交官であるド・メストルを取り

第 8 節　ド・メストル　135

上げる。

　バーリンによると、ド・メストルは恐ろしい人であった。それは、本人ではなく、彼が書いた内容が恐ろしいのであった。彼はサルデーニャ王国の外交官としてロシア（サンクトペテルブルグ）にいたので、彼が最も活躍した時期に直接会った人は少なかった（FIB, p. 131）。

　ド・メストルの任務は、彼自身の自己理解によれば、18 世紀が作り上げたすべてを破壊することであった。バーリンはこのことを、ド・メストルの経歴を通して説明している。ド・メストルは、当時はピエモンテ州サラデーニャ王国の一部であった、サヴォワのシャンベリで生まれた。フランス革命の勃発時に、彼は既に 30 歳を超えていた。彼は、革命を経験した他の人々（例えばサン＝シモン、シラー、ヘーゲル）と同じく、革命に激しく反対した。彼はジャコバン派の暴力を終生忘れなかった。その暴力は彼を、フランス革命を作り上げた力と関連するすべてのものへの執念深い敵対者にした。すべてのものとは、自由主義的、民主主義的、高尚なものすべてであり、知識人、評論家、科学者と関連するすべてである（FIB, p. 133）。

　バーリンによると、ド・メストルは、18 世紀の合理主義を容赦なく攻撃した。彼は、「18 世紀の哲学者たちの天上の街」を破壊しようとした。それを地上に引きずり落とし、根こぎにしようとしたのである（FIB, p. 136）。

　ド・メストルの根源的教説はこうである。自然は野蛮である。自然の光景は殺戮と破壊である。18 世紀の人間は、自然が何であるかを発見するために、形而上学や、論理学や、幾何学さえも参照した。それらは自然についてのわれわれの知識の源泉ではない。彼が言うには、本を読んではならない。自然を、われわれ自身を見よう。歴史を、そして動物学を研究しよう。それらこそが、自然への真の先導者である。では、われわれは何を見ればよいのか。ド・メストルは、暴力や暴力的な死に言及している。彼はさらに、人間は衣食を得るために、自分を守るために、殺すのであるとも述べている（FIB, pp. 137−138）。

　もちろん、人間は愛するために生まれた。しかし、兵士は、自分の家では優しくて徳があって神を敬い礼儀正しいが、戦場では相手の兵士を、自分と同じくらい罪のない相手の兵士を、躊躇なく殺すのである。ド・メストルが

136 第6章 バーリン『自由とその裏切り』(1952年) を読む

言うには、戦争はある意味で神聖である。なぜなら、それは世界の摂理（the law）だからである。もしもあなたが、なぜ人々が特定の仕方で振る舞うのかを理解したければ、あなたはその答えを非合理的な領域に見出さねばならない（FIB, pp. 138-139）。

ド・メストルは戦争の光景に魅力を感じている。彼は、戦場について考えてみようと言っている。人々が思い描く戦場は、計画された仕方で物事が起こる場所である。司令官は命令し、戦士は行進し、武器の優劣や将軍の巧みな戦術によって勝敗が決する。しかし、これはまったく正しくない。実際の戦争について見てみよう。もう一度繰り返せば、書物ではなく生（life）に注目しよう。動物学と歴史がド・メストルの師なのである。戦場に到着したとき、あなたは秩序ある戦いや、戦略の遂行を目にしない。あなたが目にするのは、恐ろしい雑音、混乱、殺戮、死、廃墟、負傷者の悲鳴、死にゆく者のうめき声である。将軍は勝っているか負けているかが分からない。誰も分からない。勝利は合理的計算によってではなく、精神の力（moral force）によってもたらされる。自分たちは勝っていると感じる人々によってもたらされる。非合理的な内的確信によって勝利がもたらされる。戦っているときは、計算は役に立たない。勝利は心理的にもたらされる。信念の活動によってもたらされるのである（FIB, pp. 139-140）。

なお、バーリンによると、トルストイは『戦争と平和』において戦場を描写するときに、ド・メストルの著述に忠実に従っていた（FIB, p. 140）。

さて、人間は本来的に悪意があり、邪悪で、臆病で、悪である。教会やキリスト教が、原罪について述べたことは、人間本性の真なる心理学的洞察である。人間は互いに涙することもある。しかし、ド・メストルは完全に同時代に敵対していた。彼は人間を、自らを破壊するものとみなした。彼は人間本性を、根源的に自己破滅的なものと捉える。人間本性を、強制しコントロールすべきものと考えるのである（FIB, p. 141）。

18世紀の主要な観念は、社会は、できるだけ幸福で自由に暮らしたいと考える人々が互いに承認し合うことによって作られる、というものである。この観念を、ド・メストルは根源的かつ感情的に否定する。彼が言うには、社会はそのように作られていない。社会は自己犠牲の上に作られている。な

第8節　ド・メストル　　137

ぜ兵士が戦場に行くのか。その理由を兵士は知らない。戦争が起これば、無実の人間は虐殺され、多数の者が家族のもとに帰らないが、それでも人々は命令に従う。それはなぜなのかを、われわれは答えることができない。それは、その問いが非合理的なものだからである（FIB, pp. 144–145）。

　バーリンによると、ラムネー（19世紀フランスの思想家）はド・メストルの有名な文章にかんして、彼ほど高貴な人物が人生で二つの現実しか知らなかったのは奇妙だ、と述べた。二つの現実とは、犯罪と刑罰である。ラムネーは言う。「彼の全著作は処刑場で書かれているかのようだ」。しかし、バーリンが言うには、ド・メストルの文章は残酷なだけではない。それは彼の確信の表明であり、彼の情熱的で明確な思想と整合的である。彼の思想とは、人間は権威の恐怖に取り囲まれることによってのみ救われうる、という思想である。人間は常に、天地創造の核心をなす恐るべき神秘を思い出さねばならない。終わりなき苦しみによって浄められねばならない。自らの愚かさ、悪意、救いようのなさを知ることで謙虚にならねばならない。戦争、拷問、苦痛は、人間の逃れられない宿命なのである（FIB, p. 149）。

　さて、ド・メストルにとって真に魅力的なのは権力である。権力は神聖である。それは生の、すべての活動の源泉である。それは人類の発展の最重要の源泉である。権力が実際にどこにあるのかを理解することは、政治的・道徳的な洞察であり賢慮である。権力に抵抗することは犯罪的な子どもじみたことであり、人間の将来に反しているのである（FIB, pp. 151–152）。

　奇妙なことだが、ド・メストルはジャコバン派を認める。すなわち、空虚さがあれば埋めねばならない。王がいなくなれば、その空虚をジャコバン派が埋めねばならない。空虚ができた瞬間に、ジャコバン派が何かをする。少なくとも誰かを殺す。ギロチンを設置して死刑にする。血を流す。ド・メストルは、それは権力の行使であり、社会を統合し、物事を統合するものであるとして、ジャコバン派を認めるのである。ジャコバン派がフランスを一つにし、それを強力な国家にし、外敵に対して抵抗するなら、それは知的なたわごとよりもましなのである。バーリンが言うには、これはド・メストルにおけるファシズム的な著述である（FIB, p. 152）。ある意味で、ド・メストルはファシズムの先駆者ないし唱道者であった。だからこそ彼はバーリンにと

138   第6章　バーリン『自由とその裏切り』（1952年）を読む

って興味深いのである（FIB, p. 153）。

　バーリンによると、ド・メストルは、自由を今なお脅かし続けている、最も暴力的で最も破壊的な力の予言者として、感謝されるべきである。すなわち、自由はその支持者だけでなく批判者も必要とするということを、肝に銘じておかねばならないのである（FIB, p. 154）。

第9節　『自由とその裏切り』の意義

　以上で、バーリンのBBCラジオでの講演『自由とその裏切り』（1952年）の内容を整理してきた。以下では、この講演が、彼のその後の教授就任講演「二つの自由概念」（1958年）における自由論（二つの自由概念の区別）および価値多元論を準備したものか、という問題について検討する。

　まずは、『自由とその裏切り』が「二つの自由概念」における自由論（積極的自由と消極的自由の区別）を準備したのか、という問題について考えてみよう。

　『自由とその裏切り』を読むと、積極的自由と消極的自由という二つの自由概念の区別は出てこない。ただ、「〔西ヨーロッパの思想家たち〕が自由によって意味していたのは干渉がないことであった――それは根源的に消極的な概念（negative concept）である」という表現はみられる。さらにそれは J. S. ミルの考えとして紹介されている（FIB, p. 52）。よって、『自由とその裏切り』には、二つの自由概念の区別が先駆け的に提示されている。なお、『自由とその裏切り』と同年の講演『ロマン主義時代の政治思想』所収の「二つの自由概念」（1952年）――「二つの自由概念」（1958年）とは別――では、積極的自由と消極的自由の区別が示されている。

　次に、『自由とその裏切り』が「二つの自由概念」における価値多元論を準備したのか、という問題について考えてみよう。

　『自由とその裏切り』には、価値多元論にかんする議論は直接には出てこない。しかし、エルヴェシウス、ルソー、フィヒテ、ヘーゲルは、一元論的な議論を行っている。バーリンは、彼らの一元論的な言説を検討することによって、価値多元論を擁護するための準備作業を行っているように思われ

る。なお、サン゠シモンは一元論的な議論は行わないが、友愛を強調する際には一元論的と言えるかもしれない。ド・メストルにかんしては、一元論的な合理主義ではなく、多元論的な非合理主義の側に立っているように見受けられる。バーリンによると、トルストイはド・メストルを読んでいたが(FIB, p. 140)、バーリンは著書『ハリネズミと狐[5]』(1953年)で、トルストイとド・メストルを比較しながら、一元論と多元論について論じている。

さて、『自由とその裏切り』(1952年)は、その後の「二つの自由概念」(1958年)を準備したかという点でも重要だが、その内容自体が興味深い。『ロマン主義時代の政治思想』(1952年)はアメリカの大学での講演であって研究者および学生を対象としている。それに対して、『自由とその裏切り』はBBCラジオでの講演であり、一般の人々を対象としている。同年に行われた二つの講演であるが、後者は分量が抑えられ、エッセンスが抽出されている。

さらに、先述のように、『ロマン主義時代の政治思想』のサン゠シモンおよびド・メストルにかんする箇所（講演原稿）は失われているが、『自由とその裏切り』でその内容を補うことができる。その意味で、二つの講演の内容は重なっているけれども、後者には独自の意義が存するのである。

5　Isaiah Berlin, 'The Hedgehog and the Fox', in Isaiah Berlin, *Russian Thinkers*, second edition, edited by Henry Hardy (London: Penguin Classics, 2008). 河合秀和訳『ハリネズミと狐——『戦争と平和』の歴史哲学』(岩波文庫、1997年)。

第7章 バーリン自由論とゲルツェン
——ロシアにおけるドイツ・ロマン主義——

第1節 ゲルツェンへの注目

　本章の目的は、バーリンの自由論についての理解を深めるために、彼の著作に依拠して、ロシアにおけるドイツ・ロマン主義の影響を整理した上で、ロシアの政治的作家であるアレクサンドル・ゲルツェンの個人の自由の捉え方について検討することである。

　バーリンによると、古典的な西洋政治思想を支える三つの想定がある。第一は、真の問題が存在するのであれば、それに対する真の解答がある、という想定である。第二は、複数の価値や、複数の問題に対する複数の解答は互いに衝突しない、という想定である。第三は、人間は本性を有しており、人間の本性は——偶然的にではなく——本質的に社会的なものである、という想定である。バーリンは、これらの三つの想定が破壊された節目を、西洋政治思想史における三つの転換点（ないし「三つの危機」）と呼んでいる。第一の想定を破壊したのはドイツ・ロマン主義であり、第二の想定を破壊したのはイタリア・ルネサンス（マキアヴェッリ）であり、第三の想定を破壊したのは「ギリシア個人主義」の誕生である[1]。バーリンは、これらの三つの転換点のなかで、ドイツ・ロマン主義（彼は「ロマン主義革命」という表現も用いる）の衝撃が最も大きかったと考えている[2]。

　さて、バーリンは味深いことに、ロシアにおけるドイツ・ロマン主義の影

1　Isaiah Berlin, 'The Birth of Greek Individualism', in Isaiah Berlin, *Liberty*, edited by Henry Hardy (Oxford: Oxford University Press, 2002), pp. 287-294.

2　Isaiah Berlin, 'The Romantic Revolution: A Crisis in the History of Modern Thought', in Isaiah Berlin, *The Sense of Reality: Studies in Ideas and Their History*, edited by Henry Hardy (London: Pimlico, 1997), p. 169.

響についても検討を行っている。彼はさらに、ドイツ・ロマン主義の影響を
受けたロシア・インテリゲンツィヤたちのなかで、とくにゲルツェンに注目
している。

　バーリンは、政治哲学者であるジョン・グレイに「あなたの考え方に最も
影響を与えた著作家は誰か」と聞かれて、即座に「ゲルツェン」と答えた[3]。
バーリンはなぜゲルツェンに惹かれるのか。

　若きゲルツェンは、フランス啓蒙主義の著作に親しんだ後に、やがてゲー
テやシラーに、さらにはドイツの形而上学（カント、とくにシェリング）に向
かった。フランスの新しい歴史学（ギゾーら）やユートピア的社会主義思想
（サン゠シモン、フーリエ、ルルー）にも取り組んだ[4]。大学ではヘーゲル哲学
の影響を受けることになる。ただ、彼は後に、ヘーゲル主義を自分独自の主
張へと変えていく[5]。それは、抽象的な自由について考えるのではなく、具
体的な場面で自由について考えないといけない、という主張である。あるい
は、複雑な問題に対する単純な答えはない、最終解決はない、という主張で
ある[6]。

　ゲルツェンがそうした主張をなすようになった契機は、1848年のフラン
スにおける二月革命の失敗であった。ロシアの現実に失望してフランスに渡
ったゲルツェンは、当初は二月革命に期待していた。しかし、六月事件が起
こると、ブルジョワジーたちは労働者に対して大虐殺を行った。ゲルツェン

3　John Gray, 'Introduction to the New Edition', in John Gray, *Isaiah Berlin: An Interpretation of His Thought*, with a new introduction by the author (Princeton and Oxford: Princeton University Press, 2013), p. 2. 原著初版の邦訳として、河合秀和訳『バーリンの政治哲学入門』（岩波書店、2009年）がある。

4　Isaiah Berlin, 'Herzen and his Memoirs', in Isaiah Berlin, *Against the Current: Essays in the History of Ideas*, edited by Henry Hardy (London: Pimlico, 1997), p. 192.

5　Isaiah Berlin, 'Alexander Herzen', in Isaiah Berlin, *Russian Thinkers*, second edition, edited by Henry Hardy and Aileen Kelly (London: Penguin Books, 2008), p. 218. 竹中浩訳「アレクサンドル・ゲルツェン」、アイザィア・バーリン著、福田歓一・河合秀和編訳『ロマン主義と政治（バーリン選集3）』（岩波書店、1984年）359頁。

6　Ibid., pp. 225-226. 邦訳369-371頁。

142 第7章 バーリン自由論とゲルツェン

はその様子を、パリの宿舎からうかがうしかなかった。それは彼にとって大いなる苦痛であった[7]。彼はこうして、最終解決はないという考えに至ったのである。ゲルツェンのこの考えは、西洋政治思想の第一の想定（真の問題が存在するのであれば、それに対する真の解答がある）を掘り崩す点で、バーリンにとって非常に重要である。

　さて、バーリンも幼少時にロシア革命に遭遇し、警官が民衆を弾圧し、逆に民衆が一人の警官を暴行するのを目撃した[8]。最終解決は存在しないという認識と、最終解決のために暴力を用いることへの嫌悪が、ゲルツェンとバーリンには共通している。さらに、個人の自由こそが最重要であるという考えも、両者に共通している。

第2節　ロシア・インテリゲンツィヤの誕生

　バーリンには「注目すべき10年間」という論文がある。これは四編で構成されているが、本節では、そのなかの「ロシア・インテリゲンツィヤの誕生」を概観する。

　　＊　以下では、バーリンの「ロシア・インテリゲンツィヤの誕生（The Birth of the Russian Intelligentsia）[9]」をBRIと略記し、参照する際には本文中に原書および邦訳の頁数を記す。

　バーリンによると、「注目すべき10年間」とは、19世紀ロシアの批評家・文学史家であるアンネンコフの表現である（BRI, p. 130. 邦訳、231頁）。それは、1838年から1848年のあいだに、ロシア・インテリゲンツィヤの初期の構成員が誕生したことを意味する。ロシア・インテリゲンツィヤたちの

7　アレクサンドル・ゲルツェン、『過去と思索2』金子幸彦・長縄光男訳（筑摩書房、1999年）426-429頁。

8　Isaiah Berlin and Ramin Jahanbegloo, *Conversations with Isaiah Berlin* (London: Peter Halban, 1992), p. 4. 河合秀和訳『ある思想史家の回想——アイザィア・バーリンとの対話』（みすず書房、1993年）15頁。

9　Isaiah Berlin, 'The Birth of the Russian Intelligentsia', in Isaiah Berlin, *Russian Thinkers*, second edition, *supra* note 5. 河合秀和訳「ロシア・インテリゲンツィヤの誕生」、バーリン著、福田・河合編訳・前掲注（5）『ロマン主義と政治』。

第 2 節　ロシア・インテリゲンツィヤの誕生　　**143**

思想動向は、究極的には世界的な社会的・政治的帰結をもたらした。なぜなら、この思想動向の最大の帰結はロシア革命だったからである。もちろん、ロシア革命は、この思想家たちの予想通りには進まなかった。しかし、そうした思想家たちの考えを過小評価することはできない（BRI, p. 131. 邦訳、232-233 頁）。

　1838 年から 1848 年のインテリゲンツィヤのメンバーとしては、ベリンスキー、バクーニン、ゲルツェンがいる。「インテリゲンツィヤ」という言葉はロシア語で、19 世紀に作られた。インテリゲンツィヤの登場という現象は、歴史的・文学的な革命的帰結を伴っているが、バーリンによれば、それは世界の社会変動に対する、最大かつ唯一のロシアの貢献である（BRI, p. 133. 邦訳、235 頁）。

　インテリゲンツィヤという概念は、知識人（intellectuals）という概念と混同されてはならない。インテリゲンツィヤの構成員は、自分たちのことを、単に思想への関心によって結びついている存在だとは考えていない。むしろ、自分たちのことを、献身的な聖職者や世俗的な司祭と捉えていた。その登場にかんしては歴史的な説明が必要である（BRI, p. 133. 邦訳、235-236 頁）。

　歴史家たちは以下のことに合意している。すなわち、教育を受けた者と「蒙昧な民衆」のあいだに、大きな裂け目が存在する。そうした裂け目ができたのは、ピョートル大帝がロシア社会にもたらした傷に原因がある。ピョートルは優秀な若者たちを西側社会に送り出し、彼らは西側の言語や、17 世紀の科学革命以降の新しい学芸や技術を習得した。その後、彼らは祖国に戻り、「新しい社会」の指導者となった（ピョートルは、自分の封建的風土を、無慈悲で暴力的な迅速さで改革してしまっていた）。結局、ピョートルは新しい人間を、すなわち半分はロシア人で半分は外国人——ロシア生まれだが外国で教育された存在——によって構成される小さな階級を、作り出したのである（BRI, p. 133. 邦訳、236 頁）。

　なお、エカテリーナ帝はいったん自由化を推し進めたが、フランス革命に恐れをなして、再び人民を弾圧するようになった。このような状況はアレクサンドル一世のときも変わらなかった。ロシアの人民は封建的な暗黒のなか

144 第7章 バーリン自由論とゲルツェン

に生きていた（BRI, p. 134. 邦訳、237 頁）。

　ところが、この状況はナポレオンの侵攻によって変化した。それはロシアをヨーロッパの中心地とした。ロシアはヨーロッパでの自分の力を発見した。ナポレオンに対する勝利とパリへの進軍は、ピョートル大帝の改革と並んで、ロシア思想史上の大きな出来事である。ロシアへの愛国心が高まり、諸身分のあいだの平等感情が強まり、理想主義的な青年たちは、ロシアの混乱、不潔さ、貧困、非能率、野蛮さ、無秩序に責任を感じはじめた（BRI, pp. 134-135. 邦訳、238 頁）。

　青年たちがこうした罪の意識を感じたことには、他の要因もある。それは、ロシアのヨーロッパへの参入が、ロマン主義運動の勃興と偶然に一致したという要因である。ロマン主義は、個人だけではなく集団が、そして集団だけではなく制度（国家、教会、職業団体、結社）が、一つの「精神」を有するようになると考える。それらの制度は、自らが精神を有していることに気づかないかもしれないが、それに気づかせることが啓蒙の過程なのである（BRI, pp. 135-136. 邦訳、239 頁）。

　さて、すべての人間、国家、人種、制度は、それ自身の内なる目的をもっていて、それぞれの目的は、より大きな目的の「有機的」な要素である。より大きな目的とは、光と自由への行進に参加することである。古代の宗教的信念のこうした世俗的見解は、ロシアの若者たちの思考に、物質面と精神面で強い影響を与えた（BRI, p. 136. 邦訳、239 頁）。

　まずは物質面での影響について。政府は、市民がフランスに旅行するのを望まなかった。1830 年以降のフランスは、混沌として革命的な国であった。逆に、ドイツはとても尊敬できる専制の下で平安であった。結果として、若いロシア人はドイツの大学に留学するよう奨励された。彼らはドイツでなら、ロシアの独裁政治に忠実となるように教育されると、考えられていた（BRI, p. 136. 邦訳、240 頁）。

　結果はその逆であった。当時のドイツにおける親フランス的感情はとても強かった。啓蒙されたドイツ人は、思想を、とくにフランス啓蒙主義を、フランス人以上に信じていた。そのため、若いロシア人は無理矢理ドイツに送られることで、パリで教育を受けるよりも危険な思想を学んだ。ニコライ一

世の政府は、自らの運命が陥るであろう深淵をまったく予想できていなかった（BRI, p. 136. 邦訳、240頁）。

　次に、ロマン主義がロシアの青年に与えた精神面での影響についてみていこう。ロシアの青年は、ドイツに旅し、ドイツ語の本を読んで、以下の単純な思想を保有した。すなわち、もしもフランス革命とそれに続く堕落が、古代の信念を捨てた国民（フランス国民）に対する天罰であるとしたら、ロシアはその悪徳からは自由である。なぜなら、ロシアには革命が起こっていないからである（BRI, pp. 136-137. 邦訳、240-241頁）。

　ドイツのロマン主義的な歴史家たちは、以下の見解を熱心に唱えていた。すなわち、西ヨーロッパ（the West）は、精神的伝統の放棄や、懐疑主義、合理主義、物質主義によって没落している。それに対して、ドイツ人はそのような憂鬱な運命に直面していない。自分たちは若くて新しい国民である。自分たちは腐敗によって慣習を侵されていない。野蛮ではあるが、むしろ、激しい活力に満ちあふれている（BRI, p. 137. 邦訳、241頁）。

　ロシア人は、ドイツ人のこの考えを更に一歩進めた。もしも若さや野蛮さや教育のなさが、輝かしい未来の基準であるならば、自分たちはドイツ人たちよりも希望に溢れている。こうして、ドイツ・ロマン主義的な考え方がロシアに入り込んできたのである（BRI, p. 137. 邦訳、241頁）。では、その考えとはどのようなものか。

　人間にふさわしい課題は、（18世紀フランスの唯物論者が教えるような）科学的合理主義に依拠することではなく、（シェリングやヘーゲルの弟子たちが教えるような）宇宙の隠された「内なる」計画を把握し、宇宙における自分自身の場所を理解して行動することである。そして哲学者の任務は、歴史の流れ——いささか神秘的に言えば「イデア」——を見つけて、それが人間をどこに導いていくかを発見することである。あるいは、個々人が帰属している大きな「有機体」の精神的な方向性を正しく見定めることである。この有機体をどのように捉えるのか、という問題については、主要なロマン主義の学派を創設した様々な形而上学者たちが、それぞれ別の仕方で答えている。ヘルダーはそれを精神文化ないし生活様式だとした。ローマ・カトリックの思想家はそれを教会の活力だとした。フィヒテはいささか曖昧に、ヘーゲル

146 第 7 章 バーリン自由論とゲルツェン

は明白に、それを国民国家であるとした（BRI, pp. 137-138. 邦訳、241-242頁）。

　さて、バーリンが注目するロシア人たちは、偉大なドイツの形而上学者たちによって「解放」された。一方で正教会から解放され、他方で 18 世紀の合理主義者の無味乾燥な公式から解放された。フィヒテ、ヘーゲル、シェリングらが提示したのは、新しい宗教と同然であった。この新しい思考様式は、文学に対するロシア的態度に現れていた（BRI, p. 145. 邦訳、253 頁）。

　バーリンは文学については横に置き、哲学に注目する。彼は、ロシアにおけるヘーゲルやヘーゲル主義について論じている。青年たちはヘーゲルの哲学に没頭した。ヘーゲルは偉大な新しい解放者である。よって、青年たちは、自分の生のすべての側面で、ヘーゲルから得た真理を表明するのが義務だと信じた（BRI, p. 150. 邦訳、259-260 頁）。

　ロシアでは小さな研究会が組織され、そこで、知的・道徳的な基準を作ろうという努力がなされた。これこそが、1838 年から 1848 年にかけてロシア人たちがなそうとしたことであった。彼らは、下層階級の出身者は少なかったが、特定の階級だけから出現したわけではないという点で、独特であった。彼らの生まれや育ちはある程度よかった。そうでなければ適切な、つまり西ヨーロッパ流の教育を受けることはできなかった。彼らはブルジョワ的な自意識からは完全に自由だった。彼らは富には魅力を感じなかったし、貧困に苦しんでもいなかった。彼らは成功を称賛せず、それを避けようとさえしていた。成功した者もいたが、多くは亡命したり、官憲の監視下で大学教授となったりした。貧しい新聞記者や翻訳家になった者もいた。消えていった者もいた（BRI, p. 153. 邦訳、263-264 頁）。

第 3 節　ロシアにおけるドイツ・ロマン主義

　以上で、ロシア・インテリゲンツィヤの誕生が、ドイツ・ロマン主義と関連していることを確認した。以下では、ロシアの大学でドイツ・ロマン主義がどのように受容されたかを確認する。

＊ 以下では、バーリンの「ペテルブルクとモスクワにおけるドイツ・ロマン主義
（German Romanticism in Petersburg and Moscow）[10]」を GRPM と略記し、
参照する際には本文中に原書および邦訳の頁数を記す。

　ロシアの思想史や文学史の研究者のすべて（あるいは、そのほとんど）は、
以下に同意するだろう。すなわち、19世紀後半のロシアの作家への支配的
影響は、ドイツ・ロマン主義のそれである。この判断は、完全に正しいわけ
ではない。しかし、ドイツの形而上学が、右翼と左翼を問わず、正教会の神
学者と急進派を問わず、ロシアの思想の方向性を急進的に変えたというのは
正しい（GRPM, p. 155. 邦訳、267-268頁）。

　バーリンはまず、ドイツ・ロマン主義の概要を確認している。彼による
と、初期のドイツ・ロマン主義の思想家たち、ヘルダー、フィヒテ、シェリ
ング、フリードリヒ・シュレーゲルらの著作は、読むのが容易ではない。当
時、シェリングの論文はとても尊敬されたが、一度その森に入ると出て来ら
れないのであった。それはともあれ、この時期の芸術や思想は、ドイツ的で
あって、東欧であれロシアであれ、ドイツからの影響は大きかった。形而上
学者たち、とくにシェリングは、人間の思想を大きく転換させた。すなわ
ち、18世紀の機械論的な分類から、美学的ないし動物学的な観念による説
明への転換である。フランスの啓蒙思想家たちは、自然科学の基準を人間に
応用することの効用を強調したが、ドイツのロマン主義者たちはそれを不条
理なことだとした。ともあれ、科学的方法に対するドイツ・ロマン主義から
の反動は、人間の科学（心理学、社会学、人類学、生理学）を、歴史や芸術や
宗教や哲学や社会的・政治的思想の領域で用いることができるという考えに
対して、疑問を呈したのである（GRPM, pp. 155-156. 邦訳、268-269頁）。

　それでは、科学が説明できないような生、思想、芸術、宗教について説明
する、非科学的な説明モデルとは何か。ロマン主義的な形而上学者たちは、
プラトン的伝統に由来する思考様式に回帰した。それは、科学的分析では捉

10　Isaiah Berlin, 'German Romanticism in Petersburg and Moscow', in Isaiah Berlin,
　Russian Thinkers, second edition, *supra* note 5. 河合秀和訳「ペテルブルクとモスク
　ワにおけるドイツ・ロマン主義」、バーリン著、福田・河合編訳・前掲注（5）『ロマ
　ン主義と政治』。

148 第7章 バーリン自由論とゲルツェン

えられない関係性についての精神的な洞察、すなわち「直観」的な知のことである。シェリングは、普遍的な神秘主義的見解について語った。彼は世界を、単一の精神とみなした。個々の人間は、この大きな宇宙全体の構成要素なのである。生きた全体、世界精神、先験的な精神ないしイデア——これらについて説明するために、古来のグノーシス主義が呼び戻されたかのようである（GRPM, p. 157. 邦訳、269-270頁）。

　シェリングはまた、例えば芸術作品を美しくするものは何かを知るためには、自然科学の実験や分類や機能や演繹といった技法とは異なる方法を採用する必要がある、とした。哲学は、絶対（the Absolute）ないしイデアが発展段階に応じて到達した状態をどれだけ表現しているかで、「真の」哲学となる。政治家や詩人は、自らが置かれている環境（国家、文化、民族）の精神から霊感を受けたり、その精神を表現することによって、偉大になったり天才となったりする（GRPM, pp. 158-159. 邦訳、271-272頁）。

　ヘーゲルもまた、哲学的に曖昧であるという点で責任があるけれども、彼が提示した思想は、今日では普遍的で馴染み深いものとなっており、われわれはそれによって思考するようになっている。例えば、思想は連続的に発展するのであり、その発展を研究できるという、思想史の観念である。もちろん、古代や中世にもそうした考えはあった。しかし、様々な思想の束がある時代や社会に浸透しているという考えは、ヘーゲルが発展させたのであった。それは今日では観念（ideology）と呼ばれている。一つの時代の観念は、他の時代や場所の観念と結びついている。彼の先行者であるヴィーコやヘルダーとは異なり、ヘーゲルはこのことを、整合的で継続的で合理的に分析可能な発展過程として、提示したのである。彼を筆頭として、宇宙の歴史家たち、すなわち人間の歴史の不規則な流れのなかに大いなる仮想的な規則性（symmetries）を見つけようとする、コント、マルクス、シュペングラー、トインビーらが連なっている（GRPM, pp. 159-160. 邦訳、273-274頁）。

　ロマン主義哲学者の見解は、神秘的であったけれども、1830年代と1840年代の若きロシア・インテリゲンツィヤの想像力を育んだ。それは、皇帝ニコライ一世が統治する帝国の汚い現実から、高貴で平穏な世界へのドアを開くように見えたのである（GRPM, pp. 160-161. 邦訳、275頁）。

第3節 ロシアにおけるドイツ・ロマン主義　149

　ロシアにおいて、ロマン主義哲学者に他の誰よりも感化された人物は、モスクワ大学の学生ニコライ・スタンケーヴィチであった。彼は二十歳代のはじめからサークルを組織した。彼は若くして亡くなったが、知的な影響を友人たちに残した。ツルゲーネフでさえ、無条件では賛美していないけれども、小説のなかでスタンケーヴィチの肖像を描いている。スタンケーヴィチはドイツ・ロマン派の文学を幅広く読んだ。彼は、世俗的で形而上学的な宗教を唱道したが、それは正教会の教義に取って代わるものであった。スタンケーヴィチは、カントとシェリング（そして後にはヘーゲル）を適切に理解すれば、明らかな無秩序や残酷さを乗り越えて、永遠の美、平和、調和を実現することができると教えた（GRPM, p. 161. 邦訳、275-276 頁）。

　次に、スタンケーヴィチに影響を受けた三人、バクーニン、ベリンスキー、ゲルツェンが、ヘーゲルの思想とどのように対峙したのかを見ていこう。

　バーリンによると、スタンケーヴィチの最も才能のある印象深い弟子は、バクーニンであった。彼は 1838 年から 1848 年にかけては、熱狂的な正統派ヘーゲル主義者であった。彼は、鋼鉄のような情け容赦ない歴史法則の存在を唱道した。ヘーゲルは（そしてスタンケーヴィチは）正しい。歴史法則に背くことは無意味である。ヘーゲルは言った。精神は継続的には発展しない。むしろ、対立物の弁証法的闘争によって発展する。この考えはバクーニンの気性に合っていた（GRPM, pp. 164, 165. 邦訳、280、281-282 頁）。

　なお、バーリンによると、バクーニンはやがてヘーゲルに反旗を翻し、キリスト教を憎むと告白している。しかし、バクーニンの語る言葉は、その両者（ヘーゲルとキリスト教）の陳腐な混合である。すなわち、すべての徳は両立可能であり、お互いがお互いを伴うのであり、一人の人間の自由と別の人間の自由は、その二人が合理的であれば、衝突することはない。無制限の自由は、無制限の平等と両立するだけでなく、お互いがなければ存在しえない、というのである[11]。

　11　Isaiah Berlin, 'Herzen and Bakunin on Individual Liberty', in Isaiah Berlin, *Russian Thinkers*, second edition, *supra* note 5, p. 123. 今井義夫訳「ゲルツェンとバクーニン──個人の自由をめぐって」アイザィア・バーリン著、福田歓一・河合秀和編訳『思

150　第7章　バーリン自由論とゲルツェン

　次に、ベリンスキーについて。バーリンによると、ベリンスキーはロシア
だけでなくヨーロッパの、社会的文学批評の創始者であった[12]。ベリンスキ
ーは生涯を通じて、偉大なるドイツ・ロマン主義の弟子であった。文学は自
由なひらめきの果実である。芸術の観念を、社会的な武器として捉えてはな
らない。思想を具体化しなくてもよい。あなたが詩人であるなら、自分のひ
らめきに自由に従っていれば、知識がなくても、あなたの作品は思想を含む
だろう。この考えはヴィルヘルム・シュレーゲルたちと響きあっている。ベ
リンスキーはこの初期の見解から決して後退しなかった[13]。

　ただし、ベリンスキーは生涯に二度、自分の立場を変えている。それは苦
難を経ての変化であった[14]。まずは第一の変化について。バクーニンは、ド
イツ語を知らないベリンスキーにヘーゲルを吹き込んだ。毎晩、新しい客観
主義を唱道されて、恐ろしい内的葛藤の後に、ベリンスキーは新しい反個人
主義的信念に転向した。彼はフィヒテやシェリングの観念論を弄び、政治問
題から離れていった。彼は、現実のロシア社会を嫌悪するがゆえに、社会発
展の法則や歴史の行軍を受け入れたのであった[15]。

　次に、第二の変化について。ベリンスキーは後に、自分がヘーゲル主義者
であった時代は悪夢であると認めることになる。彼が本当に関心を寄せてい
るのは、歴史の進行でも、宇宙の条件でも、ヘーゲル主義の神が世界を行軍
することでもない。むしろ、個々の人間の生や自由や願望である。世界の崇
高な調和は、個々の人間の苦しみを説明できないし、修復することもできな
い。この瞬間から、ベリンスキーは決して後ろを振り向かなかった[16]。

　ゲルツェンはどうか。モスクワ大学の若いゲルツェンに主として影響を与

　　想と思想家（バーリン選集1)』（岩波書店、1983 年）246 頁。これは「注目すべき 10
　　年間」とは独立した論文である。
12　Isaiah Berlin, 'Vissarion Belinsky', in Isaiah Berlin, *Russian Thinkers*, second
　　edition, *supra* note 5, p. 173. 竹中浩訳「ヴィッサリオン・ベリンスキー」、アイザィ
　　ア・バーリン著、福田・河合編訳・前掲注（5）『ロマン主義と政治』293 頁。これも
　　「注目すべき 10 年間」を構成する一編である。
13　Ibid., pp. 182-183. 邦訳、306-307 頁。
14　Ibid., p. 186. 邦訳、311 頁。
15　Ibid., pp. 189-190, 191. 邦訳、316-317、319-320 頁。
16　Ibid., 192. 邦訳、320-321 頁。

えたのは、やはりヘーゲルであった。しかし、彼は若い頃こそ正統派ヘーゲル主義者であったけれども、やがて自分のヘーゲル主義を、彼独自の独特のものへと変化させた。バーリンによると、ヘーゲル主義のゲルツェンへの最大の影響は、単一の教説や単純な原理（18世紀フランスの機械論的なモデルであれ、19世紀ドイツのロマン主義的な体系であれ、偉大なるユートピア主義者たちの見解であれ、社会主義の綱領であれ）では現実の問題を解決できない、という信念であった[17]。

　以上で、ドイツ・ロマン主義がどのようにロシアに受容され、ヘーゲルの思想がスタンケーヴィチと彼の弟子たち、すなわちバクーニン、ベリンスキー、ゲルツェンにどのような影響を与えたかを、確認した。さて、バーリンはこの三人のなかで、ゲルツェンに最も傾倒している。バーリンの自由論は、当然ながら J. S. ミルやコンスタンの流れを汲んでいるけれども、実はゲルツェンの個人の自由の捉え方とも通底している。そこで、以下ではバーリンのゲルツェン論をみていくことにしたい。

第4節　ゲルツェンの思想

　以下では、バーリンの「注目すべき10年間」を構成する四編のなかから「アレクサンドル・ゲルツェン」についてみていこう。

> ＊　以下では、バーリンの「アレクサンドル・ゲルツェン（Alexander Herzen）[18]」
> を AH と略記し、参照する際には本文中に原書および邦訳の頁数を記す。

　バーリンによると、ゲルツェンは懐疑主義的であったが、それは彼が、人間の真の問題には原理的には単純ないし最終的な解答はない（彼がこの考えをヘーゲルから導き出したかはともかく）と信じているからである。もしも問題が深刻で苦渋に満ちたものであれば、解答もまた明快で整然としたものでもない。さらに、解答は、自明な格率からの演繹によって引き出すことはできない（AH, pp. 218-219. 邦訳、360頁）。

17　Isaiah Berlin, 'Alexander Herzen', *supra* note 5, p. 218. 邦訳、359-360頁。

18　op. cit.（note 5）.

152 第7章 バーリン自由論とゲルツェン

　ゲルツェンによると、人間の行為を、抽象的概念（例えば正義、進歩、ナショナリティ）に奉仕するものとして説明する試みは、それがマッツィーニ、ルイ・ブラン、J. S. ミルといった利他主義者によって提唱されたとしても、高潔なものではありえない。その試みは結局のところ、生贄や人身御供を差し出すことになってしまう。人間は単純ではないし、人間の生や関係はあまりにも複雑であるから、標準化したり整然とした解決をもたらしたりはできない。個人を合理的な枠組みに押し込むのは、人間を、政治的に生体解剖して傷つけることになる（AH, p. 220. 邦訳、362-363 頁）。

　バーリンは、ルイ・ブラン（フランスの社会主義者）とゲルツェンの会話を引用している。以下の「わたし」とはゲルツェンのことである（AH, p. 221. 邦訳、363 頁）。

> 「人間が生きるということは偉大な社会的義務です。人間はつねにおのれを社会の犠牲に供さなければなりません……。」
> 「なんのためにです？」わたしはだしぬけに尋ねた。
> 「なんのためにとはどういうことです？　考えてもごらんなさい。人間の全目的、全使命は社会の幸福であるはずです。」
> 「すべての人間が犠牲になって、だれも享受する者がいないなら、社会の幸福は決して達成されません。」
> 「それはことばの遊戯です。」
> 「概念の野蛮な混乱です。」わたしは笑いながら言った[19]。

　バーリンによると、この屈託のないざっくばらんな一節で、ゲルツェンは自分の中心的原理を提示している。生の目的は生そのものである。曖昧で予測できない将来のために現在を犠牲にすることは、すなわち、観念的抽象のために、生きた人間の生身と血をありがたく犠牲にすることは、人間と社会にとって価値あることを破壊に導く誤った信念である（AH, p. 221. 邦訳、364 頁）。

　ゲルツェンは当時の最も洗練された人々、とくに社会主義や功利主義の提唱者の考えに、すなわち現在の苦しみは将来のために必要だ、数千の無実の

19　アレクサンドル・ゲルツェン『過去と思索3』金子幸彦・長縄光男訳（筑摩書房、1999 年）48 頁。

第4節　ゲルツェンの思想　　153

人々の死は数百万人を幸せにする、という考えに反抗した。人間の素晴らしい将来がある、それは歴史によって保証されている、それは現在の残酷さを正当化する。この考えは、政治的終末論のおなじみの実例であり、必然的進展の信念に基づいており、彼にはそれが、人間の生に向けられた死に至る教義であるように見えた（AH, p. 221. 邦訳、364頁）。

　以上についてのゲルツェンの考えが最も見事に書かれているのは、彼の『向こう岸から』である。これは、1848年と1849年のヨーロッパの革命にかんする書物である。これはゲルツェンの悲観的大著であり、彼の信念と政治的信条の告白である。ある世代は、遠い将来のために犠牲になっても仕方がない——いや、遠くの目的というのはごまかしである。真の目的はもっと身近に存在しなければならない。それぞれの世代の目的はそれぞれの時代のそれである。それぞれの世代の必要を満たすのが大事である。自然は人間には無関心である。歴史は計画や台本をもつか。もしももつなら、すべての興味は失せてしまう。関心は不要だし、退屈で、ばかげている。むしろ、計画表はない。宇宙のパターンもない。あるのは「生の炎」だけである。情念、意志、即興である。時には道があるが、道がないときもある。道がなければ、天才が道を開くであろう（AH, p. 222. 邦訳、365頁）。

　ゲルツェンは言う。「子どもは成長するから、大人になることが子どもの目的だと、われわれは考える。しかし、子どもの目的は、遊ぶことであり、楽しむことであり、子どもであることである。もしもわれわれが進歩の目的だけを考えるなら、すべての生の目的は死ということになってしまう」（AH, p. 224. 邦訳、368-369頁。訳文は筆者）。

　バーリンによると、これはゲルツェンの中心的な政治的・社会的テーゼであり、それはロシアの急進的思想の流れに入り込んでいく。自由のための闘争の目的は、明日の自由ではなく、今日の自由である。個人が自分の目的のために生きる自由である。個人の自由を、将来の曖昧な目的のために打ち砕くことは、ばかげたことである。なぜなら、将来は不確かだからである。さらに、個人の自由を打ち砕くことは卑劣である。なぜなら、それは抽象化（自由、幸福、正義）の名において人間の要求を踏みにじるからである。なぜ自由——抽象的な将来の自由ではなく、今日の個人の自由——に価値がある

のか。なぜならそれは、それ自体の目的だからである。なぜならそれが自由
だからである。自由を他の何かのために犠牲にすることは、人間を犠牲にす
ることでしかない（AH, p. 225. 邦訳、369 頁）。

　さて、ゲルツェンは、解決策は存在しないという主張も行っている。一時
期、彼の友人であるベリンスキーは、単純な解決が実現可能だと考えた。偉
大な体系が解決策を提供するというのである。ゲルツェンも一時期はそうし
た考えをもっていた。しかし 1848 年と 1849 年の恐ろしい大変動によって、
その考えは完全に粉砕された。彼は言う。われわれは大衆に、蜂起して専制
を打倒せよと呼びかけた。しかし、大衆は個人の自由や独立には無関心だっ
た。大衆は自分たちの利益のための統治を欲したのであり、自分自身で統治
することは思いつかなかったのである（AH, pp. 225-226. 邦訳、371 頁）。

　ゲルツェンの思想の核心は、重要な問題はおそらく解決できないというも
のである。もちろん、人間ができることは、その問題を解決しようとするこ
とである。しかし、社会主義的な妙薬やその他の解決策によって、幸福や合
理的な生が得られると保証することはできない。この理想主義と懐疑主義の
結合は、エラスムス、モンテーニュ、モンテスキューのそれと類似してお
り、ゲルツェンのすべての著作に通底している（AH, p. 230. 邦訳、377 頁）。

　結局、バーリンによると、ゲルツェンの最も一貫した目的は、個人の自由
の確保である。これは、彼が若い頃から従事していたゲリラ的闘争の目的で
ある。ゲルツェンを 19 世紀において独特の存在にしているのは、彼の見解
の複雑性である。彼の現実感覚は、とくに革命にかんするそれは、彼独特の
ものである。19 世紀の職業哲学者たちの多くは、社会を観察して一般原理
を導き出し、合理的な方法によって解決策を提示しようとする。それに対し
て、ゲルツェンは時事評論家でありエッセイストであった。彼の初期のヘー
ゲル的修練は彼を損なうことがなかった。彼は学術的な分類の趣味をもって
いなかった。彼は社会や政治的苦境の「内なる感情」を独自の仕方で洞察し
たのである（AH, pp. 236-237. 邦訳、386-387 頁）。

第5節　バーリン自由論とゲルツェン

　本章の目的は、バーリンの自由論についての理解を深めるために、彼の著作に依拠して、ロシアにおけるドイツ・ロマン主義の影響を整理した上で、ロシアの政治的作家であるゲルツェンの個人の自由の捉え方について検討することであった。

　以下、ゲルツェンの思想の二つの核心について再確認し、それらがバーリンの自由論に与えた影響について若干の検討を行いたい。

　本章の第4節で確認したように、バーリンに従えば、ゲルツェンの思想の核心は二つある。一つは、明日の自由（抽象化された曖昧な自由）の実現のために、今日の個人の自由を打ち砕くのはばかげたことである、という考えである（AH, p. 225. 邦訳、369頁）。もう一つは、単純な解決策は存在しない、という考えである（AH, pp. 225-226. 邦訳、371頁）。

　以上を踏まえて、ここでバーリンの講演「私の生の三つの要素」に注目しよう。彼は、さまざまな思想のなかから、最も古くて最も恐るべきものを見出している。すなわち、地球上に存在する完全な社会、言い換えれば完全に公正で、完全に幸福で、完全に合理的な社会が存在する、という思想である。この思想によると、人間の問題には一つの最終的な解決策が存在することになる。さて、以上の洞察には、完全な解決を阻む何らかの大きな障害が存在するという考えが付随している。この考えから、人類の進むべき道にとっての障害を除去することが必要であり、それを除去するためならいかなる犠牲も大きすぎることはない、という信念が導き出される。バーリンによると、こういった信念ほど、大きな暴力や抑圧や苦しみを引き起こしたものはなかった。「理想の将来を獲得するために、現在生きている者は犠牲にされねばならない」という要求は、甚大な残酷さを正当化するために使用されてきたのである[20]。

　20　Isaiah Berlin, 'The Three Strands in My Life', in Isaiah Berlin, *Personal Impressions*, enlarged edition, edited by Henry Hardy（London: Pimlico, 1998）, p. 256.

156 第7章 バーリン自由論とゲルツェン

　バーリンによると、以上の考えに対する痛烈なアンチテーゼを提示した人物として、ゲルツェンがいる。ゲルツェンによると、現在の目的を遠い将来の目的のために犠牲にすること（明日の数億人が幸せになるための、今日の数十万人の虐殺）はしばしば、数十万人が実際に虐殺されるだけでなく、数億人の幸せをも手に入らないという結果に終わる。すなわち、高尚な理想の名の下に、悲惨さや野蛮な抑圧が繰り返されているのである。こういった事態に対して、ゲルツェンは以下のように述べる。人間にとって何が理想であるかを、われわれ（最も賢い者であっても）は決して理解することができない。われわれにできるのは、せいぜいのところ、何がその社会を悲惨にするかを知り、その悲惨さを除去して、生きる価値を見出すことでしかないのである[21]。

　バーリンは、こういったゲルツェンの考えを重く受け止めるがゆえに、以下のように述べる。人間の究極的な目的は時として衝突しており、それらの目的からの選択は時として苦痛であり、不安定な妥協が避けられない。しかしながら、特定のニーズは普遍的であるようにみえる。すなわち、もしもわれわれが、飢えをしのぐことができ、衣類をまとい、個人の自由の領域を拡張し、不正と戦い、ささやかな寛容や法的・社会的平等を生み出すことができ、耐えがたい二者択一に直面することなく社会問題を解決する方法を提供でき、品位ある社会（a decent society）の最小限の条件を創造することができるなら、世界は素晴らしいことだろう、と[22]。

　結局のところ、バーリンはゲルツェンから学ぶことを通じて、明日の自由（抽象化された曖昧な自由）の実現のために、今日の個人の自由を打ち砕いてはならない、という自由論を擁護している。彼はさらに、人間の究極的な目的は時として衝突するのであり、その衝突を回避するための単純な解決策は存在しないのであるから、不安定な妥協が避けられないのである、という価値多元論を擁護しているのである。

21　Ibid.
22　Ibid., pp. 256-257.

第 III 部
バーリンの自由論

第8章　バーリン『自由論』の再読

第1節　バーリンの『自由論』

本書は第Ⅱ部で、バーリン自由論の原型を探るために、彼の初期のロマン主義研究について検討を行った。第Ⅲ部では、その原型に照らしながら、彼の自由論の再検討を行いたい。具体的には、まずは第8章（本章）で『自由論』の再読を試みる。第9章では二つの自由概念と価値多元論にかんするバーリンの議論について、第10章では決定論と自由にかんする彼の議論について再検討を行う。

なお、『自由論』とは邦訳書[1]の題名であり、原著書の初版[2]の題名はFour Essays on Liberty（1969）、新版[3]の題名はLiberty（2002）である。初版には「二十世紀の政治理論」、「歴史の必然性」、「二つの自由概念」、「ジョン・スチュアート・ミルと生の目的」という四つの論文に加えて、「序論」が収録されていた。新版には、以上に加えて、バーリンが初版に収録したいと願っていた「希望と恐怖から自由に[4]」も収められている（その他にも短い論文が数編入っている）。

1　アイザイア・バーリン著、小川晃一・小池銈・福田歓一・生松敬三『自由論』（みすず書房、1971 年）。

2　Isaiah Berlin, *Four Essays on Liberty* (London and New York: Oxford University Press, 1969).

3　Isaiah Berlin, *Liberty*, edited by Henry Hardy (Oxford: Oxford University Press, 2002).

4　なお、この論文のタイトルは、当初は「「希望と恐怖から自由に」（"The Purpose Justifies the Way"）」であった（内側の括弧は引用文であることを示している）が、新版ではハーディの判断で内側の括弧を取り、「希望と恐怖から自由に」へと変更されている。Henry Hardy, 'The Editor's Tale', in Isaiah Berlin, *Liberty*, *supra* note 3, p. xxiv.

160　第8章　バーリン『自由論』の再読

　次節以降では、「二つの自由概念」（1958年）と「歴史の必然性」（1953年）に注目する。この二つを再読してみると、それらはいずれも、彼が1952年に行った講演である『ロマン主義時代の政治思想』（刊行は2006年）および『自由とその裏切り』（刊行は2002年）に源流を有することが、理解されるであろう。

第2節　「二つの自由概念」（1958年）

　本節では、これまで広く読まれ、論じられてきたバーリンの教授就任講演「二つの自由概念」（1958年）について、再読を試みる。本書の第Ⅱ部で検討したバーリンのロマン主義研究が、彼の「二つの自由概念」に結実していることが理解されるであろう。

　　　＊　以下では、バーリンの「二つの自由概念[5]（Two Concepts of Liberty）」をTCLと略記し、参照する際には本文中に原書および邦訳の頁数を記す。

1　「自由」の二つの意味

　バーリンによると、政治学の主要問題は、服従と強制の問題である。すなわち、「なぜ私は（あるいは、なぜ人は）他の人に服従せねばならないのか」という問題である。さて、人を強制するということは、その人から自由を奪うことであるが、「自由」（彼は 'freedom' と 'liberty' を同じ意味で用いている）という言葉の意味はきわめて多義的である。そこでバーリンは、人間の歴史において中心的な、そして今後も中心的であるような、二つの政治的な意味について検討を加える（TCL, pp. 168-169. 邦訳、302-303頁）。

　バーリンは、「自由」の第一の政治的な意味を、「消極的（negative）」な意味の自由と名づける。その第二の政治的な意味については、「積極的（positive）」な意味の自由と名づける。この二つの政治的な自由の意味は、次のような二つの問いに対する答えのなかに含まれている（TCL, p. 169. 邦

　5　Isaiah Berlin, 'Two Concepts of Liberty', in Isaiah Berlin, *Liberty, supra* note 3. 生松敬三訳「二つの自由概念」バーリン著・前掲注（1）『自由論』。

訳、303-304 頁）。

第一の問いは以下のものである。「主体——一個人あるいは個人の集団——が、いかなる他人からの干渉も受けずに、自分のしたいことをし、自分のありたいものであることを放任されている、あるいは放任されているべき範囲はどのようなものであるか」。第二の問いは以下のものである。「ある人があれよりもこれをすること、あれよりもこれであること、を決定できる統制ないし干渉の根拠は何であるか。また、誰が統制ないし干渉するのか」。これらの二つの問いは、それらへの解答が重複することがあるにしても、明確に区別される異なる問いであるとされる（TCL, p. 169. 邦訳、303-304 頁）。

2 「消極的」自由の観念

バーリンによると、通常であれば、他人によって自分の活動が干渉されない程度に応じて、私は自由だと言われる。この意味における政治的自由とは、単に、ある人がその人のしたいことをすることのできる範囲のことである。もしも私が、自分のしたいことを他人に妨げられれば、妨げられる程度に応じて私は自由ではない。また、もしも自分のしたいことのできる範囲が、最小限度を超えて他人によって狭められるなら、私は強制されている。あるいは、従属させられている（TCL, p. 169. 邦訳、304 頁）。

18、19 世紀のフランスの思想家・作家であるコンスタンは、ジャコバン派の独裁を忘れず、最低限でも、宗教・意見・表現・財産の自由は恣意的な侵害から保障されねばならないと言明した。ジェファソン、バーク、ペイン、J. S. ミルらも、個人の自由についてはそれぞれ様々な目録を作り上げたが、権威を寄せつけまいとする議論だけはいつもほぼ同一である。これらの論者の言う意味における自由とは、からの自由（liberty *from*）のことである。それは、ある境界線（その境界線は常に移動する）を越えて干渉を受けないということである（TCL, pp. 173-174. 邦訳、310-311 頁）。

19 世紀英国の哲学者 J. S. ミルは、個人の自由の保護を神聖なものと考えていた。それは、もしも人間が「ただ自分だけに関わりのある道を通って」欲する通りの生き方ができないのであれば、文明は進歩することができないからである。さらに、思想の自由市場がなければ、真理が現れてこないから

162　第8章　バーリン『自由論』の再読

である。結局、自由の擁護とは、干渉を防ぐという「消極的」な目標に存する。ある人の前の他のすべてのドアを閉ざしてしまって、ただ一つのドアだけを開けておくことは、その開いているドアの指し示す前途がいかに立派なものであったとしても、「その人は人間である」という真実に対して、罪を犯すことになるである（TCL, pp. 174-175. 邦訳、312-313頁）。

3　「積極的」自由の観念

　バーリンによると、「自由」という言葉の「積極的」な意味は、自分自身の主人でありたいという個人の願望に由来している。人間は、自分の生や様々な決定を、外的な力にではなく、自分自身に依拠させたいと願う（TCL, p. 178. 邦訳、319頁）。ところが、時間・空間のなかにある貧弱な経験的自我は、自分の「真」の自我については何も、あるいはほとんど知ることができない。よって、その人の現実の願望を無視し、その人の「真」の自我の名において、その人の「真」の自我のために、その人を脅し、抑圧し、拷問にかけることができるようになる（TCL, pp. 179-180. 邦訳、321-322頁）。

　「真」の自我は、歴史的に二つの形態で発展してきた。第一は、独立を達成するための自己否定という形態である（「内なる砦への退却」）。第二は、独立を達成するための自己実現、言い換えれば特殊な原理ないし理想との全面的な自己同一化という形態である（「自己実現」）（TCL, p. 181. 邦訳、325頁）。

　バーリンは「内なる砦（the inner citadel）への退却」から論じる。もしも私が、自分の目的の達成を妨げられるなら、もはや私は状況を支配する主人であるとは感じられない。目的の達成を妨げる諸力としては、自然法則、偶然事、人間の活動、および、人間の諸制度の（しばしば意図せざる）効果などがある。これらの諸力は私の手には負えないものである。では、これらによって押しつぶされることを避けるにはどうすればよいか。それは、確実に手に入れることができると考えられないものを追い求めることはしないようにと、心に決めることである（TCL, pp. 181-182. 邦訳、325-326頁）。

　例えば暴君は、私の財産の破壊、投獄、追放、愛する者の死をもって私を脅かす。しかし、もしも私が、財産に愛着を感じなくなり、投獄されているか否かを気にしなくなり、愛情を押し殺してしまうならば、その暴君は私を

第 2 節 「二つの自由概念」（1958 年）　　163

服従させることができない。これはいわば内なる砦への戦略的退却をしたようなものである。これは禁欲主義者、静寂主義者、ストア派の哲人、仏教の賢者等の伝統的な自己解放のやり方であり、またその他様々な諸宗教の人々、あるいは宗教には属さなくてもこの世の価値には関心を奪われない人々のやり方であった（TCL, p. 182. 邦訳、326-327 頁）。

　バーリンによると、以上のような禁欲的な自己否定を、自由の拡大と呼ぶことは理解しがたい。もしも私が、室内に退却し、自分を傷つける可能性のあるものをすべて取り除いていくなら、その過程の論理的な到達点は自殺ということになってしまう（TCL, p. 186. 邦訳、334 頁）。

　バーリンは次に「自己実現（self-realisation）」について論じる。自由を達成する唯一の真の方法は、何が必然的で何が偶然的かを理解することである、と説かれることがある（TCL, p. 187. 邦訳、336 頁）。あなたが理性的であるなら、あなたはある物事の必然性について、それ以外のようにあってほしいと願うことはできない。なぜなら、それが必然的にそうあらねばならぬもの以外であるようにと欲することは、世界を支配しているのは必然性だという前提がある以上、無知であるか非理性的であるかのいずれかだからである（TCL, p. 188. 邦訳、337 頁）。

　ヘルダー、ヘーゲル、およびマルクスは、彼ら独自の人間の生のモデルを提示したが、18 世紀の科学的決定論者と同じく、世界を理解することによってわれわれは自由になると信じていた。人間の社会的な生は、数学や物理学から引き出された類推によっては理解されえない。そこで、歴史を理解しなければならない。すなわち、法則——個人および社会の相互関係や、個人および社会と自然との相互作用を支配する、継続的成長にかんする固有の法則——を理解せねばならない（TCL, p. 189. 邦訳、338 頁）。

　必然的な法則に反して、現にそうである以外の物事のあり方を欲するのは、非理性的な欲求の餌食となることである。更に進んで、これらの諸法則が必然的にそうあるより別のものだと信じることは、狂気の沙汰である（TCL, p. 190. 邦訳、340-341 頁）。

　さて、バーリンは次に、奇妙な倒錯——厳格な個人主義が、ほとんど純粋な全体主義学説に近いものへと変形させられたこと——について論じてい

る。すなわち、最も個人主義的な論者たち（例えば、個人主義者として出発したルソー、カント、フィヒテ）は、個人にとってだけでなく社会にとって、合理的な生は可能であるか、可能であるとすればそれをどのように実現すべきか、について検討している（TCL, p. 191. 邦訳、342 頁）。

　これらの論者は、もしも道徳的・政治的な問題が真の問題であるならば、それは原理的に完全に解決可能なものでなければならないと論じる。すなわち、いかなる問題にも一つの、唯一の真の解答がなければならないと言うのである。さらに、すべての真理は、原則として、合理的な思想家によって発見されうる。そして他のすべての合理的な人々は、その思想家によって発見された真理を受け入れねばならない（TCL, p. 191. 邦訳、343 頁）。賢者はあなた自身よりもよりよくあなたのことを知っている。なぜなら、あなたは情念のとりこだからである。そこで国家は、あなたを奴隷にしてしまうような「低級」な本能、情念、欲望などを取り除き、抑圧しなければならない（TCL, p. 196. 邦訳、351 頁）。

　もしもこのように、最善・最良の人たちによってさえ、専制主義（モーツァルトの歌劇『魔笛』のザラストロの城）へと導かれてゆくものであるならば、以上の議論の想定に何か間違いがあるのではないか。バーリンはその間違った想定を以下の四点に整理している。第一に、すべての人間は一つの目的を、つまり、合理的自律という目的をもっている。第二に、すべての合理的存在者の目的は、必然的に単一で普遍的で調和的な型にはめこまれねばならない。しかも、この型は、ある人が他の人よりもより明晰に識別しうることがらである。第三に、すべての衝突・葛藤（conflict）——したがってすべての悲劇——は、原理的には避けることができるものであり、合理的存在者には起こりえない。第四に、すべての人間が合理的になってしまえば、すべての人間にとって同一である合理的な法に服するであろうから、すべての人間は完全に遵法的でありかつ、自由な存在となる（TCL, p. 200. 邦訳、358-359 頁）。

　バーリンは以上の想定を、「二つの自由概念」の「一と多」という節で、多元論（彼は「価値の多元論」という表現も用いる）の立場から批判することになる。

4　承認と民主政

バーリンは次に、(1)「ある国家や民族が他の国家や民族によって承認されること」という意味での「積極的」自由と、(2)「民主的な集団的自己支配」という意味での「積極的」自由について、論じている。

(1)　地位の追求　　まずは、ある国家や民族が他の国家や民族によって承認されること、という意味での「積極的」自由について見ていこう。

人間は社会的な存在である。ある人なり、ある国民なりが嘆いている自由の欠如が、結局は他の人なり他の国民からの正当な承認の欠如に由来する、ということはしばしばある。私が求めているのは、強制を受けないことではないのかもしれない。私が求めているのはむしろ、地位と承認への欲求なのである（TCL, pp. 201-202. 邦訳、360-362頁）。

バーリンによると、このような地位と承認への要求を、自由（「消極的」な意味においても「積極的」な意味においても）と同一視することはなかなか簡単ではない。この欲求は、人間によって自由と同じく切に必要とされ、激しく戦い求められるものであり、自由に近いものではあるが、自由そのものではない（TCL, p. 204. 邦訳、366頁）。

ただし、自分が帰属する階級なり集団なり国民なりの「人格」を主張したいという願望は、「権威の支配する領域はどのようなものであるべきか」という問いに対する答えとまったく無関係のものではないし、「誰がわれわれを統治すべきか」という問いと緊密な関係をもっている。もしも「誰が私を統治するか」という問いへの答えが、「私」を象徴できる人物および存在であるとすれば、連帯や博愛という言葉だけでなく、自由という言葉の「積極的」な意味が含意している一部分を意味し伝達するような言葉を使用することによって、自由という言葉を、自由の混合形態として記述することができる（TCL, p. 206. 邦訳、369-370頁）。

バーリンは、表現を慎重に選びながら、地位の承認と自由（消極的な意味であれ積極的な意味であれ）とは同一視できないと述べつつも、地位の承認を「積極的」な自由として理解する可能性を示しているのである。

(2)　自由と主権　　バーリンは次に、民主的な集団的自己支配を「積極的」自由として捉える可能性について論じている。

166　第8章　バーリン『自由論』の再読

　フランス革命は、すべての大革命と同じように、少なくともそのジャコバン的形態においては、まさしく国民としての解放を感じたフランス人の総体において集団的自己支配という「積極的」自由への欲求が爆発したものであった（もっとも、大多数のフランス人にとっては個人的自由の厳しい制限であったけれども）。例えばルソーの言う自由は、ある一定の領域内で干渉を受けないという個人の「消極的」自由ではなく、ある社会の成員としての資格を有する全員が公的権力を分けもつことであった。この公的権力はあらゆる市民の生のいかなる局面にも干渉する権利を与えられている（TCL, p. 208. 邦訳、374頁）。

　19世紀前半の自由主義者たちは、この「積極的」な意味における自由は、自分たちが神聖視しているすべての「消極的」自由を容易に破壊しうるであろうことを指摘していた。デモクラシー的自己支配という「積極的」自由と、一定の領域で干渉を受けないという「消極的」自由の葛藤を、誰よりもよく見抜き、はっきり表現したのは、コンスタンであった。彼は、反乱の成功によって一方から他方へと、一般に主権と呼ばれている無制限の権威が移し替えられることは、自由を増大させるものではなく、単に従属の重荷を移動させるだけのことだということを指摘した。「消極的」な個人的自由を欲する人々にとって、主要な問題は、誰がこの権威を振り回すかということではなく、どれほど大きな権威がある人たちの手中に置かれるかということだ、とコンスタンは見ていた。なぜなら、誰の手に握られようと、無制限な権威はいずれ誰かを破壊せずにはいない、と彼は信じていたからである（TCL, pp. 208-209. 邦訳、374-375頁）。

　結局、バーリンによると、「消極的」自由の信奉者は権威そのものを抑圧しようと欲し、「積極的」自由の信奉者はその権威をわが手中に置こうと欲する。これが基本的な争点である。それは、一つの概念についての二つの異なった解釈というのではなく、人生の目的に対する二つのまったく相異なる、和解させることのできない態度なのである（TCL, p. 212. 邦訳、380-381頁）。

第2節 「二つの自由概念」(1958年) 167

5 一と多 (The One and the Many)

バーリンは最後に、積極的自由にかんする間違った想定(本節の3「「積極的自由」の観念」の末尾を参照)を念頭に置きながら、価値の一元論と多元論を対比的に論じている。

歴史上存在した理想の祭壇において、個人が殺戮されてきたことについては、他の何にもまして一つの信仰に責任がある。それは、どこかに最終的な解決があるという信仰である。この古くからの信仰は、人々が信じてきた以下の確信に、すなわち、すべての積極的な価値は、最後には互いに矛盾することはないはずであり、おそらく相互に必要としあうものであろうという確信に、基づいている(TCL, p. 212. 邦訳、381-382頁)。プラトンからヘーゲルの最近の弟子たち、さらにマルクスに至るすべての合理主義的形而上学者にとって、この究極的・最終的調和――そこにおいて一切の謎は解かれ、一切の矛盾は調停される――という観念を放棄することは、一つの粗野・未熟な経験主義である(TCL, p. 213. 邦訳、383頁)。

しかしながら、バーリンに言わせれば、われわれが日常的経験において遭遇する世界は、いずれも等しく究極的であるような諸目的――そしてそのあるものを実現すれば不可避的に他のものを犠牲にせざるをえないような諸目的――のあいだでの選択を迫られている世界である。こうした状況が存するがゆえに、人間は、選択の自由に非常に大きな価値を置いているのである(TCL, pp. 213-214. 邦訳、383-384頁)。

バーリンによれば、人間の思い描く様々な目的のすべてが調和的に実現されうるような唯一の定式のようなものが、原理的に発見可能であるという信仰は、明らかに誤りである。もし彼の信じているように、人間の目的が多数であり、そのすべてが原理的には、相互に矛盾のないものではありえないとするならば、衝突・葛藤――悲劇の可能性――が、個人的にも社会的にも、人間の生から完全に除去されるということは決してありえない。とすると、絶対的な諸要求のあいだでの選択を余儀なくされるという事態は、人間が置かれている状態(human condition)の不可避的な特徴ということになる(TCL, p. 214. 邦訳、384-385頁)。

168　第 8 章　バーリン『自由論』の再読

第 3 節　「歴史の必然性」（1953 年）

　本節では、バーリンの「歴史の必然性」を再読する。本節の前半では、決定論にかんするバーリンの議論について確認する。後半では、われわれは理論的にはともかく、実際には、決定論を前提として考えたり話したりできない、というバーリンの見解を確認する。なお、「歴史の必然性」では相対主義についても論じられているが、本節ではその部分には触れていない。

　　　＊　以下では、バーリンの「歴史の必然性[6]（Historical Inevitability）」を HI と略
　　　　記し、参照する際には本文中に原書および邦訳の頁数を記す。

　バーリンによると、人間の行為のあり方は実際には、個々人のほとんど制御しえない諸要因によって決定されている、という考えが存在する。そうした諸要因としては、例えば以下のものがある。すなわち、物理的要因、環境、慣習などの力、または、より大きな単位——民族、国家、階級、生物学上の種——の「自然的」成長、あるいは、非経験的にしか捉えられない実在——「精神的有機体」、宗教、文明、ヘーゲル的（または仏教的）世界精神——などである（HI, p. 98. 邦訳、176 頁）。

　決定論的な諸理論は、それが目的論的であれ、形而上学的であれ、機械論的であれ、宗教的であれ、美学的であれ、科学的であれ、以下の考えを共有している。すなわち、個人の選択の自由は究極的には幻想であり、人間が実際に選択したのとは別の仕方で選択できたのだと考えることは、事実の無知に基づいている。したがって、人間がこうした行為をすべきであったとか、ああした行為は避けえたであろうとか、そのように行為したのは称賛に値する、あるいは非難されるべきだと主張することは、人間の生の特定の領域が法則によっては決定されえないものだという前提に立っていることになり、そういう前提は明らかに誤りだと主張される。とすると、いかなる事柄も現にそうなっている以外にはなりえないのを知り抜いている全知の存在にとっ

　6　Isaiah Berlin, 'Historical Inevitability', in Isaiah Berlin, *Liberty, supra* note 3. 生松敬三訳「歴史の必然性」バーリン著・前掲注（1）『自由論』所収。

ては、責任や罪や正邪といった概念は、必然的に空虚なものであり、たんなる無知に基づく幻想ということになる（HI, p. 110. 邦訳、197-198 頁）。

　バーリンは、以上のように決定論の特徴を示した上で、その疑わしさについて論じていく。彼によると、あらゆる形態の純粋の決定論から引き出されるものは、個人の責任という概念の除去である。人が、ある事態に責任があるのは誰なのだ、と尋ねることは、人間としてはまったく自然なことである。もしも世界の歴史が、人間の意志や自由な選択以外の諸力の作用に帰せられるとするならば、生起することがらの適切な説明は、そうした諸力に求められねばならない。そうだとすると、究極的に「責任」のあるのは個々人ではなく、そうした諸力を有する大きな実在だということになる（HI, p. 115. 邦訳、206 頁）。

　しかしながら、もし決定論的な仮説が真であって、現実世界を適切に説明してくれるものであるなら、普通に理解されているような人間の責任という観念は、もはや現実の事態に適用されるものではなく、単に想像上の事態ないし考えられうる事態にのみ適用されることになってしまう。バーリンは、決定論が必然的に誤っていると言おうとするのではない。彼が言いたいのは以下のことにすぎない。すなわち、われわれは、決定論的な仮説が真理であるということを前提にして話したり考えたりしていない、ということである。決定論を真剣に信奉するとしても、決定論を前提とする世界がどのようなものとなるかを考えることは、困難であるか、おそらく不可能であろう。バーリンに言わせれば、特定の歴史理論家（および歴史的傾向のある哲学者）がしばしばそうするように、決定論的な仮説を受け入れることができると言いながら、実際にはわれわれが現在しているのと同じように（決定論的な仮説を受け入れずに）話したり考えたりすることは、知的な混乱を巻き起こすことである（HI, p. 122. 邦訳、219 頁）。

　バーリンによれば、たとえ自由への信仰が、一つの必然的な幻想であるとしても、それはきわめて根深く、広く浸透しているものであるから、自由が幻想であるとは感じられない。とすると、決定論を前提としてわれわれの思考法や考え方を変えない限り、決定論は内容空虚なままにとどまる。つまり、われわれが単に理論においてのみならず、実際においても、決定論に適

170　第8章　バーリン『自由論』の再読

合する仕方で考えたり話したりしようと本気で試みることは、現在において
も、記録された歴史においても、ほとんど実行不可能なことがらである。結
局、われわれは、真正の決定論者の世界がどのようなものであるかというこ
とを、具体的詳細さをもって考え抜く（想像しはじめる）ことができないの
である。バーリンは、これを疑う人は自分で試みてみるがよいと述べている
（HI, pp. 122-123. 邦訳、219-220頁）。

第4節　本章のむすびに代えて

　本章では、『自由論』所収の「二つの自由概念」および「歴史の必然性」
に注目し、それらの内容を再確認する作業を行った。次章以降では、まず、
彼の二つの「二つの自由概念」（1952年と1958年）を念頭に置きつつ、彼が
カント的な人間主義的姿勢から、やがて価値多元論に向かったことを確認す
る。さらに、価値多元論の思想史的起源についても検討する（第9章）。次
に、バーリンの「歴史の必然性」を念頭に置きつつ、決定論と自由にかんす
る彼の見解について検討を行う（第10章）。

第9章　自由と価値多元論

——二つの「二つの自由概念」（1952年、1958年）——

第1節　消極的自由の擁護論か

　本章の目的は、バーリンの二つの「二つの自由概念」（1952年および1958年）を比較することを通じて、彼の自由論の特徴を描き出すことである。具体的には、①バーリンの自由論は消極的自由の擁護論ではないこと、および②彼が当初は人間主義的な姿勢を取っていたにもかかわらず、後に価値多元論を擁護するに至ったことを、明らかにしたい。なお、②との関連で、③価値多元論の思想史的起源についても考察を加えたい。本節では①について検討する。

　バーリンは『ロマン主義時代の政治思想』（1952年、出版は2006年）所収の「二つの自由概念[1]」（1952年）の段階で、すでに二つの自由概念（積極的自由と消極的自由）を区別していたが、その区別は彼の教授就任講演「二つの自由概念[2]」（1958年）でも踏襲されている。二つの自由概念とは、積極的自由（positive freedom）と消極的自由（negative freedom）のことである。積極的自由は、何らかの「真」の目的に従って、自己支配ないし自己実現を行う自由である[3]。消極的自由は、一定の境界線を越えて干渉を受けない自由

1　Isaiah Berlin, 'Two Concepts of Freedom: Romantic and Liberal', in Isaiah Berlin, *Political Ideas in the Romantic Age: Their Rise and Influence on Modern Thought*, edited by Henry Hardy (London: Chatto & Windus, 2006). この内容については本書の第5章を参照。

2　Isaiah Berlin, 'Two Concepts of Liberty', in Isaiah Berlin, *Liberty*, edited by Henry Hardy (Oxford: Oxford University Press, 2002). 生松敬三訳「二つの自由概念」アイザィア・バーリン著、小川晃一・小池銈・福田歓一・生松敬三共訳『自由論』（みすず書房、1971年）。

3　Ibid., pp. 179–180. 邦訳、320–323頁。

172　第 9 章　自由と価値多元論

である[4]。

　バーリンによると、積極的自由は、「私は自分自身の主人である」という言明が含意する自己支配というメタファーに基づいて、人々の「真」の目的を実現するという名目で、人々を嚇し、抑圧し、拷問にかけることを可能とする[5]。バーリンはこうした奇妙な転倒を危惧している——奇妙な転倒とは、カントの弟子であると自称する思想家（例えば後期のフィヒテ）によって、カントの厳格な個人主義（自己支配）がほとんど純粋な全体主義的学説に近いものへと変化させられたことである[6]。

　そこでバーリンは、「自由」という言葉のいかなる解釈にも、彼が「消極的自由」と名づけたものの最小限が、例外としてでも含まれねばならないとする。自分のしたいことを他人によって完全に妨げられる存在は、決して道徳的行為の主体ではありえないからである[7]。

　さて、バーリンの批判者たちの多くは、批判をなす際に消極的自由の概念に集中し、その概念の狭さを批判したり、その概念と古典的自由主義との関連を明らかにしたりする者もいた。しかしながら、ポーランドの法哲学者であるベアタ・ポラノフスカ゠シグルスカによると、バーリンの議論の価値と独創性は、消極的自由にかんする議論にではなく、むしろ積極的自由に対する鋭い批判にある。バーリンは「二つの自由概念」（1958 年）において、消極的自由の説明に 9 頁を費やし、積極的自由の概念の説明には 24 頁を費やしている[8]（これは『自由論』初版（1969 年）所収の「二つの自由概念」（1958 年）の頁数である）。「二つの自由概念」（1952 年）を見ても、やはり消極的自由の説明は少なく、積極的自由の説明の方が圧倒的に多くなっている。

　それから、ポラノフスカ゠シグルスカによると、バーリンは理論レベルに留まって彼自身の教説を提示している、というわけではない。彼はむしろ、

4　Ibid., p. 174. 邦訳、311–312 頁。

5　Ibid., pp. 179–180. 邦訳、320–322 頁。

6　Ibid., p. 198. 邦訳、355 頁。

7　Ibid., p. 207. 邦訳、371–372 頁。

8　Beata Polanowska-Sygulska, 'One More Voice on Berlin's Doctrine of Liberty', in Isaiah Berlin and Beata Polanowska-Sygulska, *Unfinished Dialogue* (Amherst, New York: Prometheus Books, 2006), p. 236.

自由にかんするメタ理論を、すなわち理論にかんする理論を定式化している。バーリンによる二つの自由概念にかんする分析と、消極的自由は個人の自由のよりよい防御手段であるというテーゼは、彼自身の教説というわけではないのである[9]。なお、バーリン自身も、ポラノフスカ＝シグルスカとの会話のなかでこのことを認めている[10]。批判者たちはそのことを理解せず、バーリン自身が提示していない教説を自分（批判者）なりに想定した上で、その教説に対して攻撃を加えているのである。

　以上で確認したように、バーリンは二つの「二つの自由概念」（1952年と1958年の両者）において、消極的自由についてよりも、積極的自由について多くの紙幅を割いて、詳しく論じている。さらに、彼は積極的自由をめぐる「奇妙な転倒」（あなたに自己支配させるという名目で、あなたを嚇し、抑圧し、拷問にかけること）を危惧しているのであって、消極的自由を擁護するための教説を提示しているわけではないのである。

第2節　人間主義的な姿勢から価値多元論へ

　本節の目的は以下を示すことである。すなわち、バーリンは「二つの自由概念」（1952年）の段階ではカントから学んだ「人間主義的」な道徳的姿勢を取っていたが、「二つの自由概念」（1958年）の段階ではその姿勢を弱めて、むしろ価値多元論を前面に出している、ということである。

　まずは「二つの自由概念」（1952年）に注目し、バーリンが「非人間主義的」な自由の捉え方と「人間主義的」な自由の捉え方区別している箇所を確認しておこう。

　バーリンによると、「非人間主義的」な自由の捉え方には複数のものがある——例えば、超越論的なもの、神学的なもの、「有機体論的」なもの（ヘーゲル的ないしファシズム的な形態のそれ）、英雄主義的なもの（バイロン的ないしニーチェ的な意味でのそれ）がある。あるいは、個人に対して、歴史に服

9　Ibid., p. 242.

10　Isaiah Berlin and Beata Polanowska-Sygulska, *Unfinished Dialogue, supra* note 8, pp. 154-155.

174 第9章 自由と価値多元論

するように求めるもの（バークないしドイツの歴史法学者たち（the German Jurists）が求めたもの）、階級に服するように求めるもの（マルクス主義者）、人種に服するように求めるもの（国家社会主義者）もある。他に、自己破壊を求める審美的なもの（終末論）や、ショーペンハウアー、トルストイ、あるいはヒンズー教の賢者によって唱道された静寂主義的なものもある——。結局、これらの「非人間主義的」な自由の捉え方は、個人に対して、より大きな力ないし集合体——歴史、階級、人種、あるいは審美的理想——の要請に従うように命じるのである[11]。

　これに対して、「人間主義的」な見解が存在する。この見解は、人間を「時空のなかの経験的存在」と捉える。人間は、それぞれの理由で、「自分が追求したいと思う目的を追求しており、自分がそうなりたいと希望するものになるために、他者による介入から保護された一定の領域を必要としている[12]」。バーリンのこの「人間主義的」な姿勢は、人間の主体性についての経験的な捉え方と、以下のカント的主張との結合に、依存している——バーリンが念頭に置くカント的主張とは、人間は「すべての道徳の唯一の源泉であり、その〔人間の〕目的がいかなるものであっても追求するに価するような存在」であり、したがって、人間を人間以外の存在のために犠牲にすることは原理的に考えられないのであるから、人間の望みと理想は尊重されるべきである、という主張のことである[13]。

　以上で確認したように、バーリンは「二つの自由概念」（1952年）では、カントから学んだ「人間主義的」な道徳的姿勢を踏まえつつ、「人間主義的」な自由観と「非人間主義的」な自由観を対比させている。ところが、バーリンはやがて価値多元論を強調するようになるため、カント倫理学のバーリンへの影響は目立たなくなってしまう[14]。実際、バーリンの「二つの自由概念」（1958年）を読むと、カントから学んだ「人間主義的」な道徳姿勢は見

11　Isaiah Berlin, 'Two Concepts of Freedom', *supra* note 1, p. 207.

12　Ibid., p. 206.

13　Ibid.

14　Joshua L. Cherniss, 'Berlin's Early Political Thought', in George Crowder and Henry Hardy (eds.), *The One and the Many: Reading Isaiah Berlin* (Amherst, New York: Prometheus Books, 2007), p. 109.

第2節　人間主義的な姿勢から価値多元論へ　　175

当たらず、むしろ価値多元論の立場が前面に打ち出されている。

　ここで、バーリンが「二つの自由概念」（1958 年）で提示した価値多元論にかんする議論を見ておこう。歴史上の大きな理想の祭壇において、個人が殺戮されてきたことについては、一つの信仰に責任がある。その信仰とは、究極的・最終的な解決がどこかに存するという信仰である。この古くからの信仰は、人々が信じてきたすべての価値は、最終的には互いに矛盾することなく、相互に必要としあうという確信に基づいている。こうした一元論の伝統は、宇宙を、一つのコスモスないし調和とみなす。しかしながら、バーリンに言わせればこの伝統的な想定は誤りである。経験的観察と通常の人間的知識というごくありきたりの手段・方法からすれば、諸価値の全体的調和は発見できないし、そうした調和が発見可能であると、ア・プリオリに保証することもできない。結局のところ、価値の一元論的見解の想定を保証することはできないのである[15]。

　それとは逆に、人間の日常的経験はむしろ価値多元論の正しさを示している。人間が日常的経験において遭遇する世界は、いずれも等しく究極的であるような諸目的――そしてそのあるものを実現すれば不可避的に他のものの犠牲を含意せざるをえないような諸目的――のあいだでの選択を迫られている世界である。そして、そういった目的のすべてが調和的に実現されうるような唯一の定式が、原理的に発見可能であるという信仰は、明らかに誤りである。人間の目的が多数であり、そのすべてが原理的には相互に矛盾のないものではありえないならば、衝突・葛藤の可能性――悲劇の可能性――が、個人的にも社会的にも、人間の生から完全に除去されるということは決してありえないのである[16]。

　なお、以上の特徴を有する価値多元論は、バーリンが提示する価値の通約不可能性ないし両立不可能性という観念と関連している。すなわち、バーリンは「二つの自由概念」（1958 年）の脚注で、「多くの種類および程度の通約不可能（incommensurable）な自由が存在する」と述べている[17]。通約不可能

　15　Isaiah Berlin, 'Two Concepts of Liberty', *supra* note 2, pp. 212–213, 216. 邦訳、381
　　　–383、388 頁。

　16　Ibid., pp. 213–214. 邦訳、383–385 頁。

176 第9章 自由と価値多元論

性とは、大まかに言えば、例えば二つの物事が共通の尺度で測れないことを意味する。バーリンはこの観念を道徳に適用し、すべての価値が一つの尺度でランクづけできることを否定する。彼によると、価値多元論は、異なる文化や社会の諸々の価値が多様であるだけでなく、互いに通約不可能であるという信念なのである[18]。あるいはバーリンは、諸理想は両立不可能（incompatible）であると述べた上で[19]、両立不可能性の観念を「それぞれがそれ自体の有効性をもつ諸々の理想の多元性の観念」として説明している[20]。

　以上で確認したように、バーリンは「二つの自由概念」（1952年）では、カントから学んだ「人間主義的」な道徳的姿勢を踏まえつつ、「人間主義的」な自由観と「非人間主義的」な自由観を対比させている。ところが、バーリンの「二つの自由概念」（1958年）を読むと、カントから学んだ「人間主義的」な道徳姿勢は見当たらず、むしろ価値多元論の立場が前面に打ち出されている。

第3節　価値多元論の思想史的起源

　本節では、バーリンに依拠して、価値多元論の思想史的起源について検討する。彼はマキアヴェッリやモンテスキューにも言及するが、とくにヴィーコに注目し、ヴィーコの価値多元論の思想史的起源について論じている。

　バーリンによると、マキアヴェッリは価値の二元論ないし多元論の創始者の一人であり、モンテスキューは価値多元論を擁護していた[21]。すなわち、

17　Ibid., note 1 at p. 177. 邦訳、318頁の注＊＊。

18　Isaiah Berlin, 'Vico and Herder', in Isaiah Berlin, *Three Critics of the Enlightenment: Vico, Hamann, Herder*, edited by Henry Hardy (London: Pimlico, 2000), pp. 176-177. 小池銈訳『ヴィーコとヘルダー──理念の歴史：二つの試論』（みすず書房、1981年）298頁。

19　Isaiah Berlin, *The Roots of Romanticism*, edited by Henry Hardy (London: Chatto & Windus, 1999), p. 58. 田中治男訳『バーリン　ロマン主義講義』（岩波書店、2000年）88頁。

20　Ibid., p. 138. 邦訳、210頁。

21　Isaiah Berlin, 'The Originality of Machiavelli', in Isaiah Berlin, *Against the Current:*

第3節　価値多元論の思想史的起源　　**177**

マキァヴェッリはキリスト教道徳と異教徒的道徳（ローマ的、古典古代的道徳）を対比させ、それらは実践的にも原理的にも両立不可能であるとした[22]。モンテスキューは著書『ペルシア人の手紙』のなかで、自分のペルシアへの旅が、フランスやヨーロッパの制度や慣習を新鮮な目で見させて、パリやローマで明らかで自然だとみなされているものが、ペルシアの慣習からすると奇妙でばかげていて正気でないように見える、ということを示した。これはモンテスキューの著名な相対主義である。それは、あらゆる場所のすべての人間にふさわしい単一の価値体系はない、すべての国の社会的政治的問題への唯一の解決策は存在しない、という主張である[23]。（なお、バーリンはここでモンテスキューにかんして「相対主義」という表現を用いているが、それは実は「価値多元論」を意味している。彼は後に、自分がモンテスキューを相対主義者と描写したのは間違いだったと述べている[24]。）

　もっとも、マキアヴェッリとモンテスキューは、一元論的な伝統に抵抗し、二元論的ないし多元論的な伝統の創始者となったが、マキアヴェッリは結局は一元論者にとどまり、モンテスキューはある種の普遍的で、恒久的で、不朽の規範を信頼し続けた[25]。

　価値多元論の思想が明確に表明されるのは、ヴィーコ、ハーマン、ヘルダーの登場を待たねばならなかった。ヴィーコは、人間の複数の目的は、状況が変化するにつれて変化するし、状況自体も、それらの目的や人間の動き方

Essays in the History of Ideas (London: Pimlico, 1997), pp. 75, 79. 佐々木毅訳「マキアヴェッリの独創性」、アイザィア・バーリン著、福田歓一・河合秀和編訳『思想と思想家（バーリン選集1)』（岩波書店、1983年）78、83頁、Isaiah Berlin, 'Montesquieu', in Isaiah Berlin, *Against the Current, supra*, p. 143. 三辺博之訳「モンテスキュー」、バーリン著・前掲『思想と思想家』170頁。

22　Isaiah Berlin, 'The Originality of Machiavelli', *supra* note 21, pp. 45, 68-69. 邦訳、27-28、67頁。

23　Isaiah Berlin, 'Montesquieu', *supra* note 21, p. 143. 邦訳、169-170頁。

24　Isaiah Berlin and Ramin Jahanbegloo, *Conversation with Isaiah Berlin* (London: Peter Halban, 1992), p. 107. 河合秀和訳『ある思想史家の回想——アイザィア・バーリンとの対話』（みすず書房、1993年）160-161頁。

25　Isaiah Berlin, 'The Originality of Machiavelli', *supra* note 21, p. 76. 邦訳、79頁、Isaiah Berlin, 'Montesquieu', *supra* note 21, p. 154. 邦訳、187頁。

178　第9章　自由と価値多元論

によって変化するのだと、考えた[26]。さらに、全盛期のローマやギリシアが、近代の——ルネサンス以降の——西ヨーロッパとまったく似ていないとしたら、同じく本物で、同じく発達した文化が、二つ以上ありうる、そしてそれらの文化がたいへん異質で、両立不可能で通約不可能でありうる、ということになる。このことは真正の多元論を伴うのであって、人間はいつでもどこでも同一の本性を有する、という信念を断固として退けるのである[27]。

　さて、バーリンはヴィーコの価値多元論について以下のように説明している——以下は文化史について論じる文脈であるため、バーリンは価値多元論ではなく文化的多元論という用語を用いている。彼によると、文化的多元論とは、本物の文化はそれぞれそれ自身に独特の物の見方、それ自身の価値尺度をもっている、という考え方である。あるいは、多様な文化が存在し、様々な、時には相対立する生活様式、理想、価値規準の追求がなされる、という考え方である[28]。この説明からすると、バーリンの言う文化的多元論は、価値多元論と言い換えることができるだろう。

　バーリンによると、この意味における多元論は、16世紀の改革的な法学者たちがローマ法にかんしてなした論争のうちにはっきりと現れていた。大書記官パキエやデュムーランやオトマンのような人々が論じるには、古代ローマの法律や慣習は、ローマ（古代であれ現代であれ）にとって意味をもつのであって、フランク人やガリア人の子孫には役に立たない。彼らは、性質を異にする社会や条件にとっては相異なる価値体系が等しく客観的な妥当性をもつということを強調し、ある特定の社会および生活形態にはある特定の法典が適切であるということは普遍的に妥当な、事実的ならびに論理的考察によって証明できる、と信じた[29]。

26　Isaiah Berlin, 'Vico and Herder', *supra* note 18, p. 55. 邦訳、90頁。

27　Ibid., p. 164. 邦訳、271-272頁。

28　Isaiah Berlin, 'Giambattista Vico and Cultural History', in Isaiah Berlin, *The Crooked Timber of Humanity: Chapters in the History of Ideas*, edited by Henry Hardy (London: John Murray, 1990), pp. 59, 65. 田中治男訳「ジャンバティスタ・ヴィーコと文化史」、アイザィア・バーリン著、福田歓一・河合秀和・田中治男・松本礼二訳『理想の追求（バーリン選集4）』（岩波書店、1992年）44、52頁。

29　Ibid., p. 83. 邦訳、76頁。

第 3 節　価値多元論の思想史的起源　179

　バーリンの以上の理解は、彼の以下の講演でより詳しく示されている。す
なわち、1973 年に行われた講演「文化史の起源」の第三部「衝突の起源
——政治的法学者、古典学者、物語的な歴史学者[30]」である。

　　　＊　以下では、バーリンの「文化史の起源（The Origins of Cultural History）」の
　　　　第三部を OCH と略記し、参照する際に本文中に頁数と共に記す。

　バーリンによると、ヴィーコの考え（文化的多元論ないし価値多元論）はど
こから来たのか、という問題がある。残念ながら、ヴィーコの研究者たちは
その問題に答えてくれない（OCH, p. 8）。そこで、バーリンは独自の見解を
提示する。

　15 世紀に、イタリア・ルネサンスとして知られている現象が生じた。そ
うした現象は存在しないという意見もあるが、やはり何かが起こっていた。
そこでは古典学への関心が生じていた。例えばロレンツォ・ヴァッラは文法
学や文献学の研究を行った（OCH, p. 15）。ヴァッラと弟子たち、とくに南仏
や、トリノ、ヴァランス、ブルージュの法律学校にいる弟子たちは、ギリシ
アやローマの古典を精査していた。とくに復興されるべき重要文献として
は、ユスティニアス帝の『学説遺纂』があった。ヴァッラは、言葉というも
のは、哲学者が使うように理解されてはならない、その言葉を使っていた
人々が理解していたように理解されるべきだ、とした（OCH, p. 16）。

　さて、フランスの偉大な法学者キュジャスの弟子に、オトマンとボードゥ
アンがいる。彼らは、古代ローマの法学者たちが言うことは自分たちにとっ
て一体どのような意味があるのか、という疑問を抱いた（OCH, p. 17）。オト
マンは、16 世紀中頃の反ローマ的な法学者であった。彼は自著において、
自分たちはここに生きているフランク人であって、イタリア人ではないとい
う事実を強調する。フランク人がゲルマンの森から出てきたのは、野獣のご

30　Isaiah Berlin, 'The Origins of Cultural History 3; The Origins of the Conflict:
　　Political Lawyers, Classical Scholars, Narrative Historians', in Nicholas Hall (ed.),
　　The Isaiah Berlin Virtual Library ⟨http://berlin.wolf.ox.ac.uk/lists/nachlass/
　　origins3.pdf⟩ accessed on 12 May 2016. バーリンは以下でもヴィーコの見解の起源に
　　ついて論じている。Isaiah Berlin, 'Vico and Herder', *supra* note 18, pp. 138–167. 邦
　　訳、229–276 頁。

ときローマ人によって押しつけられていた恐るべき軛から哀れなガリア人を救うためであった（これはフランク人の側から見た考えである）。そして、神の恩寵によってガリア人を救い、ガリア人のための国を作った。よって、フランク人とガリア人は当然のように共感しあい、共生してきた。それに対して、ローマ人は年老いた抑圧者に過ぎないのであり、暗い森から出てきた自由を愛する者たち（フランク人）によって追放される——以上はオトマンの独創的なゲルマン的テーゼである。オトマンは、ブルゴーニュ地方の法や、フランドルの法を参照しながら、このテーゼを提示した。彼は言う。すべての民族は、それ自身の四季や、変遷や、独自の道徳や習俗をもっている。それぞれの民族は、独自の「風貌と性格」を有しており、自分たちの固有の領土をもっている。結局、時間を超える叡智など存在しない。ユスティニアス帝の法典は、われわれ（オトマンを含むフランク人）とは無関係である。われわれは、自分たちと関係があると思われるものを採用する。ローマの裁判官は、自分たちの役には立たない（OCH, p. 21）。

　バーリンはここでヴィーコに戻る。バーリンの理解では、ヴィーコが以上のことについて知らないはずはない。なぜなら、ヴィーコはローマ法学者として教育されたからである。彼は実際、著書において、オトマンを含む法学者の名前をあげている。オトマンらは、ローマ法を学ぶ者にとっては大変著名であった。バーリンは、ヴィーコの見解は確かに独創的であるが、彼とオトマンらとのあいだに何らかの接合点があるように思われる、と述べている（OCH, p. 27）。

　では、なぜ誰もそのことを指摘しないのか。なぜヴィーコ自身もそのことに言及しないのか。バーリンはその理由を三つあげている。第一に、人は、自分のアイディアに情報源があるということを認めたがらないからである。第二に、ヴィーコは概して、自分の中心的な考え方を示す際に、典拠となる文献を示していない。彼は著書の『新しい学』を出版する際に、出版費用との関係で原稿の四分の三を破棄せざるをえなかったので、失われた箇所に典拠が示されていたのかもしれない。第三に、イタリアの学者とフランスの学者のあいだの大きな裂け目のためかもしれない。バーリンによると、当時の両国の学者たちは、互いをひどく攻撃しあっていた。イタリアのヴィーコ

が、自国の学者たちに忠誠を誓っていたとすれば、イタリアの学者を卑下するフランスの学者（オトマンら）に言及しないことは驚きではないであろう（OCH, pp. 27-29）。

第4節　本章のむすびに代えて

　最後に、本章で検討した三点について再確認しておこう。バーリンは二つの「二つの自由概念」（1952年と1958年の両者）において、消極的自由についてよりも積極的自由について、多くの紙幅を割いて詳しく論じている。さらに、彼は積極的自由をめぐる「奇妙な転倒」（あなたに自己支配させるという名目で、あなたを嚇し、抑圧し、拷問にかけること）を危惧しているのであって、消極的自由を擁護するための教説を提示しているわけではないのである。

　バーリンは「二つの自由概念」（1952年）では、カントから学んだ「人間主義的」な道徳的姿勢を踏まえつつ、「人間主義的」な自由観と「非人間主義的」な自由観を対比させている。ところが、バーリンはやがて価値多元論を強調するようになるため、カント倫理学のバーリンへの影響は目立たなくなってしまう。実際、バーリンの「二つの自由概念」（1958年）を読むと、カントから学んだ「人間主義的」な道徳姿勢は見当たらず、むしろ価値多元論の立場が前面に打ち出されている。

　バーリンは価値多元論の思想史的起源について以下のように説明している。すなわち、マキアヴェッリは価値の二元論ないし多元論の創始者の一人であり、モンテスキューは価値多元論を擁護していたが、その両者は、結局は一元論者にとどまり、ある種の普遍的で、恒久的で、不朽の規範を信頼し続けた。価値多元論の思想が明確に表明されるのは、ヴィーコ、ハーマン、ヘルダーらの登場を待たねばならなかった。さらに、ヴィーコの価値多元論的な考え方の起源は、16世紀の法学者たちが古代ローマ法にかんして行った論争のうちに現れていたのである。

182

第10章　バーリンにおける自由と決定論について
──「歴史の必然性」（1953年）との関連を踏まえて──

第1節　バーリンの「歴史の必然性」

　本章の目的は、バーリンが、自由と決定論についてどのような見解を提示しているのかを確認することである。具体的には、ヘーゲル、マルクス、ゲルツェン、およびトルストイにかんするバーリンの思想史研究が、彼のオーギュスト・コント記念講義「歴史の必然性[1]」（この講義が行われたのは1953年）と密接な関連を有することを明らかにしたい。

　バーリンの自由論は、自由の観念について検討する部分と、決定論（自由と決定論の問題）について検討する部分がある。前者は主として教授就任講演「二つの自由概念[2]」（1958年）で、後者は「歴史の必然性」で論じられている。

　ここで、バーリンの「歴史の必然性」の要点を示しておこう。彼はこの講義で、決定論（世界には一つの方向があり、世界はいくつかの法則によって支配されている[3]）が必然的に誤っていると主張したいわけではない。彼が主張し

1　この講義は1953年に「アリバイとしての歴史（History as an Alibi）」という表題で行われ、1954年に『歴史の必然性』という小冊子として出版された。本章では以下を典拠とする。Isaiah Berlin, 'Historical Inevitability', in Isaiah Berlin, *Liberty*, edited by Henry Hardy (Oxford: Oxford University Press, 2002). 生松敬三訳「歴史の必然性」アイザィア・バーリン著、小川晃一・小池銈・福田歓一・生松敬三共訳『自由論』（みすず書房、1971年）。

2　これは、オックスフォード大学チチェリ講座の社会・政治理論教授への就任講義である。講義そのものは1958年に行われ、同年に出版された。本章では以下を典拠とする。Isaiah Berlin, 'Two Concepts of Liberty', in Isaiah Berlin, *Liberty*, *supra* note 1. 生松敬三訳「二つの自由概念」アイザィア・バーリン著、小川晃一ほか共訳・前掲注（1）『自由論』。

3　Isaiah Berlin, 'Historical Inevitability', *supra* note 1, p. 114. 邦訳、204頁。

たいのは、われわれは決定論が正しいかのように話したり考えたりしてはいない、ということである。例えば、「自由」への信仰が幻想であるとしても、自由はとても根深く、広く浸透しているため、それが幻想だとは感じられない[4]。言い換えれば、自由（あるいは選択、責任）の観念はわれわれの考え方にとても深く埋め込まれているから、その観念をまったく欠いた世界の人間としての自分たちの生活など、われわれにはまったく理解できない[5]。とすると、われわれが単に理論においてのみならず、実践においても、自分たちの思考法や話し方を変えないかぎり、決定論の仮説は空虚なままにとどまる。すなわち、われわれが思考や言語を決定論の仮説に適合させようと本気で試みることは、今日においても、記録された歴史においても、ほとんど実行不可能なことがらなのである[6]。

　以上で確認したように、バーリンは、決定論を論駁するのではなく、理論だけでなく実践において一貫して決定論的に考えたり語ったりするのはほとんど不可能である、ということを示すことによって、決定論の立場を揺り動かそうとしているのである。

　さて、筆者は本書の第Ⅱ部で、バーリンの初期の講演である『ロマン主義時代の政治思想[7]』（1952年、出版は2006年）および『自由とその裏切り[8]』（1952年、出版は2002年）に依拠して、ヘーゲルにおける歴史法則と自由について整理した[9]。ヘーゲルにとって、すべての変化や行為は、諸々の法則に従って発生している。それらの法則は、論理法則と同じく、理解可能なものであり、必然的なものである。よって、それらの法則は合理的である。それらの法則は、世界が自己実現するプロセスを支配している。こうした法則

4　Ibid., pp. 122-123. 邦訳、219頁。

5　Ibid., p. 162. 邦訳、287頁。

6　Ibid., p. 123. 邦訳、219-220頁。

7　Isaiah Berlin, *Political Ideas in the Romantic Age: Their Rise and Influence on Modern Thought*, edited by Henry Hardy (London: Chatto & Windus, 2006).

8　Isaiah Berlin, *Freedom and Its Betrayal: Six Enemies of Human Liberty*, edited by Henry Hardy (Princeton and Oxford: Princeton University Press, 2002). 1952年にBBCラジオで講演がなされたときの表題は 'Six Enemies of Human Liberty' であった。

9　本書の第3章の第4節および第6章の第6節。

184　第10章　バーリンにおける自由と決定論について

が存在するとすれば、理解することとは、「すべてがなるべくしてそうなっ
ている（everything must be as it is)」ということを理解することである。そ
して、自由に行為することとは、その他にはより優れた代替案がないような
目的に従って行為することである。完全に合理的な存在は、完全に自己統治
をなしており、完全に自由なのである[10]。

　本章では、バーリンの議論に依拠しながら、ヘーゲルの歴史法則と自由の
捉え方を、マルクス、ゲルツェン、トルストイがどのように受け止めたかに
ついて検討する。さらに、バーリンが、以上の思想家たちの見解を踏まえ
て、決定論と自由についての彼自身の見解を提示するに至ったことを、明ら
かにしたい。

第2節　ヘーゲル

　本節では、バーリンの『カール・マルクス〔第4版〕[11]』に依拠して、ヘ
ーゲルの歴史の捉え方を確認し、ヘーゲルの歴史法則と自由の捉え方につい
て検討する。（バーリンは同書の第三章で、マルクスを論じるための準備作業と
してヘーゲルについて論じている。）

　　　＊　以下では、『カール・マルクス〔第4版〕（*Karl Marx*, fourth edition)』を参照
　　　　する際には KM という略号を用いて、本文中に原著と邦訳の頁数を記す。

　まずは、ヘーゲルの歴史の捉え方についてみていこう。
　バーリンによると、18世紀は、前世紀における数学や物理学の進歩によ
って影響を受けていた。そのため、ケプラー、ガリレオ、デカルト、ニュー
トンが成功裏に用いた方法が、社会現象や生の営みの解釈に適用された。こ

10　Isaiah Berlin, *Political Ideas in the Romantic Age, supra* note 7, pp. 243-244.
11　Isaiah Berlin, *Karl Marx*, fourth edition with a new introductory essay（New York
　　and Oxford: Oxford University Press, 1996). 福留久大訳『人間マルクス〔第4版〕
　　──その思想の光と影』（サイエンス社、1984年）。なお、バーリンの『カール・マ
　　ルクス』（原著）の初版は1939年だが、本人による改訂は1978年の第4版が最後で
　　ある。邦訳としては、原書の第3版および第4版のものがある。本章では、原著と邦
　　訳のいずれも第4版に依拠する。

第 2 節　ヘーゲル　185

うした動向を生み出した人物を一人だけあげるならば、それはヴォルテール
である。新思潮の勝利は、ヨーロッパ文化に大きな影響を及ぼした（KM,
pp. 31-32, 33. 邦訳、44 頁、46 頁）。

　この新思潮に対する反撃は、世紀の転換と共にはじまっていた。その反撃
は、ドイツの土壌に育ったが、すぐに全文明世界に広がった。ドイツは、三
十年戦争によって精神的にも物質的にも傷ついていたが、18 世紀末までに
は、ドイツ独自の文化を再度作りはじめていた。ナポレオン戦争は、傷つい
たドイツ人の知的自尊心に、軍事的敗北という屈辱をつけ加えた。そしてド
イツでは、強固な愛国的反動が戦時中にはじまり、それはナポレオンの敗北
後に国民感情を高揚させた。この愛国的反動は、カントの後継者たちの新し
いいわゆるロマン主義の哲学と同一化した。それは、フィヒテ、シェリン
グ、シュレーゲル兄弟らの哲学のことである。フランス人やイングランド人
の科学的経験主義に対して、ドイツ人は、ヘルダーやヘーゲルの形而上学的
歴史主義を前面に押し出した（KM, pp. 33-34. 邦訳、47-48 頁）。

　18 世紀の古典的哲学者たちは以下の問いを発した。すなわち、人間が、
自然における一つの物体でしかないとしたら、人間の行動を支配する法則と
は何なのか。こうした法則を、ニュートンやガリレオに匹敵する人物が発見
してはじめて、真の社会科学が登場することになるというのである（KM, p.
34. 邦訳、48-49 頁）。

　この急進的な経験論は、ヘーゲルには、科学的な独断主義の具体化である
ように思えた。それは、自然科学において成功した方法だけがその他の経験
領域においても通用しうる、という誤った考えを伴っていた。ヘーゲルは、
この新しい方法論について、それを物質的世界に適用することにすら懐疑的
であったが、それを人間の歴史に適用すれば破滅的な結果をもたらすと確信
していた。もしも歴史が、ヴォルテールやヒュームが言う意味での科学的法
則に従って叙述されたら、事実についての恐ろしい歪曲がもたらされるであ
ろう（KM, pp. 34-35. 邦訳、49 頁）。

　さて、ドイツの哲学者ヘルダーは、おそらくヨーロッパにおける国家的・
文化的な自意識の発展の影響を受けて、さらにフランス哲学のコスモポリタ
ニズムや普遍主義への嫌悪から、組織的発展（後にそう呼ばれるようになった

もの）という概念を、個人にだけでなく、文化全体や国家全体の歴史に適用した。ヘルダーは、個人は社会の特定の発展段階において登場するのだから、文化全体や国家全体の方が個人よりも重要だとした。ヘーゲルは以上のヘルダーの考えを、さらに包括的かつ野心的に発展させた。彼は、個人の人格的特性という概念を、文化全体や国家全体の特性へと転換させた。彼は後者を、理念ないし精神（the Idea or Spirit）と呼んでいる（KM, pp. 36-38. 邦訳、52-55 頁）。

　バーリンによると、ヘーゲルの真の重要性は、社会研究および歴史研究の分野での彼の影響にある。ヘーゲルは、人間の諸制度の歴史および批判のための新しい教説を創設した。人間の諸制度は、大いなる集合的な疑似的人格であり、それら（諸制度）自体が生命と性格を有している。人間の諸制度は、自らを構成する諸個人に注目するだけでは、完全には記述できないのである。この思想上の革命は、非合理的で危険な神話──国家、人種、歴史、時代などは影響力のある超越的人格である──を生み出したが、人文科学にとっては大いに有益であった。ドイツの歴史家たちの新しい学派の登場は、ヘーゲルの影響に負うところが大きかった（KM, p. 40. 邦訳、58 頁）。

　ヘーゲルにとって、歴史は絶対精神（the Absolute Spirit）の発展である。とすると、歴史は、精神が達成したことの歴史として書き改められる必要がある。例えば法制史は、考古学者や古物収集家の人里離れた特別保護区ではなくなり、歴史法学として生まれ変わった。歴史法学においては、現在の法制度は、古代ローマ法（ないしそれ以前の法）から秩序正しく進化したものとして解釈されるのである（KM, p. 40. 邦訳、58-59 頁）。

　さて、ヘーゲルは、円滑な進歩という考え方は取らなかった。彼は、衝突や戦争や革命は、現実に発生するのであり、それらは不可避であると考えた。彼は（フィヒテに倣って）、すべての進歩は、両立不可能な複数の力のあいだの不可避的な緊張関係の一部であり、この緊張によって発展がもたらされると主張した。こうした進歩は無限に続くものであり、ヘーゲルはそれを弁証法的な進歩と呼ぶ。彼は、発展をもたらす緊張や闘争という観念によって、歴史の動向を説明するために必要な動態的原理を提供したのである（KM, p. 41. 邦訳、59-60 頁）。

ヘーゲルが提示した新しい研究方法は、ドイツの見識のある人々だけでなく、ドイツ文化に依存していたロシアの大学にも大きな影響を与えた。ヘーゲル主義は、知的自負心を有するほとんどすべての人々にとっての公的な信条となったのである（KM, p. 42. 邦訳、61頁）。

　以上で、ヘーゲルの歴史の捉え方について確認した。次に、ヘーゲルの歴史法則と自由の捉え方について整理していこう。

　バーリンによると、ヘーゲルにとって、真の自由は、自己支配に、すなわち外的支配を受けないことに存する。真の自由は、自分は何者であるか、何者になりうるかを発見することによってのみ達成できる。自分が生きている特定の時と場所において、自分が必然的に従っている法則を発見し、自分の合理的本性——法則に従う本性——の潜在性を実現しようと試みることによって、達成できるのである。この潜在性が実現されると、個人および、個人が「有機的に」帰属している社会が、前進することになる（KM, p. 43. 邦訳、63頁）。

　「世界史的」な人物は、自らの目的を理解し、歴史法則を具体化することができるから、過去とうまく決別することができる。それに対して、それほど偉大ではない人物は、もしも自分の内的理想に基づいて伝統を（修正するのではなく）破壊しようと試みたり、その試みによって歴史法則に抵抗したりするならば、不可能なことを試みており、自分の非合理性を示しているということになる。その人物の行為は、必然的に失敗するからというだけでなく、無駄であるからという理由で、非難されることになる。その行為が非難されるのは、その行為が抵抗している歴史法則が、すべてを統合する究極的な実質である絶対精神（the Spirit）の法則だからなのである（KM, p. 43. 邦訳、63頁）。

第3節　ヘーゲルとマルクス

　以上で、バーリンに依拠して、ヘーゲルの歴史法則と自由の捉え方について検討した。以下では、マルクス、ゲルツェン、およびトルストイの三人が、ヘーゲルと対峙した上でそれぞれ独自の見解を提示していることを確認

188　第 10 章　バーリンにおける自由と決定論について

する。

　本節ではマルクスを取り上げる。すなわち、まずは彼の基本的主張について確認する。次に、彼の理論の枠組みは一貫してヘーゲル的であるけれども、いくつかの点でヘーゲルの考えとは異なるということを確認する。その上で、マルクスの歴史法則と自由の捉え方について検討することにしたい。

　それでは、まずはマルクスの基本的主張について確認しよう。

　バーリンによると、マルクスは理想ではなく歴史に訴えることによって、既存の秩序を糾弾した。マルクスは基本的に、既存の秩序を、それが不正だとか嘆かわしいとか、人間の邪悪さや愚かさに由来しているという理由ではなく、社会発展の法則の結果として糾弾したのであった。その法則によると、歴史の特定の段階で、ある階級は別の階級から搾取し、人々を抑圧する。抑圧者は、被害者からの報復によってではなく、歴史が抑圧者のために用意している不可避的な破滅によって脅かされることになる。すなわち、ある階級は、これまで社会的役割を果たしてきたけれども、人間の営みの舞台から突如として姿を消すように運命づけられているのである（KM, p. 5. 邦訳、7-8 頁）。

　マルクスによると、社会の歴史は、自らの創造的な労働によって自分自身と外部の世界を支配しようとする人間の歴史である。こうした人間の活動は、対立する階級間の闘争において具体化し、一つの階級が勝利する。一つの階級の別の階級に対する勝利が積み重なって、進歩がもたらされるのである（KM, pp. 5-6. 邦訳、8 頁）。

　次に、マルクスの理論の枠組みは一貫してヘーゲル的であるけれども、いくつかの点でヘーゲルの考えとは異なるということを確認していこう。

　バーリンによると、当初ヘーゲル主義は、マルクスの実証主義的な知性とは折り合いが悪かった。しかしマルクスは、ヘーゲルの著作を精力的に研究し、やがてヘーゲル主義への転向を表明した（KM, pp. 51-52. 邦訳、74-75 頁）。

　マルクスの理論の枠組みは一貫してヘーゲル的である。それは、人間の歴史は一直線の不可逆的な進歩であり、その進歩は発見可能な法則に従っている、というものである。ところがマルクスの理論には、ヘーゲルを批判する

部分もある。すなわち、ヘーゲルによれば、歴史を構成する諸状況の連なりである単一の実体は、永遠の、自己発展的で、普遍的な精神である。その構成要素のあいだの衝突は、例えば、宗教紛争や、国家間の戦争として具体化する。それらは自己実現する理念が具現したものなのである。それに対してマルクスは、フォイエルバッハに依拠しながら、以上のヘーゲルの考えは、いかなる知識もそれによって基礎づけられない神秘化だとした。なぜなら、もしも世界がこの種の形而上学的実体であるとしたら、世界の動きを、経験的観察によって検証できなくなるからである。さらに、世界についての理論を、科学的方法によって確証できなくなるからである（KM, pp. 90-91. 邦訳、138-139 頁）。

　さて、ヘーゲルにとって、市民社会の発展を促すのは、対立する複数の力のあいだの緊張関係である。では、そうした緊張関係を生み出す複数の力とは何か。ヘーゲルは、それらの力は、近代社会においては民族に具体化されていると示唆した。民族は、特殊な文化の発展を担い、理念ないし世界精神を具現しているのである。それに対してマルクスは、サン゠シモンとフーリエに従って、おそらくシスモンディ（スイスの歴史家・経済学者）の恐慌理論にも影響されながら、それらの力は主として社会経済的なものであると主張した。ヘーゲルの言う市民社会の分析は、政治経済学的になされねばならないのである（KM, p. 92. 邦訳、140-142 頁）。

　最後に、マルクスの歴史法則と自由の捉え方について検討しよう。

　バーリンによると、マルクスは決定論者であったけれども、「所与の経済構造や社会構造は変化させられない世界秩序の一部である」という考えは、人間にとって自然な形式の生からの疎外によってもたらされた幻想である、ということを示そうと決意していた。この考えは、「脱神秘化」された理性および科学によって除去されるというのである。しかし、これでは十分ではない。この考えは、それを生み出す生産関係（所与の経済構造や社会構造）が存続する限り、そのまま残ってしまう。生産関係を変えることができるのは革命という武器だけである。さて、こうした解放活動は、客観的法則によって決定されている。客観的法則は、（人間の判断や行為から独立した不可避的なパターンに従う）物体の動きだけでなく、人間の思考と意志も決定している

190 第10章 バーリンにおける自由と決定論について

のである（KM, p. 102. 邦訳、158-159頁）。

　ただし、もしもマルクスが信じるように、人間の選択が出来事の道筋に影響を与えることができるとしたら、そうした選択が究極的には決定されていて科学的に予見できるとしても、この状況（人間の選択が出来事の道筋に影響を与えることのできる状況）において、人間は自由である。なぜなら、人間の選択は、自然の他のものとは異なり、機械的には決定されていないからである（KM, p. 102. 邦訳、159頁）。

　歴史の法則は機械的なものではない。歴史は人間によって作られてきた。すなわち、歴史は、人間が作り出す社会状況によって、完全に形作られてきたわけではないけれども、制約を受けている。では、マルクスにとって、歴史の法則は、人間の自由——個人の自由であれ集団的な自由であれ——といかなる関係を有するのか。彼は、社会の進歩を、自由の漸進的獲得と同一視している。社会の進歩を漸進的にもたらすのは、人間の意識的で、一致団結的で、合理的に計画された、協調的な社会活動である。こうした社会活動、すなわち人間の社会化は、かつては自然や歴史によって人間に突きつけられた現実であったが、やがて人間の自由な行為によって達成されるようになるだろう。ここにおいて、必然性の領域から自由の領域への人間の飛躍がもたらされるのである（KM, pp. 102-103. 邦訳、159-160頁）。

第4節　ヘーゲルとゲルツェン

　次に、ゲルツェンの歴史法則と自由の捉え方について検討する。ゲルツェンは、19世紀における最も注目されるロシアの政治的作家である[12]。モスクワ大学で学ぶ青年ゲルツェンへの主たる影響は、彼の同世代のすべての若きロシア知識人と同様、ヘーゲルのそれであった。しかし、彼は当初は正統的

12　Isaiah Berlin, 'Alexander Herzen', in Isaiah Berlin, *Russian Thinkers*, second edition, edited by Henry Hardy and Aileen Kelly (London: Penguin Books, 2008), p. 212. 竹中浩訳「アレクサンドル・ゲルツェン」、アイザィア・バーリン著、福田歓一・河合秀和編『ロマン主義と政治（バーリン選集3）』（岩波書店、1984年）350頁。

第4節　ヘーゲルとゲルツェン　191

ヘーゲル主義者であったが、やがて自分のヘーゲル主義を、自分独自のものに変えていくことになる[13]。

　以下ではバーリンに即して、まずは18世紀啓蒙主義の特徴および、それに対するロマン主義（とくにヘーゲル派の運動におけるそれ）からの攻撃について、確認する。その上で、そうしたロマン主義の時代に生きたゲルツェンが、ヘーゲルに影響を受けつつも、やがて歴史法則と自由にかんする彼独自の捉え方を提示するに至る様子を整理していきたい。

　　　＊　以下では、バーリンの「ゲルツェンとバクーニン——個人の自由をめぐって
　　　　（Herzen and Bakunin on Individual Liberty）[14]」をHBILと略記し、参照する
　　　　際には本文中に原書および邦訳の頁数を記す。

　それではまず、18世紀啓蒙主義の特徴および、それに対するロマン主義（とくにヘーゲル派の運動におけるそれ）からの攻撃について確認していこう。

　バーリンによると、18世紀啓蒙主義の中心的観念は、人間の苦難・不正・抑圧の原因は、人間の無知と愚かさにあるという信念であった。物理世界を支配する法則が、聖なるニュートンによって発見および定式化されさえすれば、人間は自然を支配できるようになる。すなわち、人間は、自然の因果法則を理解し、その法則に従うことによって、最大限に幸せに生きることができるし、（無知ゆえにその法則に誤って抵抗して）苦痛を被ることもないのである（HBIL, p. 95. 邦訳、206頁）。

　ところが、フランス革命の諸帰結——筆者の理解ではジャコバン派の恐怖政治やナポレオンの周辺諸国への軍事的脅威など——がこの思想の魔力を解いてしまった。その思想が間違っていることを説明しようとする教義のなかで、ドイツ・ロマン主義（とくにヘーゲル派の動向におけるそれ）が主要な位置を占めた（HBIL, p. 96. 邦訳、207頁）。この教義には多くの形態（ドイツ・ロマン主義的なもの、神秘主義的なもの、18世紀の自然主義に回帰するものなど）

13　Ibid., p. 218. 邦訳、359頁。

14　Isaiah Berlin, 'Herzen and Bakunin on Individual Liberty', in Isaiah Berlin, *Russian Thinkers*, second edition, *supra* note 12. 今井義夫訳「ゲルツェンとバクーニン——個人の自由をめぐって」、アイザィア・バーリン著、福田歓一・河合秀和編訳『思想と思想家（バーリン選集1）』（岩波書店、1983年）。

192 第 10 章 バーリンにおける自由と決定論について

があるが、それらは以下の信念を共有している。すなわち、客観的な目的を
発見することができるのであり、この客観的な目的こそが、すべての社会
的・政治的・個人的な活動にとっての適切な目的なのである、という信念で
ある（HBIL, pp. 97-98. 邦訳 210-211 頁）。

　この大いなる独断的見解は、ドイツの形而上学的天才によって啓示され、
賛美され、イメージや言葉を尽くして華々しく描写されたのであった。そし
てそれは、フランス、イタリア、ロシアの最も高名かつ思慮深い思想家たち
によって称賛されたのである（HBIL, p. 98. 邦訳、211 頁）。

　以上で、18 世紀啓蒙主義の特徴および、それに対するロマン主義からの
攻撃について確認した。以下では、ロマン主義の時代に生きたゲルツェン
が、歴史法則および自由にかんする彼独自の捉え方を提示するに至る様子を
整理していきたい。

　ゲルツェンは、上記の偉大なる独断的見解に反旗を翻した。彼がその見解
の根拠を否定し、その結論を非難したのはなぜか。それは、その見解が単
に、道徳的に不快であったという理由だけではない。それに加えて、その見
解が、知的に見かけ倒しであり、美的に派手すぎであって、自然を拘束用上
着（ドイツの偽物の学者たちの貧相な空想上の産物）に無理やり押し込める試
みに思えたからである（HBIL, p. 98. 邦訳、211 頁）。

　ゲルツェンはさらに、自分自身の倫理的および哲学的信念を提示した。そ
のなかで最も重要なのは以下である。すなわち、自然は計画に従わない。歴
史は台本に従わない。原則として、個人ないし社会の問題を解決する単一の
鍵はないし、公式も存在しない。一般的な解決は解決ではない。普遍的な目
的は真の目的ではない。時代ごとにそれぞれの文脈と問題が存在する。単純
化や一般化が経験に取って代わることはない。自由——特定の時と場所で生
きている、現実の個人の自由——は究極的な価値である。自由に行為するた
めの最小限の領域は、すべての人間にとっての道徳的な必要性である。この
領域は、抽象的用語や一般的原理（永遠の救済、歴史、人間性、進歩、さらに
は国家、教会、プロレタリアートなど）の名の下に、抑圧されてはならない
（HBIL, pp. 98-99. 邦訳、211-212 頁）。

　ゲルツェンによると、抽象語——歴史、進歩、国民の安全、社会的平等

第 4 節　ヘーゲルとゲルツェン　193

——は無実の人々を犠牲に供する祭壇であった。バーリンはここで、抽象語としての「歴史」に注目する。もしも歴史が、不可避的な方向性、合理的構造、ないし目的（おそらく有益な目的）を有しているなら、われわれはそれに自らを合致させるか、滅びるしかない。しかし、歴史の合理的な目的とは何なのか。ゲルツェンはそれを理解することができない。彼は歴史に何の意味も見出すことができず、「代々の慢性的狂気」の物語を見るだけである。歴史書をひもとけば数百万の例がある。ゲルツェンは、自分の娘を供物として捧げた父親、野獣によって引き裂かれたキリスト教徒たち、そして今度はキリスト教徒たちによる別の人々への迫害と拷問、異端者たちの火あぶりなどに言及している。結局、歴史の目的とは何なのか（HBIL, pp. 102-103. 邦訳、217-218 頁）。

　バーリンは次に、抽象語としての「進歩」に注目する。進歩について語ったり、未来のために現在を犠牲にしたり、遠い未来の子孫たちが幸福であるために今日の人々を苦しめる準備をしている人たちがいる。この態度は、反動的ヘーゲル派や革命的共産主義者や、思弁的な功利主義者や教皇至上主義の熱狂的支持者といった、高貴だが実現不可能な目的のためにおぞましい手段を正当化するすべての人々に、共有されていた。バーリンによると、ゲルツェンはこうした態度を、もっとも激しく軽蔑し、嘲笑したのである（HBIL, p. 104. 邦訳、220 頁）。

　ゲルツェンは以上の態度に対して以下のように反論する。すなわち、自由のための闘争の目的は、ここで、今日、生きている個人たちの自由である。各個人がそれぞれの目的を有している。未来の至福のために、今日生きている個人の自由を抑圧し、その目的を破壊するというのは、愚かで悪質なことである。というのも、未来はいつもあまりにも不確定だからである。さらに未来は、抽象的な自由、幸福、正義の名の下に、今日のわれわれが知っている道徳的価値を侵害し、現実の人間の生や必要性を踏みにじるからである（HBIL, p. 107. 邦訳、224-225 頁）。

　人間は自分自身の時代に生きたいと望む。人間の道徳は、歴史法則（それは存在しない）からも人間の進歩の客観的な目的（そのようなものは存在しない。それは環境や人物が変わるにつれて変わる）からも、引き出すことができ

194　第 10 章　バーリンにおける自由と決定論について

ない。道徳的目的は人々が自分たち自身のために望むものなのである（HBIL, p. 108. 邦訳、226 頁）。

　さて、バーリンによると、ヘーゲルとマルクスは、ブルジョワジーの悲運と新しい文明を予言した。それに対してゲルツェンは、そうした大変動が不可避的とも輝かしいとも考えなかった（HBIL, p. 112. 邦訳、232 頁）。ゲルツェンにとって、歴史は決定されていない。幸運なことに、人生には台本がない。常に即興が可能なのである。形而上学者によって準備された綱領を未来が実現するというのは、必然的なことではない。明日の自由が「客観的」に保証されているという理由で、今日の自由を踏みにじることを正当化するのは、不正な行為のための言い逃れとして、残酷でよこしまな欺瞞を用いることである（HBIL, p. 114. 邦訳、234 頁）。

　バーリンによると、ゲルツェンはさらに続ける。人間はもちろん、その環境と時代に依存している。人間は、自分が生きている時代を反映しているし、自分が生きている環境に影響を受けている。しかし、社会の生活環境に反抗したり、それに抵抗したりすることは——それが効果的か否かはともかく、さらにそれが社会的になされるか個人的になされるかはともかく——可能である。決定論への信仰は弱さを隠すためのアリバイに過ぎない。すなわち、人間の行路はまったく変えられないわけではない。むしろそれは、環境や、人間の理解力や行動力によって変化する。出来事によって人間が作られるが、人間もまた出来事を作っているのであり、出来事に痕跡を残している。永遠の相互作用が存在するのである（HBIL, pp. 114-115. 邦訳、235 頁）。

第 5 節　ヘーゲルとトルストイ

　次に、トルストイに注目しよう。バーリンは著書『ハリネズミと狐』でトルストイについて論じている。具体的には、トルストイの歴史法則および自由の捉え方と、トルストイにおける一元論と多元論について論じている。本節では前者（トルストイの歴史法則および自由の捉え方）に焦点を合わせて検討する。

第5節　ヘーゲルとトルストイ　　195

＊　以下では、バーリンの『ハリネズミと狐（*The Hedgehog and The Fox*）[15]』を
　　HF と略記し、参照する際には本文中に原書および邦訳の頁数を記す。

　まずはトルストイの歴史法則の捉え方について見ていこう。

　バーリンによると、トルストイはヘーゲル哲学の全盛期に育った。ヘーゲ
ル哲学は、すべてのものを歴史の発展という観点から説明しようとするが、
歴史の発展は究極的には、経験的調査の方法によっては説明できないと考え
ていた。トルストイの時代の歴史主義は、同時代のすべての探究的な人々と
同じく、若いトルストイにも間違いなく影響を与えた。しかし彼は、その形
而上学的な内容を本能的に拒否した。彼はある手紙のなかで、ヘーゲルの著
作を、陳腐な内容で埋め尽くされた理解不能なわけの分からない文章と、表
現していた（HF, p. 33. 邦訳、26 頁）。

　トルストイにとって、歴史とは、時空における具体的な出来事の総計であ
る。すなわち、現実の人間たちの現実の世界における実際の経験の総計であ
る。歴史、すなわち経験的に発見可能な資料の総計だけが、実際に起こった
ことがなぜそのように起こり、そのようにしか起こらなかったのか、という
謎を解く鍵を握っていた（RT, p. 33. 邦訳、25-27 頁）。しかし、歴史は、そ
れが歴史家によって書かれると、実現できないようなことを主張しているよ
うに感じられた。なぜなら、形而上学的な哲学と同じく、歴史は自らが実際
にはそうではない何か――確実な結論に到達できる科学――であるように装
うからである（HF, p. 34. 邦訳、27-28 頁）。

　さて、歴史は科学的であることができる（そうあるべきである）という命
題は、19 世紀にはありきたりな意見であった。しかし、「科学的」という言
葉を、自然科学を意味するものとして解釈した人々や、歴史がこの意味での
科学に転換できるかを問うた人々の数は、それほど多くはなかった。歴史を
科学に転換する最も徹底した試みは、オーギュスト・コントのそれであっ
た。彼はサン゠シモンに従い、歴史を社会学に転換しようと試みた。マルク
スは、この計画を最も真剣に受け止めた（HF, p. 35. 邦訳、29-30 頁）。

─────────────

15　Isaiah Berlin, 'The Hedgehog and The Fox', in Isaiah Berlin, *Russian Thinkers*,
　　second edition, *supra* note 12. アイザィア・バーリン著、河合秀和訳『ハリネズミと
　　狐――『戦争と平和』の歴史哲学』（岩波文庫、1997 年）。

196　第 10 章　バーリンにおける自由と決定論について

　マルクスと同じく、トルストイも以下のように考えていた（『戦争と平和』
の執筆時にはマルクスのことを知らなかったが）。すなわち、もしも歴史が科学
であるとするならば、例えば地質学や天文学において可能となったように、
将来を予見できる（あるいは過去の出来事を推測できる）ような歴史法則を発
見したり、そうした法則を定式化したりできるに違いない、と。しかしなが
らトルストイは、マルクスおよびその継承者たちとは違って、実際にはその
ようなことはできないと考えたのである（HF, p. 36. 邦訳、30 頁）。

　トルストイは 1850 年代を通じて、個人および共同体の「現実」の生活感
覚（texture of life）を、歴史家によって提示される「非現実」の描写と対照
させるという主題で、歴史小説を書いてみたいと強く願っていた（HF, p. 37.
邦訳、32 頁）。

　『戦争と平和』では、登場人物の一人であるピエール・ベズーホフは戦場
をさまよい、自分が想像していた典型的な戦争の場面を、すなわち歴史家や
画家が描くような戦闘場面を探し回った。しかし、彼が目にしたのは、自分
の欲求を行き当たりばったりに満たそうとする個々の人間たちの混乱であっ
た。こうしてピエールは、物事の進行は法則に従っていると信じる人々より
も、物事の進行についての真実に近づくことになる。彼が見ているのは、そ
の原因を探ったり、その結果を予測したりすることのできない「偶然」の連
続にすぎない。物事の進行は、緩やかに結びついている一連の出来事に過ぎ
ないのであって、それぞれの出来事を結びつける定まったパターンはない
し、それぞれの出来事が確固たる秩序に従って結びついているわけでもな
い。結局、「科学的」な公式に服するパターンを把握できる、という主張は
真実ではないのである（HF, p. 39. 邦訳、36–37 頁）。

　さて、バーリンによると、トルストイは科学的な社会学にも厳しい非難を
浴びせている。科学的な社会学は、歴史法則を発見したと主張するが、その
ようなものを発見することはできない。なぜなら、出来事が起きる原因の数
は、人間が知ったり計算したりするにはあまりにも多すぎるからである。わ
れわれは、ごく少数の事実しか知らないし、その事実からいくつかを任意
に、われわれの主観的な傾向に従って選んでいる。われわれが全知であれ
ば、歴史の流れを構成するすべての水滴の道筋を描写できるであろう。しか

第5節　ヘーゲルとトルストイ　　197

し、われわれは痛ましいほどに無知であるし、われわれが知っている領域
は、われわれが知らない領域や、知ることのできない（バーリンによると、
トルストイはこの点を強調する）領域よりも、信じられないほど小さいのであ
る（HF, pp. 45-46. 邦訳、49-50 頁）。

　次に、トルストイの自由の捉え方について見ていこう。

　バーリンによると、トルストイの態度は揺れ動くことがあった。すなわ
ち、人間は自分一人が関係しているときは「ある意味で」自由である。人間
は、自分の腕を上げるときに、物理学的制限の範囲内であれば自由である。
しかし、他者との関係に巻き込まれると、人間はもはや自由ではなく、逃れ
られない流れの一部となる。自由は存在するが、それはささいな行為に限定
される。時には、このかすかな希望の光も消滅してしまう。あるいはトルス
トイは、普遍法則の小さな例外さえも認めることができないと主張する。因
果的決定論が完全に行き渡るか、それが全く存在せずに混沌が支配するかの
どちらかである。人間の行為は、社会関係に束縛されていないように見える
としても、自由ではない。人間の行為は、社会関係の一部なのであるから、
自由ではありえないのである（HF, p. 49. 邦訳、56 頁）。

　さて、科学は、われわれの自由の意識を否定することはできるが、それを
破壊することはできない。すなわち、因果関係の連鎖は、われわれがそれを
感じようと感じまいと、存在している。しかし、幸運なことに、われわれは
それを感じないのである。もしも因果関係の連鎖の影響力を知ったら、われ
われは行為できなくなってしまうが、問題はない。なぜなら、われわれは因
果関係の連鎖のすべてを発見することは決してできないからである。歴史家
は、無限の因果関係の連鎖のなかから、ごく一部だけを取り出して、それに
よってすべてを説明しようとする。これでは理想的な歴史科学が機能するわ
けがない（HF, p. 49. 邦訳、56-57 頁）。

　われわれは実際には自由ではない。しかし、自由であるという信念がなけ
れば生きていけない。とすると、われわれはどうすればよいのか。バーリン
によると、トルストイは明確な答えに到達していないけれども、ある点でバ
ークに似た見解に到達している。それは、起こっていることを、われわれが
実際にそれを理解しているままに理解する、ということである。すなわち、

198　第10章　バーリンにおける自由と決定論について

理論に染まっておらず、科学の権威が示したほこりで目を曇らされないような普通の人々が、実際に生を理解しているままに理解するということである。この理解の仕方は、極めて不適切なデータに依拠しているがゆえに単なる妄想でしかない疑似科学を尊重して、長期にわたる経験的検証に耐えてきた常識的信念（われわれは自由であるという信念）を破壊するよりも、望ましいのである（HF, p. 50. 邦訳、58-59頁）。

第6節　バーリンにおける自由と決定論

　本章の目的は、バーリンが、自由と決定論についてどのような見解を提示しているのかを確認することであった。具体的には、ヘーゲル、マルクス、ゲルツェン、およびトルストイにかんするバーリンの思想史研究が、彼の「歴史の必然性」という講演と密接な関連を有することを、明らかすることであった。以下、この四人にかんするバーリンの思想史研究を振り返っておこう。

　ヘーゲルは、各人が自分の生きている特定の時と場所において、自分が必然的に従っている法則を発見し、自分の合理的本性（法則に従う本性）の潜在性を実現しようと試みることによって、自己支配としての真の自由が獲得されるとする（KM, p. 43. 邦訳、63頁）。

　マルクスは、ヘーゲルと同じ理論枠組みを用いつつも、人間の意識的で、一致団結的で、合理的に計画された、協調的な社会活動によって、必然性の領域から自由の領域への人間の飛躍がもたらされるとする（KM, pp. 102-103. 邦訳、159-160頁）。

　ゲルツェンも当初は正統的ヘーゲル主義者であったが、やがて自分のヘーゲル主義を、自分独自のものに変えていくことになる[16]。ゲルツェンによると、人間はもちろん、その環境と時代に依存している。人間は、自分が生きている時代を反映しているし、自分が生きている環境に影響を受けている。しかし、社会の生活環境に反抗したり、それに抵抗したりすることは——そ

16　Isaiah Berlin, 'Alexander Herzen', *supra* note 12, p. 218. 邦訳、359頁。

第6節　バーリンにおける自由と決定論　199

れが効果的か否かはともかく、さらにそれが社会的になされるか個人的になされるかはともかく——可能である。決定論への信仰は弱さを隠すためのアリバイに過ぎない（HBIL, p. 114. 邦訳、235 頁）。

　若いトルストイもヘーゲル哲学に影響を受けた。しかしトルストイは、その形而上学的な内容を本能的に拒否した（HF, p. 33. 邦訳、26 頁）。トルストイによると、われわれは実際には自由ではない。しかし、自由であるという信念がなければ生きていけない。とすれば、われわれはどうすればよいのか。バーリンによると、トルストイは明確な答えに到達していないけれども、ある点でバークに似た見解に到達している。それは、起こっていることを、われわれが実際にそれを理解しているままに理解する、ということである（HF, p. 50. 邦訳、58-59 頁）。

　以上で再確認したように、ヘーゲルは、自己支配としての真の自由を獲得するためには、歴史法則に従うための合理的本性が重要だとする。マルクスは、基本的にヘーゲルの理論枠組みを継承しつつも、人間の意識的な活動によって、自由が獲得される可能性を示している。ゲルツェンは、当初は正統派ヘーゲル主義者であったが、やがてヘーゲル主義を自分独自のものへと変化させた。すなわち、人間はもちろん、その環境と時代に依存しているけれども、社会の生活環境に反抗したり、それに抵抗したりすることができるというのである。トルストイは、ヘーゲル哲学に影響を受けつつも、その形而上学的な内容を本能的に拒否した。すなわちトルストイは、われわれは実際には自由ではないけれども、自由であるという信念がなければ生きていけないのであると、主張するのである。

　ここにおいて明らかなように、マルクス、ゲルツェン、トルストイは、ヘーゲルとの対峙を経て、歴史法則と自由にかんしてそれぞれ独自の捉え方を提示しているのである。

　バーリン自身は、「歴史の必然性」という講演において、決定論（世界には一つの方向があり、いくつかの法則によって支配されている[17]）および自由にかんして、彼自身の見解を提示している。本章の冒頭で確認したように、彼

17　Isaiah Berlin, 'Historical Inevitability', *supra* note 1, p. 114. 邦訳、204 頁。

200 第10章 バーリンにおける自由と決定論について

は、決定論を論駁するのではなく、理論だけでなく実践において一貫して決定論的に考えたり語ったりする——例えば「自由」について——のはほとんど不可能である、ということを示す[18]ことによって、決定論の立場を揺り動かそうとしているのである。

さて、ここで1930年代のオックスフォード哲学にかんするバーリンのエッセーに、注目しておこう。彼はそこで、A. J. エアーについての、自分（バーリン）とジョン・L. オースティンの会話について振り返っている。

オースティンは研究会の最中に、当時は確信に満ちた決定論者であったエアーを挑発しないよう、低い声でバーリンに言った。「彼らはみな決定論について語り、そしてそれを信じていると言う。私は、これまで一度も決定論者に会ったことがない。君と私が人間はいつかは死ぬと信じているのと同じような意味で、それを本当に信じている人という意味だがね。君は会ったことがあるかね。」この発言で、バーリンはオースティンに親しみを感じるようになった[19]。

ある時、散歩をしながらバーリンはオースティンに質問をしたが、それに対する彼の答えによっても同じく、バーリンは彼に親しみを感じた[20]。以下、長くなるがバーリンの文章を引用しておこう。

　　私は彼に尋ねる。「ある子供が、オースターリッツの戦いの時のナポレオンに会いたいというとしよう。私はいう、『それはできないよ』、すると子供は言う、『何故できないのか』、それにたいして、『それは過去に起こったことだからだ。いま生きていて、同時に130年前に生き、同じ年齢でいることはできない』といったことを、私が言う。その子はしつこく続けて、『何故できないのか』と言う。私は、『同時に二つの場所にいることができるとか、過去に"帰る"ことができるとか言うのは、われわれの言葉の使い方では意味をなさないからだ』等々のことを言う。するとこの高度に洗練された子は言う、『もし

18　Ibid., pp. 122-123. 邦訳、219-220頁。

19　Isaiah Berlin, 'J. L. Austin and the Early Beginnings of Oxford Philosophy', in Isaiah Berlin, *Personal Impressions,* second edition, edited by Henry Hardy (London: Pimlico, 1998), pp. 143-144. 河合秀和訳「J. L. オースティンと初期のオックスフォード哲学」、アイザィア・バーリン著、福田歓一・河合秀和編訳『時代と回想（バーリン選集2）』（岩波書店、1983年）162-163頁。

20　Ibid., p. 144. 邦訳、163頁。

もそれがたんなる言葉の問題ならば、われわれの言葉の用法を変えさえすれ
ばよいではないか。そうすれば私はオーステリッツの戦いのナポレオンに会
えて、しかももちろん場所と時間では今居るところに居られるようになるで
はないか。』」私はオースティンに尋ねた。「その子になんと言うべきなのか。
それは、いわば物質論と形式論を混同しているとでも言えばよいのか。」オー
スティンは答えた。「そうは言うな。その子には、過去に帰ることを試してご
らんと言えばよい。法則に反しているわけではないと言いたまえ。やらせて
ごらん。やらせて、どうなるか見させてごらん[21]。」

　以上のオースティンとバーリンの会話を踏まえるならば、「確信に満ちた
決定論者には、一貫して決定論的に語ってごらんと言えばよい。例えば『自
由』について語らせて、どうなるか見させてごらん」ということになるだろ
う。

　結局、バーリンは決定論を論駁しようとは試みていない。彼はむしろ、お
そらくオースティンを意識しながら、一貫して決定論的に語ることは実行不
可能である、という主張をなすことによって、決定論が必然的に正しいわけ
ではないということを、さらに、もしも決定論が正しいとしても自由の概念
が存在する余地があるということを、示しているように思われる。そして、
バーリンの以上の考えは、ヘーゲル、マルクス、ゲルツェン、トルストイら
にかんする彼の思想史研究によって、裏づけられているのである。

　バーリンは、自分の「歴史の必然性」は多くの論争を巻き起こしたけれど
も、その論争は現在も続いていると、晩年の論文において述べている[22]。彼
は 1997 年に亡くなったが、21 世紀の現在もその状況は同じであると言える
だろう。

21　Ibid.
22　Isaiah Berlin, 'My Intellectual Path', in Isaiah Berlin, *The First and the Last*,
　　introduced by Henry Hardy（London: Granta Books, 1999）, p. 74.

終章　バーリンの自由論
——思想史に基礎をもつ哲学——

第1節　哲学的・概念的な理論なのか

　本書の冒頭で触れたように、本書の目的は、バーリンの自由論の基本的特徴を、彼の思想史研究——とくに初期のロマン主義研究——との関連を踏まえて描き出すことであった。具体的には、バーリンの『ロマン主義時代の政治思想』（1952 年、刊行は 2006 年）および『自由とその裏切り』（1952 年、刊行は 2002 年）を軸としつつ、彼のその他の著作にも目を配りながら、彼のロマン主義研究の概要を整理した上で、バーリン自由論の基本的特徴を描き出すことであった。

　さて、以上の作業を通じて、本書は以下を明らかにすることも目的としていた。すなわち、バーリンの自由論は、哲学的・概念的な理論としての側面を有するけれども、思想史研究としての側面が強い、ということである。本章（「終章」）では、この目的を念頭に置きながら、以下の検討を行うことにしたい——すなわち、本書の各章の内容を踏まえた上で、バーリンの自由論の基底に「思想史に基礎をもつ哲学[1]」が存するという理解を提示し、彼の自由論において、哲学的研究と思想史研究がどのように交錯しているのかについて、検討することを目指したい。

　バーリンの自由論は教授就任講演である「二つの自由概念[2]」（1958 年）において提示されたが、バーリンの批判者たちの通説的な理解によれば、バー

1　Michael Ignatieff, *Isaiah Berlin: A Life* (London: Chatto & Windus, 1998), p. 88. 石塚雅彦・藤田雄二訳『アイザイア・バーリン』（みすず書房、2004 年）97 頁。

2　Isaiah Berlin, 'Two Concepts of Liberty', in Isaiah Berlin, *Liberty*, edited by Henry Hardy (Oxford: Oxford University Press, 2002). 生松敬三訳「二つの自由概念」小川晃一・小池銈・福田歓一・生松敬三共訳『自由論』（みすず書房、1971 年）。

リンの自由論は哲学的・概念的な理論である。こうした理解を提示する今日の代表的な論者としてはロナルド・ドゥオーキンをあげることができる[3]。

　筆者の理解では、この通説的な理解は、バーリンの自由論の基底に「思想史に基礎をもつ哲学[4]」（これはイグナティエフの表現である）が存することを見落としているために、彼の自由論の理解としては一面的なものとなっている。そこで本章では、以上の通説的な理解に対して、バーリンの自由論においては哲学的研究と思想史研究が交錯し、その両者が互いを補完しあっている、という理解を提示することを目指したい。

第2節　バーリン自由論成立の知性史的背景

　バーリンは、オックスフォード大学を卒業後に、同大学にて、当初は哲学の研究に従事していた[5]。しかしながら、彼はやがて、哲学から離れて思想史へと向かうことになる。以下では、彼が哲学から離れることになった理由を探るために、1930年代以降のオックスフォードの哲学的研究の状況について、確認する作業を行う。具体的には、バーリンがオックスフォード哲学から距離を取り、フリードリヒ・ヴァイスマンの日常言語の理解に近づいていた、ということを確認する。なお、以下ではマリオ・リッチャルディの研究[6]を参照する。

　バーリンは、ジョン・L. オースティンの親しい友人・同僚であり、バーリンが後に「オックスフォード哲学[7]」と表現したものの活動および知的な

3　Ronald Dworkin, *Justice in Robes* (Cambridge, Mass. and London: Harvard University Press, 2006), pp. 143, 145-147. 宇佐美誠訳『裁判の正義』（木鐸社、2009年）182、185-187頁。

4　Michael Ignatieff, *Isaiah Berlin, supra* note 1, p. 88. 邦訳、97頁。

5　Ibid., pp. 59-62, 224-225. 邦訳、65-69、243-245頁。

6　Mario Ricciardi, 'Berlin on Liberty', in George Crowder and Henry Hardy (eds.), *The One and The Many: Reading Isaiah Berlin* (Amherst, New York: Prometheus Books, 2007).

7　Isaiah Berlin, 'J. L. Austin and the Early Beginnings of Oxford Philosophy', in Isaiah Berlin, *Personal Impressions*, second editon, edited by Henry Hardy (London: Pimlico, 1998). 河合秀和訳「J. L. オースティンと初期のオックスフォード哲学」、ア

204　終章　バーリンの自由論

検討課題を設定するための、主要な役割を果たした。しかしながら、教授就任講演──「二つの自由概念」（1958 年）──を行うまでのあいだに、オックスフォード哲学が目指していた方向とは、バーリンは波長が合わなくなっていた。すなわち、当時のオックスフォードでは、オースティン流の日常言語の厳密な用法分析が行われていた。バーリン自身も、かつてはそうした分析に従事していたが、彼はやがて、オースティンの追随者たちの「精緻な分析（minute analysis）」から距離を取るようになる[8]。死後に出版された書簡集が示しているように、1930 年代の初期においてさえも、バーリンは自分の「同僚たち、とくに年少者たちが惑溺している論争の無益さ[9]」に対して、批判的であった。彼は、オックスフォード哲学とは「別の世界──例えそれが広大な世界ではないとしても──に抜け出すために、ヘーゲル、マルクス、エンゲルスおよびロシアの著作者たち」の多くの著作について、研究する決心をしていた[10]。すなわち、バーリンはオックスフォード哲学を去り、別の世界──すなわち思想史──へと向かう決心をしていたのである。

　なお、バーリンはオースティンらとともに少人数の研究会を組織していたが、そこには A. J. エアーも参加していた。バーリンは、エアーの哲学（論理実証主義）──科学的偏向をもち、倫理的・歴史的・政治的問題への関心を欠く──が袋小路に入ったように見えはじめた。論理実証主義への反動として、バーリンの研究手法はそれまで以上に歴史的傾向を深めたのである[11]。

　さて、バーリンの初期の哲学的著作を注意深く読むならば、彼がオックスフォード哲学から別の世界（思想史）に抜け出そうとしたことの理由を、見出すことができる。すなわち、バーリンは哲学的著作[12]において、検証主義

　　イザィア・バーリン著、福田歓一・河合秀和編訳『時代と回想（バーリン選集 2）』（岩波書店、1983 年）。

8　Mario Ricciardi, 'Berlin on Liberty', *supra* note 6, pp. 124-125.

9　Isaiah Berlin, *Flourishing: Letters 1928-1946*, edited by Henry Hardy（London: Chatto & Windus, 2004）, p. 43.

10　Ibid.

11　Michael Ignatieff, *Isaiah Berlin*, *supra* note 1, pp. 86-88. 邦訳、96-97 頁。

12　Isaiah Berlin, 'Verificanion', in Isaiah Berlin, *Concepts and Categorie*s: *Philosophical* （verificationism）──経験的に検証可能な文のみが有意味であるという見解[13]──を批判している。彼はさらに、日常言語（例えば「メタファー」──メタファーは、オックスフォードの彼の同時代人たちのほとんどによって疑わしいものとみなされていた）の領域の自立性と意義を、擁護している。このことは、彼の同時代人たちが哲学する方法に対する、次第に高まっていくバーリンの不満の証拠なのである[14]。

　バーリンによると、「自由」という言葉の意味は、「きわめて穴だらけ（porous）であるから、異論にたえうるような解釈はほとんどない[15]」。ここでバーリンが、「穴だらけの」という言葉を選択していることは、偶然ではない。彼は「穴だらけの」という言葉を用いることによって、ヴァイスマンの日常言語の「多孔性（porosity）」というテーゼ[16]をほのめかしている。スポンジと同じように、われわれの言葉は、その言葉の核心的な意味を超える内容を含み込んでいる[17]。よって、「すべての定義は開かれた地平へと拡散するのである[18]」。

　本節で確認したように、バーリンは当初は、哲学の研究に従事していた。しかしながら、彼はやがて、オースティンの追随者たちの哲学（「精緻な分析」）とは距離を取り、哲学から別の世界──すなわち思想史──へと向かったのである。

　　Essays, edited by Henry Hardy (London: The Hogarth Press, 1978).

13　上森亮『アイザイア・バーリン──多元主義の政治哲学』（春秋社、2010年）24頁を参照。

14　Mario Ricciardi, 'Berlin on Liberty', *supra* note 6, p. 125.

15　Isaiah Berlin, 'Two Concepts of Liberty', *supra* note 2, p. 168. 邦訳、303頁。'porous' の訳語を「多義的」から「穴だらけの」に変更した。

16　Friedrich Waismann, 'Language Strata', in Friedrich Waismann, *How I See Philosophy*, edited by R. Harré (London: Macmillan, 1968), pp. 95-97.

17　Mario Ricciardi, 'Berlin on Liberty', *supra* note 6, p. 125.

18　Friedrich Waismann, 'Verifiability', in Friedrich Waismann, *How I See Philosophy*, *supra* note 16, p. 44.

206 終章　バーリンの自由論

第3節　バーリンの自由論——思想史に基礎をもつ哲学

　本章の第2節では、バーリンの自由論成立の知性史的背景を確認した。す
なわち、1930年代以降のオックスフォードの知性史的背景を踏まえつつ、
バーリンが当初は哲学の研究に従事していたことを確認し、彼の哲学の基本
的主張を明らかにした。さらに、バーリンは研究を進めるなかで、哲学から
思想史へと向かった、ということも確認した。ただし、彼が離れたのはオー
スティンの追随者たちの哲学（「精緻な分析」）なのであって、哲学全般から
完全に離れたわけではない。すなわち、バーリンは、「思想史に基礎をもつ
哲学」へと向かったのである[19]。以下では、まずはこの「思想史に基礎をも
つ哲学」について、筆者なりの説明を試みる。その上で、バーリンの自由論
においては、哲学的研究と思想史研究が交錯しており、その両者が補完しあ
っている、ということを明らかにしたい。

　それでは、バーリンの自由論の基底に存する「思想史に基礎をもつ哲学」
について、説明していこう。バーリンは、ある対談のなかで、彼の著作は哲
学の研究なのか、それとも歴史の研究家なのか、という質問を受けたことが
ある。この質問に対して、彼は哲学史を例にとって答えている。すなわち、
著者自らが哲学の研究者でなければ、その著者が哲学の問題そのものについ
て考えたのでなければ、なぜ、誰かがこのようなことを考え、このような問
題で苦しんだのか、まったくわからないであろう。哲学者たちがどんな問題
に答え、あるいはどんな問題を分析し、あるいはどんな問題を論じようとし
ていたのかを、真に把握できないだろう。自分自身が哲学の問題を徹底的に
考えていなければ、哲学というものが存在していることさえも、理解できな
いであろう。哲学とは何であるのか——これ自体が一つの哲学の問題であ
る。その問題に、一般の人は明確な答えをもっていないのである[20]。

19　Michael Ignatieff, *Isaiah Berlin, supra* note 1, p. 88. 邦訳、97頁。

20　Isaiah Berlin and Ramin Jahanbegloo, *Conversations with Isaiah Berlin*（London:
　　Peter Halban, 1992), pp. 23-24. 河合秀和訳『ある思想史家の回想——アイザィア・
　　バーリンとの対話』（みすず書房、1993年）42-43頁。

第3節　バーリンの自由論——思想史に基礎をもつ哲学　　207

　バーリンによると、哲学史をうまく解明するような本を書くためには、哲学の問題を、できる限り哲学者たちの「内側」から（from the 'inside'）見るように努めねばならない。その問題について論じている哲学者たちの精神世界のなかへ、想像力を借りて入り込むように努力しなければならない。ある思想を抱いている人々にとってその思想が何を意味するのか、どのようなことがその人々にとって中心的なことなのかに、入り込んでいかねばならない。そうでなければ、真の思想史はありえないのである。なお、バーリンの関心は、哲学的な思想だけではなく、社会思想、政治思想、芸術思想にも向けられている。これらの思想にかんしても、自分自身がそのような話題にかかわったり、そのような問題について苦悩したりしていなければ、そうした問題について意味のある歴史を書くことはできないのである[21]。

　結局、思想史とは、人々がどう考えどう感じたのかを、われわれがどう考えるかについての、歴史のことである。これらの人々は実在の人々であり、像（statues）や特徴の寄せ集めといったものではない。よって、その思想を考えた人々の精神と世界観のなかへ、想像力の力を借りて入り込もうとする努力が、必要不可欠となる。バーリンによると、「感情移入（Einfühlung）」は、それがいかに不安定で困難で不確実であるにせよ、それを避けることはできないのである[22]。

　さて、バーリンのいう「内側」から見るとは、どういうことであろうか。このことを理解するためには、ヴィーコとヘルダーにかんするバーリンの研究を検討することが有用である。すなわち、バーリンは「内側」から見るという研究手法を、ヴィーコやヘルダーから学んでいる。例えばバーリンは、想像力（*fantasia*）によって異質社会の心性に「降りていく（descend to）」、あるいは「入り込む（enter into）」ことで、そういった心性を理解できるという、ヴィーコの知識論を用いている[23]。あるいはバーリンは、異文化の本

21　Ibid., p. 24. 邦訳、43 頁。

22　Ibid., p. 28. 邦訳、48-49 頁。

23　Isaiah Berlin, 'Giambattista Vico and Cultural History', in Isaiah Berlin, *The Crooked Timber of Humanity: Chapters in the History of Ideas*, edited by Henry Hardy（London: John Murray, 1990）, pp. 60-62. 田中治男訳「ジャンバティスタ・ヴィーコと文化史」、アイザィア・バーリン著、福田歓一・河合秀和・田中治男・松本

208　終章　バーリンの自由論

質に貫入浸透すること、すなわち「感情移入（Einfühlen）」——この語はヘルダーの造語である——することを願い、また自分はそれができると考えているヘルダーの見解からも、学んでいる[24]。

　なお、バーリンの思想史研究は、一方で内在的な理解を重視しつつも、他方では歴史のなかで発揮されてきた思想の力（the power of ideas）についての考察でもあった。思想の力について、彼は以下のように述べている。「百年もまえに、ドイツの詩人ハイネはフランス人に向かって観念〔思想〕の力を過小評価することのないようにと警告を発している——平静な大学教授の書斎のなかではぐくまれた哲学的概念が一文明を破壊してしまうこともあるのだ[25]。バーリンによると、ハイネは、カントの『純粋理性批判』をドイツ理神論の首を切り落とす剣として語り、ルソーの著作を——ロベスピエールの手によって——旧体制を破壊した血染めの凶器と描写した。ハイネはさらに、フィヒテおよびシェリングのロマン主義的信念が、狂信的なドイツの後継者たちによって自由主義的な西欧文化への敵対物に変じ、恐ろしい結果を招来するであろうことを、予言したのである[26]。

　ここで、以上で検討した内容を確認しておこう。バーリンは、哲学から思想史に向かったけれども、哲学から完全に離れたわけではない。彼は、自分自身が哲学について考え詰めていたがゆえに、思想史の分野で、哲学史について解明することができたのである。なお、バーリンによると、哲学史を解明するためには、哲学の問題を、その問題について論じている哲学者たちの「内側」から見る必要がある。そこでバーリンは、ヴィーコとヘルダーに倣って、想像力や感情移入の能力を用いて、哲学者たちの内側に入り込もうと試みたのである。以上から理解できるように、バーリンは哲学から離れたの

　　礼二訳『理想の追求（バーリン選集4）』（岩波書店、1992年）44-47頁。

24　Isaiah Berlin, 'Vico and Herder', in Isaiah Berlin, *Three Critics of the Enlightenment: Vico, Hamann, Herder*, edited by Henry Hardy (London: Pimlico, 2000; First published as *Vico and Herder: Two Studies in the History of Idea*s, by London: The Hogarth Press, 1976), p. 197. 小池銈訳『ヴィーコとヘルダー——理念の歴史：二つの試論』（みすず書房、1981年）329頁。

25　Isaiah Berlin, 'Two Concepts of Liberty', *supra* note 2, p. 167. 邦訳、299頁。

26　Ibid.

ではなく、「思想史に基礎をもつ哲学」に従事していたのである。

第4節　バーリンの自由論における哲学的研究

　以上で、バーリンは哲学から思想史に向かったけれども、哲学から完全に離れたのではなく、「思想史に基礎をもつ哲学」に従事していたのである、という理解を提示した。

　本章の以下の箇所では、まずは本節で、バーリンの自由論において、哲学的研究がいかなる役割を果たしているかを確認する。次節では、バーリンの自由論において、哲学的研究に加えて、思想史研究も重要な役割を果たしているということを、明らかにする。これらの作業を通じて、バーリンの自由論は哲学的・概念的な理論であるという通説的な理解に代えて、バーリンの自由論においては哲学的研究と思想史研究の両者が交錯しており、その両者が互いを補完しあっている、という理解を提示したい。なお、以下でも、リッチャルディの研究[27]を参照する。

　それでは、バーリンの自由論において哲学的研究が果たしている役割について、確認する作業を行っていこう。オックスフォードでは、バーリンが「二つの自由概念」（1958年）を執筆する以前に、哲学者のギルバート・ライル が『心の概念』（1949年）を、法哲学者の H. L. A. ハートが『法の概念』（1961年）を出版していた。ここで確認すべきなのは、ライルが心の「概念（concept）」について、ハートが法の「概念（concept）」について分析しているのに対して、バーリンが自由の「二つの概念（two concepts）」——自由の「積極的」概念と「消極的」概念——について分析している点である[28]。以下では、バーリンによる二つの自由概念の区別についての理解を深めるために、彼が「概念」によって何を意味しているかについて、確認しておきたい。

　リッチャルディによると、バーリンの教授就任講演は、自由の「二つの概念」についてのものだが、バーリンが「概念」によって正確に何を意味して

27　Mario Ricciardi, 'Berlin on Liberty', *supra* note 6.
28　Ibid., p. 126.

210　終章　バーリンの自由論

いるのかについては、ほとんど関心が払われていない。彼の講演原稿のテクスト分析をしてみても、彼が「概念」によって何を意味しているかは、明らかとはならない。バーリンは講演原稿のなかで、いささか混乱した調子で、「概念」とは明らかに同義語ではないような、別の言葉や表現を用いている。彼は例えば、「政治的な言葉や観念（political words and notions）」、「意味（meaning）」および「言葉の意味（sense of the word）」という表現を用いている[29]。

　はっきりしているのは、バーリンが、同じ言葉を異なる方法で用いることができるし、同じ言葉の異なる用法のなかに、「概念」——あるいは「捉え方（conceptions）」および「観念（notions）」（リッチャルディによれば、バーリンはこれらの用語を互換可能なものとして用いている）——を意味するものがあると、考えているということである。「自由[30]」の場合は、同一の言葉（「自由」）が少なくとも二つの異なる概念を、すなわち「消極的」な概念と「積極的」な概念を言い表わすのである[31]。

　以上で確認したように、バーリンは「概念」という用語を、緩やかな意味で用いている。しかしながら、バーリンとブライアン・マギーの対話には、概念にかんする一般的説明の手がかりが存在している[32]。すなわち、マギーは概念を、われわれが思考の際に用いる「構成単位（the structural units）[33]」として説明している。マギーによると、われわれは思考する際に、「構成単位」（＝概念）に加えて「構成（structures）」を使用する。構成はモデルとほぼ同義である。例えばわれわれは、社会という構成単位について、それを

29　Ibid.

30　バーリンは liberty と freedom を同義語として取り扱っている。Isaiah Berlin, 'Two Concepts of Liberty', *supra* note 2, p. 169. 邦訳、303 頁。

31　Mario Ricciardi, 'Berlin on Liberty', *supra* note 6, p. 126.

32　Isaiah Berlin and Bryan Magee, 'An Introduction to Philosophy: Dialogue with Isaiah Berlin', in Bryan Magee, *Men of Ideas: Some Creators of Contemporary Philosophy* (Oxford and New York: Oxford University Press, 1982).

33　自由の二つの概念（自由の積極的概念と消極的概念）は、それらの概念の下に、異なる討議や政治的な見解の不一致が集う、いわば項目（items）のようなものである。とすると、自由の二つの概念とは、たしかに構成単位のようなものである。Mario Ricciardi, 'Berlin on Liberty', *supra* note 6, p. 126.

第5節　哲学的研究と思想史研究の交錯　　211

「機械」という構成（＝モデル）で捉えたり、あるいは「有機体」という構成（＝モデル）で捉えたりしながら、思考するのである[34]。

　あるいはバーリンは、概念を、「基礎的カテゴリー」と対応するものとして説明している。彼は、「われわれが人間を定義するときに用いる基礎的カテゴリー（およびそれに対応（corresponding）する概念）」という表現を用いた上で、基礎的カテゴリーの実例として、社会、自由、時間および変化の感覚、苦悩、幸福、生産性、善悪、正邪、選択、努力、真理、幻想、等々の観念をあげている（彼はこれらをアット・ランダムにあげている）[35]。

第5節　哲学的研究と思想史研究の交錯

　以上で確認したように、バーリンの自由論においては、哲学的研究が大きな役割を果たしている。すなわち、われわれは人間について考えるときに、さまざまな基礎的カテゴリーを用いている。自由は、そうした基礎的カテゴリーの一つなのである。

　さて、以下では、バーリンの自由論においては、思想史研究も重要な役割を果たしているということを、明らかにしたい。すなわち、バーリンの自由論においては、哲学的研究と思想史研究が交錯しており、その両者が補完しあっているのである。以下における議論を通じて、バーリンの自由論は哲学的・概念的な理論である、という通説的な理解が、一面的であることが理解されるであろう。

　バーリンによると、外界[36]（the external world）の研究——例えば、空間の三次元性や、空間における事物の充填性や、時間の順序の「不可逆性」などにかんする研究[37]——においては、カテゴリーは「変わることなく偏在する……諸特徴」によって決定されているかもしれない。しかしながら、社

34　Isaiah Berlin and Brian Magee, 'An Introduction to Philosophy', *supra* note 32, p. 24.

35　Isaiah Berlin, 'Does Political Theory Still Exist?' in Isaiah Berlin, *Concepts and Categories, supra* note 12, p. 166. 生松敬三訳「政治理論はまだ存在するか」小川晃一ほか共訳・前掲注（2）『自由論』500 頁。

36　「外界」という表現は ibid., p. 165. 邦訳、498 頁で用いられている。

37　Ibid.

212　終章　バーリンの自由論

会や政治にかんする研究においては、カテゴリーは変化しやすいであろう。こうしたカテゴリーの変化のしやすさは、人々が話したり語ったりする仕方における、ゆっくりした——ほとんど感知できない位の——変化の結果として、生じる場合もある。あるいは、急進的で革命的な視座転換の結果として、生じる場合もある[38]。

　バーリンは、哲学的研究の手法を用いているがゆえに、概念や、それと対応する基礎的カテゴリーが、変化しやすいことを認識している。そこで彼は、二つの自由概念を、思想史研究の手法を用いて、それぞれに関連する二つの異なる「問い（questions）」と、それらの問いに対する「答え（answers）」から明らかになるものとして、解明しようとしている[39]。ここで、バーリンが二つの自由概念にかんして提示する二つの「問い」について、関連する箇所を引用しておこう。

　　自由という言葉……の政治的な意味の第一は——わたくしはこれを「消極的」negative な意味と名づけるのだが——、次のような問いに対する答えのなかに含まれているものである。その問いとはつまり、「主体——一個人あるいは個人の集団——が、いかなる他人からの干渉もうけずに、自分のしたいことをし、自分のありたいものであることを放任されている、あるいは放任されているべき範囲はどのようなものであるか」。第二の意味——これをわたくしは「積極的」positive な意味と名づける——は、次のような問い、つまり「あるひとがあれよりもこれをすること、あれよりもこれであること、を決定できる統制ないし干渉の根拠はなんであるか、まただれであるか」という問いに対する答えのなかに含まれている[40]。

　バーリンは、自由概念にかんする以上の「疑問文」を提起することによって、自由概念の用法が含むものや、自由概念の用法が前提としているものを、解明しようとしている。リッチャルディの理解では、バーリンのこの手

38　例えば、「二つの自由概念」の母体となった講演原稿の出版（『ロマン主義時代の政治思想』）は、「ロマン主義革命」とその帰結が、自由の消極的説明と積極的説明のあいだの対立を生み出すための、重要な背景的役割を果たしたということを、示している。Mario Ricciardi, 'Berlin on Liberty', *supra* note 6, pp. 127-128.

39　Ibid., p. 128.

40　Isaiah Berlin, 'Two Concepts of Liberty', *supra* note 2, p. 169. 邦訳、303-304 頁。

第 5 節　哲学的研究と思想史研究の交錯　　213

法は、歴史哲学者であるコリングウッドの「問答論理学」と類似している[41]。

　こうしたバーリンの、思想史的な研究手法を踏まえるならば、彼の「二つの自由概念」が誤解されていることが明らかとなる。すなわち、バーリンによる二つの自由概念——自由の「積極的」概念と「消極的」概念——の分析には、厳密さが欠けていると、多くの論者が批判してきた。

　しかし、そうした批判は、バーリンが、ある言葉の異なる用法のあいだの論理的結びつきを分析しているのではないということを理解すれば、見当違いであることがわかるだろう。バーリンの企ては、基本的には、コリングウッドのそれである[42]。すなわち、バーリンは二つの自由概念を、二つの異なる「問い」と「答え」から明らかになるものとして、解明しようとしているのである[43]——それらの二つの「問い」に対する二つの「答え」は、すなわち、自由の二つの概念（「積極的」概念と「消極的」概念）にかんするバーリンの説明は、本書の第8章の第2節で提示しているので、ここでは繰り返さない。

　なお、以上で確認したように、バーリンは自由の二つの概念（two concepts）について解明しようとしている。それに対して、リッチャルディによると[44]、例えばジェラルド・C. マッカラム・ジュニアの理解では、自由には一つの概念しか（just one concept）存在しない。というのも、自由についてのすべての言明は、それらの言明を分析してみると、以下の公式に還元できるからである。すなわち、自由の概念は「X は、Z をしたり、あるいは Z になるために、A から自由である」という三つの関係——いわゆる三項関係——を考慮に入れねばならない、という定式である[45]。

41　Mario Ricciardi, 'Berlin on Liberty', *supra* note 6, p. 128. コリングウッドの「問答論理学」については以下を参照。Robin G. Collingwood, *An Autobiography*, with a new introduction (Oxford, New York and Melbourne: Oxford University Press, 1978), p. 37. 玉井治訳『思索への旅——自伝』（未來社、1981 年）47 頁。

42　Mario Ricciardi, 'Berlin on Liberty', *supra* note 6, pp. 128-129.

43　Ibid., p. 128.

44　Ibid., p. 129.

45　Gerald C. MacCallum Jr., 'Negative and Positive Freedom', in *The Philosophical*

214　終章　バーリンの自由論

　リッチャルディによると、マッカラムの定式は、その明確性と有用さにも
かかわらず、自由の諸概念の意味の「複数の陰影（shades）」を捉えること
には失敗している。とくに、バーリンが解明しようとした二つの自由概念の
あいだの対比を、全く捉えることができていない。リッチャルディはここ
で、マッカラムの自由の定式に、反対しているわけではない。彼は、その定
式が必用な場面が存することを認めているのである。しかしながら、リッチ
ャルディの理解では、その定式は、歴史的に変化する自由の諸概念にかんす
る、意味の異なる陰影のあいだのコントラストを伝えることには、失敗して
いる。もしもバーリンの目的が、それらの複数の陰影に照明を当てることで
あるとするならば、彼はマッカラムの批判を正当に退けることができる。結
局、バーリンとマッカラムは、異なる抽象化のレベルで研究を行っているの
である[46]。

　ともあれ、既に（本章の第4節で）確認したように、バーリンは哲学的研
究の手法を用いて、概念を、基礎的カテゴリーに対応するものとして説明し
ている。基礎的カテゴリーとは、われわれが人間を定義する際に用いるもの
であり、例えば、社会や自由などがあげられる[47]。カントは、これらの基礎
的カテゴリーはア・プリオリに発見されうるものだと考えた。しかしなが
ら、バーリンに従えば、こうしたカントの考えを受け入れる必要はない[48]。
すなわち、これらの基礎的カテゴリーは、帰納法や仮説によって理解できる
ものではない。むしろ、ある人を人間として考えること、その事実そのもの
によって（*ipso facto*）、それらの概念が働くことになるのである[49]。

　　Review, vol. 76, issue 3（1967）.

46　Mario Ricciardi, 'Berlin on Liberty', *supra* note 6, pp. 129-130.

47　Isaiah Berlin, 'Does Political Theory Still Exist?' *supra* note 35, p. 166. 邦訳、500
　　頁。

48　Ibid., p. 165. 邦訳、498 頁。

49　Ibid., p. 166. 邦訳、500 頁。バーリンは、ある人を人間として考えるための価値に
　　ついて、すなわち、それによって人間が定義される価値（親切さなど）について、以
　　下の考察を行っている。例えばある人について、親切だとか、残酷だとか、真理を愛
　　しているとか、真理に無関心だと言っても、その人はいずれの場合もやはり人間的で
　　はある。ところが、もしもわれわれが、石をけとばすことと家族を殺すことに、何の
　　区別もないような人を見出したら、われわれはその人が、単にわれわれと違った道徳

第5節 哲学的研究と思想史研究の交錯 215

　バーリンは以上のように、哲学的研究の手法を用いることによって、自由
の諸概念が、帰納法や仮説によって理解できるものではないことを、認識し
ている。そこで彼は、本節で確認したように、コリングウッド流の思想史研
究の手法（問答論理学）を用いて、歴史的に変化する自由の諸概念にかんす
る、意味の異なる複数の陰影のあいだのコントラストを伝えようと、試みて
いるように思われる。すなわち、リッチャルディの理解では、バーリンのい
う基礎的カテゴリー──および、それと対応する概念──は、「歴史を通じ
て形成される単位」であり、そこから複数のモデルや複数の範型が生み出さ
れる。結局、バーリンが検討している自由にかんする二つの概念は、自由
──歴史を通じて形成される基礎的カテゴリーの一つとしての自由──にか
んする、複数の解釈なのである[50]。

　ここにおいて理解されるように、バーリンの自由論においては、哲学的研
究と思想史的研究が交錯し、その両者が補完しあっている。すなわち、彼の
自由論の基底には「思想史に基礎をもつ哲学」が存するのである[51]。

　　を有しているとか意見が異なるとは言わない。むしろわれわれは、その人は非人間的
　　であると言おうとするだろう。言い換えれば、われわれはそのような人を、人間であ
　　るとはまったく考えないのである。バーリンによると、この種の具体的な事例によっ
　　て、人を人間として考えるための普遍的──ないしはほとんど普遍的（almost
　　universal）──な諸価値が確認されるのである。Ibid., p, 166. 邦訳、500-501 頁。
　50　Mario Ricciardi, 'Berlin on Liberty', *supra* note 6, p. 127.
　51　本章の元となる拙稿を執筆する際に小田川大典教授（岡山大学法学部）にご教示を
　　いただいた。記して御礼を申し上げたい。

参考文献一覧

Baum, Bruce and Nichols, Robert (eds.) (2013). *Isaiah Berlin and the Politics of Freedom: "Two Concepts of Liberty" 50 Years Later* (New York and London: Routledge).

Berlin, Isaiah (1969). *Four Essays on Liberty* (London and New York: Oxford University Press).

———— (1973a). 'The Origins of Cultural History 1; Two Notions of the History of Culture: The German versus the French Tradition', in *The Isaiah Berlin Virtual Library*, edited by Nicholas Hall 〈http://berlin.wolf.ox.ac.uk/lists/nachlass/origins1.pdf〉 accessed on 22 March 2016.

———— (1973b). 'The Origins of Cultural History 3; The Origins of the Conflict: Political Lawyers, Classical Scholars, Narrative Historians', in *Isaiah Berlin Virtual Library*, edited by Nicholas Hall 〈http://berlin.wolf.ox.ac.uk/lists/nachlass/origins3.pdf〉 accessed on 12 May 2016.

———— (1978). *Concepts and Categories: Philosophical Essays*, edited by Henry Hardy (London: The Hogarth Press).

———— (1990). *The Crooked Timber of Humanity: Chapters in the History of Ideas*, edited by Henry Hardy (London: John Murray). 福田歓一・河合秀和・田中治男・松本礼二訳『理想の追求（バーリン選集4）』（岩波書店、1992 年）。

———— (1996). *Karl Marx: His Life and Environment*, fourth edition with a new foreword (New York and Oxford: Oxford University Press). 福留久大訳『人間マルクス〔第4版〕──その思想の光と影』（サイエンス社、1984 年）。

———— (1997a). Isaiah Berlin, *Against the Current: Essays in the History of Ideas*, edited by Henry Hardy (London: Pimlico).

———— (1997b). Isaiah Berlin, *The Sense of Reality: Studies in Ideas and Their History*, edited by Henry Hardy (London: Pimlico).

———— (1998). *Personal Impressions*, enlarged edition, edited by Henry Hardy (London: Pimlico).

———— (1999a). *The Roots of Romanticism*, edited by Henry Hardy (London: Chatto & Windus). 田中治男訳『バーリン　ロマン主義講義』（岩波書店、2000 年、岩波モダンクラシックス、2010 年）。

———— (1999b). 'My Intellectual Path', in Isaiah Berlin, *The First and the Last*, introduced by Henry Hardy (London: Granta Books).

———— (2000). *Three Critics of the Enlightenment: Vico, Hamann, Herder*, edited by Henry Hardy (London: Pimlico). 本書は二冊の書物を一冊にまとめたものである。すなわち、元々はヴィーコおよびヘルダーにかんする著書と、ハーマンにかんする著書が、別々に出版されていた。そのため、邦訳としては以下の二冊がある。アイザィア・バーリン著、小池銈訳『ヴィーコとヘルダー──理念の歴史：二つの試論』（みすず書房、1981 年）、アイザィア・バーリン著、奥波一秀訳『北方の博士 J. G. ハーマン──近代合理主義批判の先駆』（みすず書房、1996 年）。

———— (2002a). *Liberty*, edited by Henry Hardy (Oxford: Oxford University Press). 小

川晃一・小池銈・福田歓一・生松敬三共訳『自由論』（みすず書房、1971 年、新装版、1979 年）。（邦訳は、当初は上下二巻として刊行された。）

——— (2002b). *Freedom and Its Betrayal: Six Enemies of Human Liberty*, edited by Henry Hardy（Princeton and Oxford: Princeton University Press）.

——— (2004). *Flourishing: Letters 1928-1946*, edited by Henry Hardy（London: Chatto & Windus）.

——— (2006). *Political Ideas in the Romantic Age: Their Rise and Influence on Modern Thought*, edited by Henry Hardy（London: Chatto & Windus）.

——— (2008a). *Russian Thinkers*, second edition, edited by Henry Hardy and Aileen Kelly（London: Penguin Books）.

——— (2008b). 'The Hedgehog and the Fox', in Isaiah Berlin, *Russian Thinkers*, second edition, edited by Henry Hardy and Aileen Kelly（London: Penguin Books）. 河合秀和訳『ハリネズミと狐——『戦争と平和』の歴史哲学』（岩波文庫、1997 年）。

——— (2013). 'Is a Philosophy of History Possible?' in Isaish Berlin, *Concepts and Categories: Philosophical Essays*, second edition, edited by Henry Hardy（Princeton and Oxford: Princeton University Press）.

Berlin, Isaiah and Jahanbegloo, Ramin (1992). *Conversations with Isaiah Berlin*（London: Peter Halban）. 河合秀和訳『ある思想史家の回想——アイザィア・バーリンとの対話』（みすず書房、1993 年）。

Berlin, Isaiah and Magee, Bryan (1982). 'An Introduction to Philosophy: Dialogue with Isaish Berlin', in Bryan Magee, *Men of Ideas: Some Creators of Contemporary Philosophy*（Oxford and New York: Oxford University Press）.

Berlin, Isaiah and Polanowska-Sygulska, Beata (2006). *Unfinished Dialogue*（Amherst, New York: Prometheus Books）.

Brockliss, Laurence and Robertson, Ritchie (eds.) (2016). *Isaiah Berlin and the Enlightenment*（Oxford: Oxford University Press）.

Caute, David (2013). *Isaac and Isaiah: The Covert Punishment of a Cold War Heretic*（New Haven and London: Yale University Press）.

Cherniss, Joshua L. (2006). 'Isaiah Berlin's Political Ideas: From the Twentieth Century to the Romantic Age', in Isaiah Berlin, *Political Ideas in the Romantic Age: Their Rise and Influence on Modern Thought*, edited by Henry Hardy（London: Chatto & Windus）.

——— (2007). 'Berlin's Early Political Thought', in George Cworder and Henry Hardy (eds.), *The One and the Many: Reading Isaiah Berlin*（Amherst, New York: Prometheus Books）.

——— (2013). *A Mind and Its Time: The Development of Isaiah Berlin's Political Thought*（Oxford: Oxford University Press）.

Collingwood, Robin G. (1978). *An Autobiography*, with a new introduction（Oxford, New York and Melbourne: Oxford University Press）. 玉井治訳『思索への旅——自伝』（未來社、1981 年）。

Crowder, George (2004). *Isaiah Berlin: Liberty and Pluralism*（Cambridge: Polity Press）.

Crowder, George and Hardy, Henry (eds.) (2007). *The One and The Many: Reading*

Isaiah Berlin（Amherst, New York: Prometheus Books）.

Dubnov, Arie M.（2012）. *Isaiah Berlin: The Journey of a Jewish Liberal*（New York: Palgrave Macmillan）.

Dworkin, Ronald（2006）. *Justice in Robes*（Cambridge, Mass. and London: Harvard University Press）. 宇佐美誠訳『裁判の正義』（木鐸社、2009 年）。

Dworkin, Ronald, Lilla, Mark, and B. Silvers, Robert（eds.）（2011）. *The Legacy of Isaiah Berlin*（New York: New York Review Books）.

Galipeau, Claude J.（1994）. *Isaiah Berlin's Liberalism*（Oxford: Clarendon Press）.

Gray, John Gray（1995）. *Isaiah Berlin*（London: HarperCollins）. 河合秀和訳『バーリンの政治哲学入門』（岩波書店、2009 年）。現在では原著書の第二版が出ている。John Gray, *Isaiah Berlin: An Interpretation of His Thought*, with a new introduction by the author（Princeton and Oxford: Princeton University Press, 2013）.

Hall, Nicholas（ed.）（2000–2017）. *Isaiah Berlin Virtual Library*, 〈http://berlin.wolf.ox.ac. uk〉accessed on 17 May 2016.

Hanley, Ryan Patrick（2007）. 'Berlin and History', in George Crowder and Henry Hardy（eds.）, *The One and the Many: Reading Isaiah Berlin*（Amherst, New York: Prometheus Books）.

Hardy, Henry（ed.）（2009）. *The Book of Isaiah: Personal Impressions of Isaiah Berlin*（Woodbridge: The Boydell Press）.

Ignatieff, Michael（1998）. *Isaiah Berlin: A Life*（London: Chatto & Windus）. 石塚雅彦・藤田雄二訳『アイザイア・バーリン』（みすず書房、2004 年）。

Kocis, Robert（1989）. *A Critical Appraisal of Sir Isaiah Berlin's Political Philosophy*（Lewiston, Lampeter, Queenston: The Edwin Mellen Press）.

MacCallum Jr., Gerald C.（1967）. 'Negative and Positive Freedom', in *The Philosophical Review*, vol. 76, issue 3.

Mali, Joseph and Wokler, Robert（eds.）（2003）. *Isaiah Berlin's Counter-Enlightenment*〔Transactions of the American Philosophical Society, vol. 93, part 5〕（Philadelphia: American Philosophical Society）.

Polanowska-Sygulska, Beata（2006a）. 'One More Voice on Berlin's Doctrine of Liberty', in Isaiah Berlin and Beata Polanowska-Sygulska, *Unfinished Dialogue*（Amherst, New York: Prometheus Books）.

———（2006b）. 'Value-Pluralism and Liberalism: Connection or Exclusion?' in Isaiah Berlin and Beata Polanowska-Sygulska, *Unfinished Dialogue*（Amherst, New York: Prometheus Books）.

Ricciardi, Mario（2007）. 'Berlin on Liberty', in George Crowder and Henry Hardy（eds.）, *The One and The Many: Reading Isaiah Berlin*（Amherst, New York: Prometheus Books）.

Waismann, Friedrich（1968）. *How I See Philosophy*, edited by R. Harré（London: Macmillan）.

Walicki, Andrzej（2011）. *Encounters with Isaiah Berlin: Story of an Intellectual Friendship*（Frankfurt am Main, Berlin, Bern, Bruxelles, New York, Oxford and Wien: Peter Lang）.

井上達夫『自由の秩序――リベラリズムの法哲学講義』（岩波現代文庫、2017 年）。

小川晃一（1985, 1986）.「バーリンの自由論（1）（2・完）」北大法学論集 36 巻 1・2 合併号（1985 年）、36 巻 4 号（1986 年）。

上森亮（2010）.『アイザイア・バーリン――多元主義の政治哲学』（春秋社）。

ゲルツェン、アレクサンドル（1999a）.『過去と思索 2』金子幸彦・長縄光男訳（筑摩書房）。

――――（1999b）.『過去と思索 3』金子幸彦・長縄光男訳（筑摩書房）。

関口正司（1991, 1992）.「二つの自由概念（上）（下）」西南学院大学法学論集 24 巻 1 号（1991 年）、24 巻 3 号（1992 年）。

濱真一郎（2008）.『バーリンの自由論――多元論的リベラリズムの系譜』（勁草書房）。

バーリン、アイザイア（1983a）.『思想と思想家（バーリン選集 1）』福田歓一・河合秀和編（岩波書店）。

――――（1983b）.『時代と回想（バーリン選集 2）』福田歓一・河合秀和編訳（岩波書店）。

――――（1984）.『ロマン主義と政治（バーリン選集 3）』福田歓一・河合秀和編訳（岩波書店）。

森達也（2002）.「アイザイア・バーリンの倫理的多元論――多元的状況における理解と判断」早稲田政治公法研究 69 号。

森本哲夫（1999, 2000, 2001）.「ジョン・グレイとバーリンの自由及び自由主義の理論（1）（2）（3）」亜細亜法学 34 巻 1 号（1999 年）、34 巻 2 号（2000 年）、36 巻 1 号（2001 年）。

山下重一（2016）.『J. S. ミルと I. バーリンの政治思想』泉谷周三郎編集（御茶の水書房）。

人名索引

＊　内容的に言及されている人名のみをあげ、バーリン自身の項目は省いた。

あ　行

アウグスティヌス（Augustine, St）　69,
114

アクィナス（Aquinas, St Thomas）　69

アディソン（Addison, Joseph）　49

アーノルド（Arnold, Matthew）　46

アリストテレス（Aristotle）　15, 18-23,
33, 36, 69, 106

アレキサンダー大王（Alexander the Great）
20, 128

アレクサンドル1世（Alexander I）　143

アンティポン（Antiphon）　23

アンネンコフ（Annenkov, Pavel Vasil'evich）
142

イグナティエフ（Ignatieff, Michael）　2,
203

ヴァイスマン（Waisman, Friedrich）
203, 205

ヴァッラ（Valla, Lorenzo）　179

ヴァレンチーノ公（Borgia, Cesare, Duke
of Valentino）　25

ヴィーコ（Vico, Giambattista）　v, 13,
35-37, 44-45, 57-59, 63-64, 77-80, 82,
89, 129, 148, 176-181, 207-208

ヴォルテール（Voltaire, François Marie
Aroute de）　v, 38, 44-51, 59-60, 63,
185

エアー（Ayer, A. J.）　3, 200, 204

エカテリーナ帝（Catherine II）　143

エピクロス（Epicurus）　19, 21, 69

エラスムス（Erasmus, Desiderius）　154

エルヴェシウス（Helvétius, Claude Adrien）
v, 38, 40, 49, 68-69, 71-76, 83, 85-87,
103, 113-114, 116-118, 138

エンゲルス（Engels, Friedrich）　204

オースティン（Austin, John L.）　3, 200-
201, 203-205

オトマン（Hotman, François）　178-181

か　行

カエサル（Caesar, Julius）　128

ガリレオ（Galileo Galilei）　71, 187, 185

カント（Kant, Immanuel）　ii, v, 13, 28-
30, 34-35, 38-39, 54, 74, 79, 84, 94-99,
105-107, 109, 111, 115, 124-125, 129, 141,
149, 164, 173-174, 176, 181, 185, 208, 214

ギゾー（Guizot, François Pierre Guillaume）
141

キュジャス（Cujas, Jacques）　179

クラウダー（Crowder, George）　6

グレイ（Gray, John）　6, 141

グロチウス（Grotius, Hugo）　69-70, 114

クローチェ（Croce, Benedetto）　24

ゲーテ（Goethe, Johann Wolfgang）　v,
38, 141

ケプラー（Kepler, Johannes）　52, 71, 184

ゲルツェン（Herzan, Alexander）　v-vi,
140-156, 182, 187, 190-194, 198-199, 201

ゲレス（Görres, Johann Joseph von）
110

コリングウッド（Collingwood, Robin George）
62, 213, 215

コールリッジ（Coleridge, Samuel Taylor）
46

コンスタン（Constant, Benjamin）　iii, 21,
41, 115, 151, 161, 166

コント（Comte, Auguste）　55, 148, 195

コンドルセ（Condorcet, Marie Jean Antoine Nicolas Caritat）　15, 49, 69, 102, 115

コーンフォード（Cornford, Francis Macdonald）　22-23

さ　行

サヴィニー（Savigny, Friedrich Carl von）　50

サン゠シモン（Saint-Simon, Claude-Henri, comte de）　v, 49, 68, 70, 85, 89, 113-114, 130-134, 139, 141, 189, 195

シェイクスピア（Shakespeare, William）　49, 61

ジェファソン（Jefferson, Thomas）　161

シェリング（Schelling, Friedrich Wilhelm Joseph von）　ii, iii, v, 13, 30-31, 37, 112, 141, 145-149, 185, 208

シスモンディ（Sismondi, Jean Charles Léonard de）　189

シラー（Schiller, Johann Christoph Friedrich）　v, 13, 30-31, 141

シュペングラー（Spengler, Oswald）　15, 148

シュレーゲル（Schlegel, August Wilhelm）　150, 185

シュレーゲル（Schlegel, Friedrich von）　147, 185

ショーペンハウアー（Schopenhauer, Arthur）　110, 174

スキピオ（Scipio）　25

スコット（Scott, Sir Walter）　57

スターリン（Stalin, Josef Vissarionovich）　iii, 112, 134

スタール夫人（Staël, Madame de）　57, 115

スタンケーヴィチ（Stankevich, Nikolay）　149

スピノザ（Spinoza, Benedictus de）　91

セイバイン（Sabine, George Holland）　22-23

ゼノン（Zeno）　19, 21

た　行

ダンテ（Dante Alighieri）　49, 69, 114

チェルニス（Cherniss, Joshua L.）　6, 87, 111

チャーチル（Churchill, Sir Winston）　3

ツルゲーネフ（Turgenev, Ivan）　149

ティーク（Tieck, Johann Ludwig）　39

ディドロ（Diderot, Denis）　38, 76, 120

ディルタイ（Dilthey, Wilhelm）　63

デカルト（Descartes, René）　77-78, 184

デュムーラン（Dumoulin, Cherles）　178

ドイッチャー（Deutscher, Isaac）　6

トインビー（Toynbee, Arnold）　15, 148

ドゥオーキン（Dworkin, Ronald）　2, 203

トクヴィル（Tocqueville, Alexis de）　115

ドストエフスキー（Dostoevsky, Fedor Mikhailovich）　115

ド・メストル（de Maistre, Joseph Marie, comte）　v, 13, 35, 39-40, 68, 85, 89, 113-115, 134-139

トルストイ（Tolstoy, Lev Nikolaevich, Count）　vi, 89, 110, 115, 139, 174, 182, 187, 194-199, 201

ドルバック（Holbach, Paul Henri Thiry, Baron von）　38, 40, 49, 68, 71-73, 75-76, 85

な　行

ナポレオン（Napoleon I（Bonaparte））　20, 128, 134, 144, 185

ニコライ1世（Nicholas I）　144-145, 148

ニーチェ（Nietzsche, Friedrich）　110, 173

ニュートン（Newton, Isaac）　v, 71-73, 85, 116, 184-185, 191

ノヴァーリス（Novalis）　39

222 人名索引

は 行

ハイネ（Heine, Heinrich） ii, 111-112, 208

バイロン（Byron, George, Lord） 110, 173

ハインゼ（Heinse, Johann Jacob Wilhelm） 38

バーカー（Barker, Ernest） 23

パキエ（Pasquier Étienne） 178

バーク（Burke, Edmund） 38, 110, 161, 174, 197

バクーニン（Bakunin, Mikhail Aleksandrovich） 143, 149-151

バークリー（Berkeley, George） 115

パスカル（Pascal, Blaise） 115

ハックスリー（Huxley, Aldous） 118

バックル（Buckle, Henry Thomas） 15, 49

ハーディ（Hardy, Henry） i, 5, 67, 89, 91

ハート（Hart, H. L. A.） 209

ハーマン（Hamann, Johann Georg） 13, 35-37, 54, 57, 105, 177, 181

バルザック（Balzac, Hnoré de） 33

ヒトラー（Hitler, Adolf） 121

ヒューム（Hume, David） 40, 81, 83-84, 87, 102, 115, 185

ピョートル大帝（Peter I（'the Great'）） 40, 143-144

フィヒテ（Fichte, Johann Gottlieb） ii-iii, v, 13, 30-31, 80, 85, 107-108, 110, 112-114, 122-125, 138, 145-147, 164, 185-186, 208

フィリッポス2世（Philip of Macedon） 20

フォイエルバッハ（Feuerbach, Ludwig） 189

フッカー（Hooker, Richard） 114

プラトン（Plato） 14-15, 18, 20-21, 23, 26, 46, 69, 114-115, 130, 147, 167

ブラン（Blanc, Louis） 152

フーリエ（Fourier, Françis Charles Marie） 141, 189

フリードリヒ大王（Friedrick II（the Great）） 53

ブルクハルト（Burckhardt, Jacob） 50

プロディコス（Prodicus） 23

フンボルト（Humboldt, Wilhelm von） 22, 115

ペイン（Paine, Thomas） 102, 115, 161

ヘーゲル（Hegel, Georg Wilhelm Friedrich） iii, v-vi, 15, 33, 69, 77, 80-82, 84-89, 113-114, 126-131, 138, 145-146, 148-151, 163, 167-168, 173, 182-191, 194-195, 198-199, 201, 204

ベック（Boeckh, August） 50

ベートーヴェン（Beethoven, Ludwig van） 32

ベーメ（Böhme, Jakob） 52

ペリクレス（Pericles） 19, 24-26

ベリンスキー（Belinsky, Vissarion Grigor'evich） 143, 149-151, 154

ベルグソン（Bergson, Henri） 37

ヘルダー（Herder, Johann Gottfried） v, 13, 35, 37-38, 44-45, 51, 54-57, 59-60, 63-64, 77, 79-80, 89, 95, 105, 147-148, 163, 177, 181, 185-186, 207-208

ヘロドトス（Herodotus） 61

ベンサム（Bentham, Jeremy） 72, 76, 102-104, 117-118

ボイル（Boyle, Robert） 71

ホッブズ（Hobbes, Thomas） 69, 74, 114, 119

ボードゥアン（Baudouin, François） 179

ボナール（Bonald, Louis Gabriel Ambroise, vicomte de） 40

ポパー（Popper, Karl R.） 14

人名索引　　223

ホメロス（Homer）　61
ポラノフスカ゠シグルスカ
　（Polanowska-Sygulska, Beata）　6, 172

ま 行

マイネッケ（Meinecke, Friedrich）　49
マギー（Magee, Bryan）　210
マキアヴェッリ（Machiavelli, Niccolò）
　12, 17, 24-28, 69, 114, 176-177, 181
マッカラム（MacCallum, Gerald C., Jr.）
　213-214
マッツィーニ（Mazzini, Giuseppe）　152
マルクス（Marx, Karl）　vi, 15, 33, 59, 89,
　110, 131, 148, 163, 167, 182, 187-190, 194-
　196, 198-199, 201, 204
マンデヴィル（Mandeville, Bernard）　129
ミシュレ（Michelet, Jules）　79
ミル（Mill, John Stuart）　iii, 22, 41, 99,
　102-104, 110, 115, 151-152, 161
ミルトン（Milton, John）　49
ムーア（Moore, G. E.）　84
ムッソリーニ（Mussolini, Benito）　121
モア（More, Thomas）　26
モーツァルト（Mozart, Wolfgang Amadeus）
　164
モムゼン（Mommsen, Theodor）　62
モリエール（Molière）　49
モンテスキュー（Montesquieu, Charles Louis
　de Secondat, baron de）　76, 154, 176-
　177, 181
モンテーニュ（Montaigne, Michel Eyquem
　de）　154

や 行

ユスティニアヌス帝（Justinianus I）
　179-180

ら 行

ライプニッツ（Leibniz, Gottfried Wilhelm
　von）　52
ライル（Ryle, Gilbert）　209
ラシーヌ（Racine, Jean）　49
ラッサール（Lassalle, Ferdinand）　59
ラムネー（Lamennais, Hugues Felicité Robert
　de）　137
リッチャルディ（Ricciardi, Mario）　203,
　209-210, 212, 215
ルイ 14 世（太陽王）（Louis XIV）　47, 49,
　53
ルイ 18 世（Louis XVIII）　134
ルソー（Rousseau, Jean-Jacques）　ii-iii,
　v, 29, 37, 39, 69, 80, 85, 90-99, 112-114,
　118-122, 138, 164, 166, 208
ルター（Luther, Martin）　52
ルルー（Leroux, Pierre）　141
レーニン（Lenin, Vladimir Il'ich）　112,
　134
ロック（Locke, John）　69, 114-115, 119
ロベスピエール（Robespierre, Maximilien）
　ii, 112, 121, 208

わ 行

ワイツマン（Weizmann, Chaim）　4
ワーグナー（Wagner, Richard）　126

事項索引

＊ とくに重要と思われる事項のみをあげた。
＊ とくに重要な箇所をあげるにとどめた。
＊ 注の部分については、内容的に言及されている事項のみをあげた。
＊ 項目（見出し語）そのものは、当該頁に見当たらない場合がある。

あ 行

一元論　167, 175
一般意志　92-93, 121
内なる砦
　　——と外部の世界の同化　108
　　——への退却、撤退　104-105, 108,
　　123, 162-163
エピクロス派　19-20, 123
オックスフォード哲学　3, 200, 203-204

か 行

概念とカテゴリー　209-211, 214-215
価値多元論　167, 175-176
価値多元論の思想史的起源　176-181
奇妙な倒錯（厳格な個人主義が、ほとんど
　純粋な全体主義学説に近いものへと変形
　させられたこと）　163-164
決定論　168-170, 182-183, 194, 199-201
検証主義　204
功利主義（者、理論、原理）　72, 74-76,
　96, 103, 116, 119-120
古典的な西洋政治思想の三つの想定
　真の解答が存在する　16
　複数の価値や、複数の問題に対する複数
　　の解答は互いに衝突しない　16-17
　人間は本性を有している　17

さ 行

自然　74-76
思想史に基礎をもつ哲学　206-209
思想の力　ii, 111-112, 208

自由

消極的——　101-104, 161-162, 171-
　173
積極的——　104-109, 162-166, 171-
　173
——の人間主義的定義　109-110, 174
——の非人間主義的定義　110, 173-
　174
ストア派　19-21, 26, 91, 104-105, 123
西洋政治思想史における三つの転換点
　「ギリシア個人主義」の誕生　17-23
　イタリア・ルネサンス　23-28
　ロマン主義革命（ドイツ・ロマン主義）
　　28-34
絶対的前提（コリングウッド）　62
ソフィスト　18, 20

な 行

二月革命（1848年）　141
人間主義的な姿勢　174

は 行

反啓蒙主義　34-41
文化史
　ドイツ的伝統　50-57
　フランス的伝統　46-49

ま 行

問答論理学（コリングウッド）　213

ら 行

歴史の行軍（ヘーゲルにおける歴史法則と

自由） 76-77 80-83, 184-187
ロシアにおける...ッ・ロマン主義
　　146-151
ロマン主義

——革命　28-34
——の帰結　31-34
論理実証主義　204

著者略歴

濱　真一郎（はま　しんいちろう）

同志社大学法学部教授
博士（法学）（同志社大学）
1968年　長崎県諫早市生まれ
1992年　早稲田大学法学部卒業
1993年　早稲田大学大学院法学研究科修士課程中退
1995年　同志社大学大学院法学研究科博士前期課程修了
1998年　エディンバラ大学大学院 LL. M. 課程修了
1999年　同志社大学大学院法学研究科博士後期課程中退
1999年　同志社大学法学部助手
2000年　同専任講師
2003年　同助教授（2007年より准教授）
2008年　第6回天野和夫賞受賞
2009年　同志社大学法学部教授
2009年　2009年度日本法哲学会奨励賞（2008年期著書部門）受賞

著　書

『バーリンの自由論──多元論的リベラリズムの系譜』（勁草書房、2008年）。
『法実証主義の現代的展開』（成文堂、2014年）。

編　著

『ドゥオーキン──法哲学と政治哲学』（宇佐美誠と共編著、勁草書房、2011年）。
『よくわかる法哲学・法思想〔第2版〕』（深田三徳と共編著、ミネルヴァ書房、
　2015年）。

バーリンとロマン主義　　新基礎法学叢書13

2017年9月20日　　初　版第1刷発行

著　者　　濱　　真　一　郎
発行者　　阿　部　成　一

〒 162-0041　東京都新宿区早稲田鶴巻町514番地
発行所　　株式会社　成　文　堂

電話 03（3203）9201　FAX 03（3203）9206
http://www.seibundoh.co.jp

製版・印刷　シナノ印刷　　　　　　　製本　佐抜製本
©2017　S. Hama　　　　　printed in Japan
☆乱丁・落丁本はおとりかえいたします☆
ISBN978-4-7923-0618-2 C3032　　　　検印省略

定価（本体4200円＋税）

新基礎法学叢書 刊行のことば

　このたび、以下に引用する阿南成一先生の基礎法学叢書（1970年～1998年）刊行のことばの精神を引き継ぎ、新基礎法学叢書の刊行を開始することにした。そのめざすところは、旧叢書と異ならない。ただし、「各部門の中堅ならびに新進の研究者」という執筆者についての限定は外すことにした。基礎法学各部門の「金字塔をめざして」執筆する者であればだれでも書くことができる。基礎法学の研究者層は大変薄いこともあり、それ以外の法学部門の研究者だけでなく、哲学、歴史学、社会学等の専門家、さらには、教養あるすべての人々にも、読んでいただけるような内容になることを期待している。

　　　2012年1月　　　　　　　　　　　　　京都大学教授　　**亀 本　洋**

基礎法学叢書 刊行のことば

　現代は《変革の時代》であり、法律学も新たに生まれ変わろうとしている。かかる時代にあって、法哲学・法史学・比較法学・法社会学等のいわゆる基礎法学への関心も高まり、これらの学問の研究は、ますます重要性を加えつつある。

　しかし、いずれの学問分野においても、基礎的研究の重要性が説かれながら、その研究条件は、応用的ないし、実用的研究に比して、必ずしも恵まれていない。このことは基礎法学についても同様かと思われる。

　それにもかかわらず、基礎法学の研究は、こんにちことのほか重要であり、幸い全国各地には基礎法学の研究にたずさわる研究者が熱心に研究活動をつづけている。そこで、ここに《基礎法学叢書》を企画し、これを、基礎法学の各部門の中堅ならびに新進の研究者の研究成果の発表の機会とし、以って基礎法学の発展を期することとした。

　この基礎法学叢書として今後二～三のモノグラフィーを逐年刊行の予定であるが、それらはいずれも基礎法学部門の専門、学術的な研究成果であり、各部門の発展途上における金字塔をめざして執筆されるものである。

　本叢書が基礎法学の発展に寄与できれば幸いである。

　　　昭和43年2月　　　　　　　　　　大阪市立大学教授　　**阿 南 成 一**